KB197020

# 중국 천태산과 한국차와 불교

중국 천태산과 한국차와 불교

초판인쇄 2024년 11월 29일
초판발행 2024년 12월 05일

저　　자 노성환
발 행 인 윤석현
발 행 처 박문사
책임편집 최인노
등록번호 제2009-11호

우편주소 서울시 도봉구 우이천로 353 성주빌딩
대표전화 02) 992 / 3253
전　　송 02) 991 / 1285
홈페이지 http://jncbms.co.kr
전자우편 bakmunsa@hanmail.net

ⓒ 노성환 2024 Printed in KOREA.

ISBN 979-11-92365-79-4 03380 정가 22,000원

* 이 책의 내용을 사전 허가 없이 전재하거나 복제할 경우 법적인 제재를 받게 됨을 알려드립니다.
** 잘못된 책은 구입하신 서점이나 본사에서 교환해 드립니다.

# 중국 천태산과 한국차와 불교

노성환 저

박문사

# 서문

이 책은 중국 천태산의 불교와 차문화가 한국과 일본에 끼친 영향에 대해 살펴본 것이다. 천태산은 중국 절강에 있다. 이곳은 도교의 성지이자, 불교의 성지이다. 나는 이곳을 다섯 차례나 방문했다. 방문할 때마다 새롭고 느끼는 바도 달라 단조롭지도 지루하지도 않았다. 나에게 기회가 주어진다면 또 가고 싶은 곳이다.

최근 나에게 중국 천태산은 도교성지가 아니라 불교와 차문화의 성지로 성큼 다가왔다. 천태산은 누가 뭐라 해도 천태불교의 중심지이다. 576년 천태지자대사가 금릉에서 천태산으로 들어가 수행하여 천태 교리를 이룩한 곳이 바로 이곳이다. 그 이후 많은 승려들이 이곳에서 수행하였고, 그 흔적으로 국청사를 비롯한 수많은 사찰들이 들어서 있다.

최근 우리의 차학계에는 중국 천태산에 주목하고 있다. 그것의 핵심에는 우리 차의 기원설이 자리잡고 있다. 내용인즉슨, 신라의 대렴공이 당나라에서 차씨를 가지고 지리산에 심었다는 차 종자의 원산지가 천태산이라는 것이다. 이 설은 무비판적으로 수용되어 국내외 많은 사람들이 여기에 동조했다. 그 결과 마치 신라차의 기원이 천태산에 있는 것처럼 인식되어지고 있다. 더욱 놀라운 사실은 그렇게 생각하는 중국인 학자들도 의외로 많다는 것이다. 심지어 「한국차의 뿌리는 천태차맥」이라는 용어까지 서슴치 않고 표현하는 일들이 있다.

나는 이러한 담론을 전면 부인하려는 것은 아니다. 그러기 위해서는 최소한 논리적인 체계를 갖추어야 한다는 것이다. 더욱이 우려되는 것은 이 담론이 논리구성에서 너무 거칠게 되어있다는 점이다. 하나의 문제에 대한 결론을 도출하기에 앞서 그것을 촘촘히 둘러싸고 있는 얼개들을 조심스럽게 벗기며 세심하게 살펴보는 것이 기본이다. 그렇게 한 뒤 결론을 내려도 늦지 않다. 더구나 우리 차의 기원을 밝히는 것은 우리 차학계에서는 무엇보다 중요한 일임은 두말할 나위가 없다.

이 담론이 성립되기 위해서는 먼저 대렴이 과연 천태산을 들렀느냐 하는 것이다. 『삼국사기』에는 대렴이 당나라를 왕래한 루트가 기록되어있지 않다. 당시 당나라 수도는 장안(서안)이다. 장안은 차재배지가 아니다. 그리고 그의 귀국은 12월에 이루어졌다. 그러므로 사실 그가 구한 차씨가 언제 어디에서 입수한 것인지 알 수 없다.

차가 남쪽식물이라는 점을 감안한다면 그가 가지고 온 차종자도 중국 남쪽 어느 지역일 것이다. 그렇지만 그가 천태산에 들렀다는 기록은 물론 구비전승에서도 그 흔적이 없다. 더구나 그는 승려도 아니다. 그럼에도 불구하고 천태산에 들러 차씨를 구해 우리나라에 전래했다는 논리는 너무나 거칠게 다루어진 비약된 논리이라 하지 않을 수 없다.

그렇다고 우리 차의 기원이 천태산에 있지 않다는 것은 아니다. 그 기원설이 성립되기 위해서는 중국차 전래자로서 대렴이라는 언설에 천착하지 말고, 천태산에 유학한 고대 한국승려들을 주목할 필요가 있다.

천태산은 중국 불교 성지이므로 대렴 이전에도 많은 한국 승려들이 이곳을 찾아 수행하고 차문화를 익혔다. 이들이 귀국하여 중국 천태의 차문화를 고국에 전하였을 것이다. 그러므로 중국 천태산 차문화가 우리나라에 전하였을 가능성은 대렴보다 유학승려이었을 가능성이 훨씬 높다.

이러한 점은 일본도 마찬가지이다. 일본에서는 곧잘 천태차를 일본에 전래한 사람으로서 사이초(最澄: 767~822) 스님을 든다. 이것은 그가 천태산에서 유학하였기 때문이다. 우리나라에는 사이초보다 훨씬 이전에 천태산으로 유학한 승려들이 있었다. 만일 천태산의 차가 우리나라에 전래되었다면 그 전래자는 대렴이 아닌 천태산에 유학한 승려들에게서 찾아야 하는 이유가 바로 여기에 있는 것이다.

이 책은 그러한 문제의식에서 시작된 것이다. 그러나 이 책은 천태산을 단순히 우리나라 차의 기원을 찾는 데만 목표를 둔 것은 아니다. 천태산은 한국불교에도 중요하지만, 일본불교에서도 중요하다. 이 점에 주목하여 한국 차의 기원이라는 좁은 시야를 넓혀 천태산으로 향한 한일 승려들을 중심으로 천태산의 불교와 차가 동아시아에 어떤 영향을 끼쳤는지를 살펴보았다. 왜냐하면 당시 한일 유학승들은 천태의 불교와 차문화를 전래한 자들이지만, 중국의 불교와 차문화에도 크게 이바지한 사람들이기 때문이다.

이 책이 완성되는 데는 국내외 많은 분들의 도움이 있었다. 천태산으로 조사를 떠날 때마다 격려의 말씀을 아끼지 않고 해주신 대한불교 조계종 종정 성파 큰스님께 고개 숙여 감사를 드린다. 그리고 천태산을 방문할 때마다 친절하게 나를 안내해준 오랜 친구인 호남사범대학(湖南師範大學)의 진소법(陳小法) 교수 부부에게는 무한한 감사를 드린다. 그리고 천태에 살며 천태불교에 대해 해박한 지식으로 우리의 궁금점을 풀어준 정명겸(鄭鳴謙) 선생에게도 이 자리를 빌어 깊은 감사를 표하고자 한다.

2024년 6월 3일

영축산 서운암 토굴에서

# 목차

제1장

# 천태산과 고대 한국의 차문화

## 1. 대렴이 가지고 온 천태산의 차씨

중국 절강성에 천태산이라는 산이 있다. 이곳은 중국 불교 천태종의 발상지이다. 최근 한국 차학계가 천태산을 주목하기 시작했다. 그 이유는 한국 차의 원류가 천태산에 있다는 연구결과가 연이어 발표되고 있기 때문이다. 논쟁의 불씨는 경상대 교수 김재생(金在生)으로부터 시작되었다. 그는 1982년 「한국의 전통 차문화에 대한 민속식물학적 연구」라는 논문을 발표하였는데, 문제의 내용을 소개하면 다음과 같다.

> "신라 흥덕왕 3년(828)에는 당시 회당사(廻唐使)였던 김대렴이 당나라의 인덕전에서 문종황제의 사연에 참석하였을 때 천태산 산(産) 차나무 종자 4곡(斛)을 가지고 와서 흥덕왕 명에 의해 지금의 지리산에 파종한 것이 처음이다"[1]

이같이 소개한 그는 이상의 내용이 『삼국사기(三國史記)』의 「신라본기」에 나온다며 출처를 밝히고 있지만, 정작 그 내용이 『삼국사기』의 것과 사뭇 다르다. 즉, 『삼국사기』에는 그가 말하는 「천태산 산 차나무 종자를 4곡을 가지고 왔다」는 내용이 없다. 그러므로 대렴공이 가지고 온 차나무가 중국 천태산의 것이라는 견해는 성립되기 어렵다.

그의 글에서 오해를 일으킬 내용은 그 뿐만 아니다. 같은 논문에서 「허황옥이 인도에서 가지고 온 차나무 종자를 김해의 백월산에 있는 죽

1 김재생(1982) 「한국의 전통차문화에 대한 민속식물학적인 연구」 『경남문화연구』(5권), 경상대 경남문화연구소, pp.110-111.

림내에 심고 죽로차라 하였는데, 죽로차라고 명명한 까닭은 육우(陸羽)의 다경록에서 유래한 말로 당시 중국 천태산에서 대나무 이슬을 맞고 자란 차나무에서 딴 차나무 잎을 다려서 마신 것이라고 추측된다」고 했다.[2] 즉, 허황옥이 가지고 온 가야차는 그 원류가 인도에 있으나, 그 이름의 유래는 천태산에 있다고 한 것이다. 이처럼 그는 인도와 중국이 혼재되어 있는 가운데 우리 차의 뿌리와 이름을 중국의 천태산과 연결시키려는 경향이 있음은 부정하지 못할 것이다.

그 이후 1999년 5월에 이은경(李恩京)이 김대렴이 심었다고 전해오는 지리산 쌍계사 부근의 차나무와 갈현(葛玄: 164~244)이 심었다는 천태산 운무동(雲霧洞)의 차나무를 생물유전학과 비교형태학의 방법으로 비교분석한 결과 이 두 곳의 차나무가 동일한 품종에서 나왔다는 연구결과(석사논문)를 발표했다.[3]

이어 차문화연구가인 석천은 직접 천태산 화정봉을 방문하여 그곳 귀운동 일대의 차와 전남 광양 옥룡사터 일대 야생차밭의 수종이 너무나 유사하다는 사실을 발견하고 놀랐다는 글을 발표했다.[4]

이러한 내용이 훗날 한국과 중국의 다인들에게 영향을 주어 박영환은 "대렴이 중국 절강성 천태산에서 생산된 찻씨를 가져와서 지리산 쌍계사 부근에 심었다."고 하였고[5] 그에 이어서 김기원은 어느 일간지

---

2 김재생(1982), 앞의 논문, p.107.

3 박현규(2009) 「浙東 平水에서 鷄林鬻詩와 신라상인의 교역활동」『신라문화』(33), 동국대 신라문화연구소, p.222에서 재인용.

4 석천(2008) 「대렴의 차종은 천태산에서 왔다」『선차닷컴』 2008.03.13., https://blog.naver.com/and002/110028891788.

5 박영환(2009) 「[차이야기]중국차문화기행(28) ㅣ 운무차(雲霧茶)② 천태산 차문화의 형성과 전파」『불교저널』, 2009.06.23., http://www.buddhismjournal.com/news/articleView.

에 "중국 어느 학자가 지리산 차나무 염색체를 분석한 결과 하동 지역에 산재하는 야생 차나무가 중국 천태산(天台山) 차나무와 염색체가 90% 넘게 같다는 보고서가 공인된 이후부터 시배지 문제는 일단락되었다."고 까지 언급했다.[6]

이러한 논의에 중국학자 요국곤(姚國坤)도 뛰어들었다. 그는 『동국통감(東國通鑑)』에 「신라 흥덕왕 때 대사 김씨를 당에 보내어 당문종으로부터 차씨를 받았다. 처음으로 전라도의 지리산에 심었다(新羅興德王之時, 遣唐大使金氏, 蒙唐文宗賜予茶籽, 始種於全羅道州之智異山)」라는 내용이 있다 하며, 대렴에 의해 천태산의 차가 전래한 것이라고 주장했다.[7] 그러나 그가 언급한 문장은 정작 『동국통감』 어디에도 보이지 않는다. 『동국통감』에는 「신라흥덕왕 3년 무신 당문종 태화 2년에 대렴을 당으로 보내어 차씨를 구해 돌아왔다. 그것을 왕은 지리산에 심게 했다(新羅興德王三年戊申。卽唐文宗太和二年也。遣大廉如唐。得茶子來。王命植于智異山)」로 되어있다. 이처럼 대렴이 가지고 온 차씨가 어디의 것인지 명확하게 밝히고 있지 않음에도 불구하고 그는 대렴의 차씨를 천태산에서 가져간 것으로 해석하고 있는 것이다.

이같이 논증의 여지가 있음에도 한국의 차학계에서는 신라 때 김대렴(혹은 대렴)이 중국 천태산에서 차씨를 가져와 지리산에 심었고, 그것이 한국 차의 출발이라는 것이 정설이며, 그것이 중국에까지 미쳐 보편화된 학설로 자리 잡고 있다고 해도 과언이 아니다.

---

6 김기원(2018) 「김기원교수의 茶이야기] 세계 차(茶) 어원은 중국 토속방언에서 왔다」 『경남연합신문』, 2017.12.31., http://www.knyhnews.co.kr/news/articleView.

7 姚國坤 · 張莉穎(2017) 『名山名水名茶』 黃山國際, pp.29-30.

## 2. 과연 대렴의 차씨는 천태산에서 온 것일까?

김재생에게서 촉발된 지리산 차의 뿌리가 중국 천태산에 있다는 설이 우리 사회에 강하게 뿌리를 내리고 있다. 그러한 데는 과학적 실험을 통해 얻어진 결과이므로 일단 그 의견들을 존중할 필요가 있으며, 사실 그럴 가능성도 없지 않다. 다만 이들의 주장에 의문을 가지지 않을 수 없는 것이 하나가 있다. 그것은 다름 아닌 과연 대렴이 천태산에서 차씨를 가지고 왔을까 하는 것이다. 이를 최초로 기록한 것은 너무나도 잘 알려진 위에서도 잠시 언급한 『삼국사기』의 「신라본기」이다. 그 내용을 다시 한 번 살펴보기로 하자.

> 겨울 12월, 사신을 당나라에 보내 조공하였다. 당나라 문종(文宗)이 인덕전에서 접견하고 연회를 베풀고 사신의 등급에 따라 하사품을 주었다. 당나라에 들어갔다가 돌아온 사신 대렴(大廉)이 차나무 종자를 가지고 왔기에 임금이 지리산(地理山)에 심게 하였다. 차는 선덕왕(善德王) 때부터 있었으나 이때에 와서 크게 유행하였다.[8]

이상에서 보듯이 『삼국사기』에서는 대렴이 당에서 차종자를 구하였지만, 어디에서 구하였는지는 일체 언급이 없다. 전체 맥락으로 보면 그는 사신들과 함께 당의 수도 장안에 갔다 돌아왔다. 그런데 당시 장안은 차가 생산되는 곳이 아니다. 차는 남쪽 식물이기 때문에 북쪽

---

8 『삼국사기』(제10권) 「흥덕왕 신라본기」: 冬十二月 遣使入唐朝貢 文宗召對于麟德殿 宴賜有差 入唐廻使大廉 持茶種子來 王使植地理山 茶自善德王時有之 至於此盛焉.

그림 1 신라의 대렴을 차전래자와 시배자로 보는 하동(좌)과 구례(우)의 기념비

지역에서는 자랄 수 없다. 따라서 장안의 황족과 귀족들은 차를 마셨어도 차를 재배하고, 제다하는 것은 보지 못했을 것이다. 그럼에도 불구하고 대렴이 차 씨앗을 천태산에서 가지고 왔다는 것은 너무나 비약된 논리로 보여진다. 더구나 천태산은 불교성지이다. 그는 승려가 아니기 때문에 장안에서 귀국하는 길에 멀리 떨어진 천태산을 순례하였다고 보기도 어렵다. 그러므로 대렴이 차씨를 가져왔다면 천태산이 아닐 가능성이 높다.

여기에 대해 흥미로운 기록이 한치윤(韓致奫: 1765~1814)의 『해동역사(海東繹史)』(제26권)에 보이는데, 그 내용을 소개하면 다음과 같다.

> 『동국통감』에서 말하기를 신라국이 대렴을 당나라에 보내어, 일본에서 가지고 온 차 종자를 얻게 하였는데, 왕이 명하여 지리산(智異山)에 심게 하였다. 이것이 바로 조선에서 차를 심은 시초이다. 〈화한삼재도회

(和漢三才圖會)〉.[9]

이상의 내용을 그대로 받아들이면 신라왕이 대렴을 당나라에 파견하였는데, 그곳에서 일본으로 부터 수입된 차를 얻어 와 지리산에 심도록 하였다는 것이다. 즉, 우리의 차가 중국을 통하여 수입된 일본차를 가지고 출발한 것으로 되어있는 것이다. 이것 또한 잘못이다. 이는 한치윤이 『동국통감』을 보지 않고, 일본자료인 『화한삼재도회(和漢三才圖會)』의 내용을 그대로 소개한 것에서 생겨난 것이었다.

이같이 역사적 기록에서는 대렴이 천태산에서 차를 가져왔다는 증거는 어디에도 없다. 그렇다고 천태산의 차가 우리나라에 전해지지 않았다는 것은 아니다. 만일 전해졌다면 그 전래자는 대렴이 아닌 승려로 보아야 한다. 그 이유는 대렴이전에 이미 불교성지인 천태산에 해동고승들이 유학을 하고 있었기 때문이다. 이들이 유학하면서 그곳에서 익힌 당시 중국사원의 차문화를 고국에 전래하였을 가능성이 매우 크다. 그러므로 이들 중심으로 천태산과 우리차의 관계를 살펴볼 필요가 있다.

## 3. 천태로 향한 해동의 고승들

### (1) 백제의 현광(玄光)

기록상 해동 승려 가운데 중국의 천태불교와 처음 접한 자는 백제의

9 『해동역사』(제26권) / 물산지(物産志): 東國通鑑云新羅國遣大廉如唐得茶子于日本來王命植智異山. 是乃朝鮮國種茶之始 和漢三才圖會.

현광이다. 북송의 찬녕(贊寧)이 지은『송고승전(宋高僧傳)』(卷18)「진신라국현광전(陳新羅國玄光傳)」에 자세히 나와 있다. 그 내용을 소개하면 다음과 같다.

> 승려 현광(玄光)은 해동 웅주인(熊州人)이다. 어려서부터 진리를 깨달아 속세를 싫어하였고, 이름난 스승을 구해 오로지 범행(梵行)을 닦았다. 성장하면서는 바다 건너 중국에서 선법(禪法)을 구하고자 하였다. 이에 진(陳)을 관광하고 형산(衡山)에 가는 것을 이롭게 여겨 혜사 대화상(南岳慧思: 514~577)[10]을 뵙고는 사물을 열고 교화를 이루었는데, 신(神)의 풀이와 서로 맞았다. 혜사는 그 연유를 살피고 은밀하게「법화안락행문(法華安樂行門)」을 전했다. 현광의 리(利)는 신묘한 송곳과 같아서 견고해도 범하지 않음이 없었고, 새롭기가 겁패(劫貝)와 같아서 물든 것에 모두 신선함이 있었다. 여쭈고 받들어 행함이 근면하여 변함이 없었다. 불현듯 법화삼매를 증득(證得)하고 인가(印可)를 청하자, 혜사는 그것을 증명해주고 "너의 증득한 바는 진실하여 헛되지 않다. 그것을 잘 호념(護念)하여 법이 증장(增長)토록 하여라. 너는 본국으로 돌아가 좋은 방편을 베풀고 잘 일깨워, 뽕잎벌레(螟蛉)를 잘 길러서 모두 나나니 벌(蜾蠃)이 되도록 하여라"라고 하였다. 현광은 예를 올리며 눈물을 흘렸다.
>
> 이로부터 돌아와 강남에 주석하였다. 본국의 주함(舟艦)에 몸을 싣고 해안을 떠날 때, 고운 구름이 눈을 어지럽게 하고 아악이 하늘을 진동하였다. 진홍색 무지개 깃발이 전해져 이르니, 허공에서 "천제께서 해동의

10 현광이 수학한 남악 혜사는 천태 지의의 스승이기도 하며, 용수의『지도론(智度論)』에 입각해서 반야와 법화, 두 경의 일치를 주장하였다. 현광이 배운 법화안락행문이란 혜사의 저술『법화경안락행의(法華經安樂行義)』를 가리킨다.

현광선사를 부른다"는 소리가 났다. 현광이 손을 맞잡고 사양하였으나 오직 푸른 옷을 입은 자가 앞을 인도하는 것이 보이고는 잠깐 사이에 궁성에 들어섰다. 그곳은 인간의 관부(官府)가 아니었으니, 우위(羽衛)가 설치되어 있었고, 비늘이 없는 것이 없었으며, 잡귀신도 참여하였다. 어떤 이가 말하기를, "금일 천제께서 용왕궁에 내려와 스님을 청하여 친히 법문을 증험하게 하니, 우리들 수부(水府)는 스님의 이익을 얻고자 합니다"고 하였다. 이윽고 보전(寶殿)에 오르고 다시 고대(高台)에 올라 약경(略經)을 묻고 답하기를 7일간 한 후에 왕이 친히 송별하였다. 그 배는 바다에 뜬 채로 나아가지 않았고, 현광이 다시 배에 오르자 뱃사람들은 반나절이 지났을 뿐이라고 하였다.

현광은 귀국하여 웅주의 옹산(翁山)에 석장(錫杖)을 세우고 띠를 연결하여 이에 범찰(梵刹)을 이루었다. 동성(同聲)이 상응하여 법을 증득하려는 자들이 모여서 문이 열렸고, 작은 것을 즐기다가 마음을 돌려 그리워하고 본받는 자들이 개미처럼 잇닿아서 갑자기 이르렀다. 당(堂)에 올라 기별(記別)을 받은 자(升堂受莂者) 1명, 화광삼매(火光三昧)에 들어간 자 1명, 수광삼매(水光三昧)에 들어간 자 2명, 그 2종(種)의 법문을 함께 얻어 따른 자와 같은 이들은 삼매의 이름을 밝게 할 따름이다. 그 여러 문생(門生)들을 비유하면 많은 새가 수미산에 붙어서 모두 동일한 색인 것과 같았다. 현광 말년의 죽음은 알지 못한다. 남악조(南嶽祖=懷讓)가 영당(影堂)을 지어 안에 28인을 그렸는데, 현광이 한 자리를 차지하였다. 천태산 국청사 조당(祖堂)에도 역시 그러하다.[11]

---

11 『宋高僧傳』(卷18) 感通6「陳新羅國玄光傳」: 釋玄光者 海東熊州人也 少而穎悟頓厭俗塵 決求名師專修梵行 迨夫成長願越滄溟求中土禪法 於是觀光陳國利往衡山見思大和尙 開物成化 神解相參 思師察其所由 密授法華安樂行門 光利若神錐無

중국인들은 그를 「신라국 현광」이라 했다. 그러나 그의 고향이 웅주(熊州: 지금의 공주)이며, 그의 중국행이 위덕왕(威德王: 525~598) 때이므로 백제인으로 보는 것이 맞을 것 같다. 그는 천태종 2대조인 남악혜사(南岳慧思: 515~ 577)[12]의 아래에서 「법화안락행문(法華安樂行門)」을 전해 받고 법화삼매를 증득(證得)하였다. 스승의 인가를 얻고 다시 백제로 돌아와서 웅주의 옹산(翁山)에 절을 짓고 은거하였다. 중국 천태종의 영당(影堂)에 남악혜사를 비롯한 28명의 고승 영정(影幀)을 모셨는데, 현광의 상도 그곳에 안치되었다고 했다. 이러한 현광을 두고 조선후기 불교학자 이능화(李能和: 1869~1943)는 「천태종조 지의대사

堅不犯 新猶劫貝有染皆鮮 稟而奉行 勤而罔忒 俄證法華三昧 請求印可 思爲證之 汝之所證 眞實不虛 善護念之 令法增長 汝還本土施設善權 好負螟蛉皆成蜾蠃 光禮而垂泣 自爾返錫江南 屬本國舟艦 附載離岸 時則綵雲亂目 雅樂沸空 絳節霓旌 傳呼而至 空中聲云 天帝召海東玄光禪師 光拱手避讓 唯見靑衣前導 少選入宮城 且非人間官府 羽衛之設也無非鱗介 參雜鬼神 或曰 今日天帝降龍王宮 請師說親證法門 吾曹水府蒙師利益 旣登寶殿 次陟高臺 如問而談 略經七日 然後王躬送別 其船泛洋不進 光復登船 船人謂經半日而已 光歸熊州翁山 卓錫結茅 乃成梵刹 同聲相應得法者蟄戶爰開 樂小迴心慕羶者螘連倏至 其如升堂受莂者一人 入火光三昧一人 入水光三昧二人 互得其二種法門 從發者彰三昧名耳 其諸門生 譬如衆鳥附須彌山皆同一色也 光末之滅罔知攸往 南嶽祖構影堂 內圖二十八人 光居一焉 天台國淸寺祖堂亦然」.

12 중국 남자주(南子州) 무진(하남성), 유파 천태종, 이칭 남악대사(南岳大師), 저서: 입서원문(588년), 번화경안락행의. 중국 남북조 말기의 고승. 천태종의 사실상의 개조. 568년 이후, 남악형산(南岳衡山, 호남성)에 승단을 만들었으므로 남악대사(南岳大師)라고 불린다. 북위 말, 남자주(南子州) 무진(하남성) 출신. 혜문(慧文) 등의 밑에서 선을 수행하고, 30세가 지나서 깨달음을 얻었다. 548년부터 깨달음의 체험에 의한 대승불교의 존재 방식을 산동・하남 각지에서 설교하였으나, 불교계의 격렬한 박해를 받고, 당시 사회의 말세적 현실에 대한 심각한 위기의식과 함께 호법에 대한 정열을 증가시켰다. 558년의 작품이라는『입서원문(立誓原文)』에는 그 정열이 넘치고, 정법(正法)오백년, 상법(像法)천년, 말법(末法)만년의 삼시설(三時說)과 말법사상이 중국에서 최초로 보인다. 그 후 대소산에 들어가고, 다시 남악으로 옮겨서 많은 제자를 양성하고, 진왕조로부터 존경받았다. 자성청정심(自性淸淨心)을 확신하는 깨달음 중심의 선관과 호법을 위한 대담한 보살계 등 그의 혁신적인 사상은『번화경안락행의』등의 저작에 보이며, 천태종 외에 선종에도 크게 영향을 미쳤다.

와 능히 비견할만하다」고 높게 평가했다.[13]

그런데 이상의 기록만으로는 현광이 천태산에서 수행하였는지는 분명치 않다. 이상의 기록에서는 그가 남악혜사를 만난 곳은 천태산이 아니라 형산(衡山)이라고 했다. 형산은 현재 호남성(湖南省) 형양시(衡陽市)에 있는 산이다. 그러므로 그가 차를 전래하였다면 호남의 남악차를 전래하였을 가능성이 있다고 본다.

여기서 유의할 필요가 있다. 그가 유학한 형산은 당나라 때부터 차 생산지이라는 사실이다. 그에 대해 육우(陸羽: 733~804)의 『다경(茶經)』「칠지사(七之事)」에는 『광아(廣雅)』의 기록을 인용하여 다음과 같이 설명하고 있다.

> 형주와 파주지방에서는 찻잎을 따서 병차(餠茶)를 만들었는데, 잎이 쇠한 것은 쌀미음을 이용하여 만들었다. 차를 끓여 마실 때는 먼저 병차를 불에 쬐고 색깔이 홍색을 띄게 되면 찧어서 가루로 만들고, 자기(瓷器)에 넣고 끓는 물을 붙는다. 혹은 파, 생강, 귤껍질를 합하여 끓여서 마신다. 그것을 마시면 술을 깨게 하고 사람으로 하여금 잠 생각이 없게 한다.[14]

이것은 차를 가공하여 마시는 것에 대한 가장 오래된 기록이다. 당시 형주 인들은 병차를 만들어 파, 생강, 귤 등을 넣어 함께 끓여 마셨으며, 차를 마시면 술이 깨고 잠이 오지 않는 효능까지도 잘 알고 있었다.

---

13 이능화(2020)『조선불교의 종파 원류』 온이퍼브.

14 周公《爾雅》: 「檟，苦荼。」《廣雅》云: 荊巴間採葉作餠，葉老者餠成，以米膏出之，欲煮茗飮，先炙，令赤色，搗末置瓷器中，以湯澆覆之，用葱、姜、橘子芼之，其飮醒酒，令人不眠。」

그리고 모문석(毛文錫)[15]의 『다보(茶譜)』에서도 형산의 차에 대해 「형주의 형산과 봉주의 서쪽 마을에서는 차를 갈고 고를 짜서 만들었는데 모두 편차로 둥근 달과 같다(衡州之衡山, 封州之西鄕, 茶硏膏爲之, 皆片團如月)」라고 기록했다. 이처럼 이 지역 사람들은 연고차(硏膏茶)도 만들어 마셨다. 이 지역사람들에게는 차가 일상화되어 있었다. 그러므로 이 지역에 유학한 현광이 이를 모를 리가 없다. 그러므로 그가 귀국하여 중국에서 익혔던 차문화를 전래하였을 개연성은 높다. 그리고 그때 그가 차종자를 가지고 왔다면 그것은 형산에 있는 남악(南岳)의 것일 가능성이 높다 하겠다.

그럴 가능성은 그의 스승 혜사의 저서인 『입서원문(立誓願文)』에서도 발견할 수 있다. 그것에는 「호법을 위해 장수를 구하고, 하늘 및 여취(餘趣)에 사는 것을 원하지 않고, 바라는 것은 모든 현성들이 나를 도와 좋은 지초(芝草)나 신단(神丹)을 얻어 많은 병을 치료하고 기갈을 해결하고, 항상 경행하여 선을 수행하는 일이다. 또 깊은 산 정적한 곳을 얻어 신단(神丹)의 약을 갖추고 이 원을 수행하고, 외단(外丹)의 힘을 얻어 내단(內丹)을 닦는 일이다.」고 했다.[16] 이처럼 승려로서는 매우 이례

---

15 생몰년미상. 중국 오대10국시대의 전촉(前蜀) · 후촉(後蜀)의 대신. 花間派詞人. 자는 平珪. 高陽(현재 河北省保定市高陽県) 출신. 부친은 당의 太僕卿 모구범(毛龜範). 당말에 14세의 나이로 진사에 급제. 당멸망 이후 10국중 하나인 전촉에 관리가 되었고, 中書舍人, 翰林学士, 翰林学士承旨, 礼部尚書 · 判枢密院事, 文思殿大学士을 역임. 전촉이 후당에게 멸망당한 이후 전촉의왕인 王衍을 따라 낙양으로 가서 사망했다. 또 일설에는 그 이후 후촉의 왕인 孟昶을 섬기는 신하가 되어 왕과 더불어 화려한 주연을 즐기는 등 사치스러운 생활을 하다 나라를 망하게 하였다고 한다. 이 때문에 그를 충신이 아닌 나라를 망하게 하고, 군주를 바꾸어가며 살았던 정치가로서 혹평을 받았다. 그러나 그 남긴 뛰어난 문장은 후세에도 높게 평가되었다.

16 慧思『南嶽思大禪師立誓願文』:「為護法故 求長寿命 不願生天及余趣 願諸賢聖佐助我 得好芝草及神丹 療治衆病除饑渴 常得経行修諸禅 願得深山寂静処 足神丹

적으로 불로장생을 희구하는 내용이 들어있다.

그러나 천태종의 관점에서 본다면 이러한 사상은 전혀 이상할 것이 없다. 천태산은 원래 도교의 성지이기 때문이다. 그리고 천태산에서 최초로 차밭을 일군 사람도 도교의 도사 갈현(葛玄: 164~244)이다. 더구나 갈현은 외단(外丹)의 고전이라 할 수 있는 『포박자(抱朴子)』의 저자 갈홍(葛洪: 283~343)의 조부이다. 그러므로 천태종 승려인 혜사의 사상에 도교의 영향이 없을 수 없다.

혜사가 말한 「외단」이란 불로장생 또는 신선의 경지에 오르기 위한 약물복용이다. 이 때 그는 재료로서 좋은 지초(好芝草) 즉, 영지(靈芝)를 꼽았다. 그러나 영지는 쉽게 대량으로 구해지는 것이 아니다. 이를 대용품으로 개발된 것이 차일 가능성은 매우 높다. 천태산에 유학한 일본 승려 에이사이(榮西: 1141~1215)[17]가 승려들의 선약으로서 차와 뽕을 지목하였듯이 현광도 차에 주목하였을 가능성은 아주 높다. 이같이 그가 스승인 혜사의 영향을 받아 차문화를 백제에 전하였다면 그것은 다름 아닌 천태의 차와 차문화일 것이다.

### (2) 고구려의 파약(波若)

이처럼 백제의 현광이 천태종계 사원에 유학하였다지만, 직접 천태

---

薬修此願 藉外丹力修内丹」.

17 헤이안 말기 · 가마쿠라 초기의 승려. 備中 출신. 자는 明庵. 일본 임제종의 개조. 처음에는 히에잔(比叡山)에서 천태밀교을 배웠다. 2회 송나라에 건너가 선을 배우고, 귀국후, 하카다(博多)에 성복사(聖福寺), 교토(京都)에 건인사(建仁寺), 가마쿠라(鎌倉)에 수복사(寿福寺)를 건립. 또 송에서 차씨를 가지고 돌아갔고, 재배와 제다법을 전래하였다. 주요저서로는 『흥선호국론(興禅護国論)』, 『끽다양생기(喫茶養生記)』 등이 있다.

산에 가서 수행하였는지는 분명치 않은 점이 있다. 그에 비해 고구려의 파약은 달랐다. 그는 우리나라 기록에서 천태산으로 간 최초의 승려이었다. 그에 대해 『삼국유사』에서는 다음과 같이 기술하고 있다.

> 고려(高麗)[고구려]의 석(釋) 파약(波若)은 중국의 천태산[18]에 들어가서 지자(智者)[19]의 교관(敎觀)[20]을 받아 신이로 산중에 알려졌다가 죽었다. 『당승전(唐僧傳)』[21]에도 실려 있는데 자못 영험한 가르침이 많았다.[22]

여기서 보듯이 파약은 고구려 승려로서 천태산에서 지자로부터 천태교관을 지도받은 것으로 되어있다. 그리고 그를 둘러싸고 신이한 일들이 많았다 했다. 이처럼 일연은 간략하게나마 그가 천태산에서 지자의 제자가 되어 수행을 했다고 명기해 놓았다.

그에 관한 기록은 중국의 문헌 『속고승전(續高僧傳)』, 『불조통기(佛祖統紀)』 등에서도 찾을 수 있는데, 그 중 1269년 지반(志磐)이 쓴 『불조통기』의 내용이 다른 것에 비해 자세하여 그 내용을 소개하면 다음과 같다.

---

18 중국 절강성 천태부 천태현에 있는 산이다. 573년(太建 7)에 지의(智顗)가 수선사(修善寺)를 창건하여 천태종의 근본도량으로 삼았다. 전성기에는 70여 절이 있었다. 지금은 국청사(國淸寺) 등의 대찰이 있다.

19 지자(智者: 538~597)는 천태대사 지의(智顗)를 말한다. 591년(開皇 11)에 수양제가 보살계를 받고 지자라는 호를 줌으로써 지자대사로 불리게 되었다.

20 교상(敎相)과 관심(觀心)을 말한다. 교상은 석가일대의 교법을 자기의 종의(宗義)에 따라 분별 판단하는 것이고, 관심은 자기종의에서 내세운 진리를 관념하는 것을 말한다(『한국불교대사전』(1), p.284).

21 『續高僧傳』(권 제28) 讀誦篇, 제8 伯濟國達拏山寺釋慧顯傳.

22 『三國遺事』(권제5) 「避隐第八/ 惠現求靜」: 夫又高麗釋波若入中國天台山, 受智者教觀以神異間山中而滅. 唐僧傳亦有章, 頗多霊範.

반야(般若)는 진나라 때 중국에 와 금릉에서 지의대사 강설을 듣고 깊은 뜻을 이해했다. 개황 연간에 진나라가 수나라에 병합되자 이곳저곳을 유행하면서 학업을 계속했다. 596년(開皇16) 천태산 북쪽 불롱(佛瀧)에 가서 지의에게 선법을 가르쳐 달라고 했다. 반야는 영리한 근기로 지혜가 뛰어나므로 곧 증득함이 있었다. 이에 천태대사는 "그대는 여기와 인연이 있으니 마땅히 한가하고 조용한 곳에[閑居靜處] 묘행을 이루도록 하라. 이 천태산 최고봉을 화정봉(華頂峯)이라 하는데 여기 절에서 육칠십리 된다. 그곳은 내가 두타행을 닦던 곳이다. 그 산은 대승의 근성이 있으니 거기에 가서 공부하면 반드시 깊은 이익을 얻을 것이다. 수행에 필요한 의식(衣食)은 염려할 필요가 없다"라고 말했다.

반야는 스승의 뜻을 따라 수행처인 화정봉으로 올라가 밤낮으로 잠도 안 자고 눕지도 않은 채 수행에만 전념했다. 그렇게 16년 동안 산을 벗어나지 않았다고 한다. 마침내 613년(대업9) 2월 홀연히 산을 내려와 처음 불롱사(佛瀧寺)에 도착했다. 이때 그곳에 청정한 사람이 보니 세 사람의 흰옷 입은 이가 의발(衣鉢)을 가지고 뒤 따라 오다가 갑자기 보이지 않았다. 국청사에 이르러 은밀히 선우 동의(同意)에게 말하기를, "반야 스님이 자신의 수명이 장차 다해 멀지 않았으므로 대중들에게 이별을 고하려고 한다"고 했다. 과연 며칠이 안 돼 반야 스님이 병도 없이 단정히 앉아서 국청사에서 입적했다. 이때 춘추가 52세였다. 산소로 가는데 절의 대문을 나서서 돌아 하직을 고하니, 이미 열반한 눈이 뜨였다가 산소에 이르니 다시 감겼다. 이를 본 모든 사람들이 찬탄하고 도심이 함께 발했다.

여기서는 그의 이름이 반야(般若)로 되어있다. 그리고 『속고승전』에서는 고구려 사람이라고 명시 해놓고 있어 파약스님이 틀림없다. 위의 기록에 의하면 그는 천태산 불롱산사(佛瀧山寺)에서 천태지의(智顗: 538~597)[23]로부터 천태교관을 전수 받았다. 그리고 스승 지의(=智者)로부터 "천태산의 화정봉(頂火峯)에 가서 도를 닦으라."는 말을 듣고, 지자가 입적한 후인 598년 화정봉에 올라가 밤낮으로 눕지 않고 16년간 천태지관법(天台止觀法)에 따라 수행했다. 613년에 불롱산사로 돌아오는데 흰 옷을 입은 3인이 의발(衣鉢)을 지고 따라 오다가 잠시 후 보이지 않았다. 그리고 613년 세납 52세에 기력이 다한 것을 알고 하산하여 국청사로 가서 단정히 앉은 채 염불하다 입적했다는 것이다.

이같은 생애를 보낸 그가 16년간 밤낮 눕지 않고 수행한 화정봉은 238년(赤烏1) 도교의 도사 갈현이 최초로 차를 심은 곳이다. 그러므로 그가 수행하는 동안 차를 마셨을 뿐만 아니라 차를 재배하고 또 제다하는 것도 지켜보았을 것으로 추정된다. 혹자는 파약이 천태산 화정봉

---

23 수나라(581~618) 시대의 승려로, 천태종의 개조(開祖)이다. 존칭으로 천태대사(天台大師) · 지자대사(智者大師) 또는 천태지자대사(天台智者大師)로 불린다. 문하에는 장안(章安) · 지월(智越) 등의 뛰어난 인재가 나왔다. 저작도 많으며, 주요 저서인 『법화현의(法華玄義)』 · 『법화문구(法華文句)』 · 『마하지관(摩訶止觀)』의 천태3대부(天台三大部)를 비롯하여 34부가 현존한다./ 형주(荊州)의 화용(華容: 湖南省華容縣) 사람으로, 한때 관직에 오르기도 하였으나 전란으로 인하여 양친과 친족을 잃었다. 18세에 출가하여 율장(律藏)과 비담(毘曇) · 성실(成實) · 선법(禪法) 등을 배워 익혔다. 그 후 남악대사(南岳大師) 혜사(慧思)의 문중에 들어가 지관법문(止觀法門), 삼론계(三論界)의 교리와 선관(禪觀), 달마선(達磨禪) 등 소위 북방계의 교리를 이어받고 법화삼매(法華三昧)에 의하여 대오(大悟)하였다. 30세에 금릉(金陵)으로 가서 8년간 『법화경』 등의 강론에 힘썼다. 576년 명리(名利)를 떠나 천태산에 들어가 여기에서 약 10년간 수도 생활을 하였다. 천태교리의 대강(大綱)은 이 시기에 형성된 것이다. 그 후 금릉에서 다시 『대지도론(大智度論)』 · 『인왕반야경(仁王般若經)』 · 『법화경(法華經)』 등을 강론하였다. 수양제의 청에 의하여 그에게 보살계(菩薩戒)를 수여하고 지자대사(智者大師)의 호를 받게 되었다. 고향 형주에 돌아가 옥천사(玉泉寺)를 세우고 천태3대부(天台三大部)인 『법화현의(法華玄義)』 · 『법화문구(法華文句)』 · 『마하지관(摩訶止觀)』을 강설하였다.

아래에서 반야천의 우물을 파서 다선일여를 실천한 인물이며, 그의 차 전래는 대렴보다 무려 240년이나 앞섰다하여, 그를 천태차맥의 비조라고 평했다.[24] 즉 그가 한국 차문화의 첫출발이라는 것이다.[25] 그러나 그는 고구려로 귀국하지 않았다. 또 고구려는 차가 생산되는 곳이 아니다. 그러므로 그를 통해 천태산차가 고구려로 전래되었다고 보기는 어렵다.

### (3) 신라의 연광(緣光)

천태의 음다문화를 우리에게 전하였을 것으로 보이는 또 한 사람은 연광(緣光)이다. 그는 신라 귀족 출신이다. 그리고 그도 고구려의 파약과 같이 천태대사 지의의 제자이다. 지의는 남악혜사의 제자이다. 그러므로 그에게도 혜사의 영향이 없을 수 없다. 연광에 대한 기사가 『법화영험전(法華靈驗傳)』(권상)의 「바다 신이 강설을 청하다(海神請聞)」에 다음과 같이 자세히 서술되어있다.

> 연광은 신라 사람이다. 양나라 공직도(貢職圖)[26]를 살펴보면, "위나라에서는 사로(斯盧)라고 하였고, 송나라에서는 신라라 하였는데, 본래 동이의 진한국이다."라고 하였다. 연광은 명문대가에서 태어나 어려서 불교에 귀의하여 스님이 되었는데, 견식과 도량이 남보다 뛰어났으나 중국 주변 나라 땅에서 살고 있어 바른 교의에 융통하지는 못하였다. 그리하

24 최석환(2022) 「파야 선사 이후 한국으로 이어진 천태산의 차맥」 『파야 선사 이후 천태차맥의 재발견』〈제3회 천태지관차법전승학술대회자료집〉, pp.18-19.

25 무원(2022) 「이끄는 말」 『파야 선사 이후 천태차맥의 재발견』, p.9.

26 조공(朝貢)하는 의식을 그린 그림.

여 인수연간(仁壽年間: 601~604, 신라 진평왕대)에 수나라의 오회(吳會)에 이르니, 마침 지자대사(智者大師)가 『묘법연화경』을 널리 설하고 있었다. 그는 열심히 조석으로 익혀서 몇 해 안 되어 갑자기 크게 깨달으니, 대사가 스님에게 『묘법연화경』을 강설하도록 하였다. 스님이 경을 강설하면 재능이 뛰어난 사람들도 신기하여 그를 따르지 않을 수 없었다. 뒤에 스님은 다시 천태별원에서 묘관(妙觀)[27]을 더 닦았는데, 갑자기 몇 사람이 나타나서 말하였다.

"천제께서 스님의 강설을 청하십니다." 스님이 묵묵히 허락하자 문득 기절하여 열흘이 다 되도록 얼굴빛이 평상시와 같더니 본래대로 깨어났다. 이미 불도 수행을 마친 스님은 고국으로 돌아오려고 수십 명과 함께 큰 배를 타고 떠났다. 바다 가운데 이르렀을 때 배가 갑자기 꼼짝을 않더니, 한 사람이 말을 타고 물결을 헤치며 뱃머리로 다가와서 말하였다. "해신(海神)이 스님을 청하십니다. 잠시 수궁으로 가셔서 경을 강설해 주십시오." 스님이 말하였다.

"빈도(貧道)의 이 몸은 중생들을 이롭게 하겠다고 서원을 세웠지만, 이 배와 배에 타고 있는 나머지 사람들은 어떻게 되는 것입니까?" "이 사람들도 같이 갈 것이고, 이 배 또한 염려치 마십시오." 그래서 모두 배에서 내려 한참을 걸어가니 똑바르고 평탄한 큰 길이 나왔고, 길가에는 향기로운 꽃이 가득하였다. 해신이 많은 시종들을 거느리고 나와서 스님을 맞아 대궐 안으로 들어갔다. 구슬 벽이 휘황찬란하게 빛나 눈과 정신을 잃을 지경이었다. 스님이 『법화경』 한 번을 강설하고 나니, 해신은 진귀한

27 천태의 일심삼관(一心三觀), 곧 원융삼관(圓融三觀)을 말한다. 한 마음에 공(空)·가(假)·중(中)의 삼제(三諦)를 관하여 실상(實相)을 증득하는 수행법이다.

> 보배를 크게 베풀어 주고 다시 배까지 데려다 주어 배에 올랐다.
>
> 본국으로 돌아온 연광 스님은 『법화경』을 널리 폈으며, 어릴 때부터 날마다 한 번씩 해 오던 『법화경』 독송을 목숨이 다할 때까지 빠뜨리지 않았다. 나이 80에 주석하던 곳에서 입적하였는데, 다비를 하였더니 두골에 혀만이 타지 않고 남아 온 나라 사람들이 와서 보고 듣고는 모두 드문 일이라고 감탄하였다. 연광 스님에게는 누이동생이 둘이 있었는데, 일찍부터 불교를 독실히 믿었다. 스님의 두골과 혀를 거두어 모셔 놓고 공양하였는데, 가끔 두골과 혀에서 『법화경』 외우는 소리가 들렸고, 누이동생이 모르는 글자가 있어서 물으면 모두 일러 주었다.[28]

이상에서 보듯이 그의 생애에 대한 대부분의 내용이 종교적인 전설로 영이롭게 윤색되어있다. 귀국길에 용궁에 들러 강설을 하고, 사후 육신을 다비를 해도 혀가 남아 독송소리를 내고, 또 물으면 대답을 해 주었다는 내용은 차치하더라도 그의 유학생활을 간략히 정리하면 다음과 같다. 즉, 그의 중국행은 인수연간(仁壽年間: 851~854)이라 했다. 그

---

28 『法華靈驗傳』(卷上) 「海神請聞」: 釋緣光。新羅人也。按梁貢職圖云。魏曰斯盧。宋曰新羅。本東夷震韓之國也。光世家名族。幻歸緇服。識量過人。以生居邊壤。正敎未融。以隋仁壽年間。來至吳會。正逢智者。敷弘妙典。光伏膺朝夕。數年之中。欻然大悟。智者即令　就講妙法華經。俊朗之徒。莫不神伏。後於天台別院。增修妙觀。忽見數人云。天帝請講。光默然許之。於是奄然氣絕。經于旬日。顏色如常。還歸本識。旣而器業成就。將歸故國。與數十人。同乘大舶。至海中船忽不行。見一人乘馬。凌波來至船首云。海神請師。暫到宮中講說。光曰貧道此身誓當利物。船及餘伴。未委如何。彼云人並同行。船亦勿慮。於是擧衆同下。行數步。但見通衢平直。香花徧道。海神將百千侍從。迎入宮中。珠璧焜煌。映奪心目。因爲講法華經一徧。大施珍寶。還送上船。光達至本鄉。每弘玆典。自少誦持。日餘一徧。迄於報盡。此業無虧。年垂八十。終於所住。闍維旣畢。髏舌獨存。一國見聞。咸歎希有。光有妹二人。早懷淸信。卷上第二三張　　收之供養。數聞髏舌。自誦法華。妹有不識字處。問之皆導。出弘贊第三。

러나 이는 역사적 사실과 맞지 않다. 왜냐하면 그의 스승인 천태대사 지의가 597년에 입적하였기 때문이다. 따라서 위의 내용에서도 지의가 법화사상을 널리 펼칠 때 그가 수나라로 갔다고 하므로, 그가 중국으로 간 것은 개황연간(開皇年間: 581~600) 또는 정명연간(禎明年間: 583~589)일 것이다.

그는 처음부터 천태산으로 간 것은 아니었다. 해로로 오나라 금릉에 이르러 지의의 제자가 되어 열심히 수학하여 수년 뒤에 대오하였고, 스승에게서 증오(證悟)를 인가받았다. 그 뒤『법화경』강설을 허락받고 개당(開堂)하자 당대의 이름 있는 고승과 석학들이 모두 그의 강설에 감복하였다. 그 뒤 그는 다시 천태산 별원에서 묘관을 닦았다고 했다.

여기서 보는 것처럼 그는 귀국 전 천태산에서 수행을 쌓았다. 천태산은 앞에서도 언급한 바와 같이 3세기경 도사 갈현이 화정(華頂)에 차밭을 조성한 곳이다. 당대(唐代)에 이르면 화정봉에는 온통 차밭이었다고 한다.[29] 그리하여 천태의 석굴에서 10여년을 살았던 당대의 도사이자 유학자인 서영부(徐靈府)가 825년에 저술한『천태산기(天台山記)』에서 그는「화정의 송화선약(松花仙藥)을 아침으로 먹고, 석명향천(石茗香泉)을 저녁에 충분히 마실 수 있다(松花仙药, 可给朝食, 石茗香泉, 堪充暮饮)」고 했다. 즉, 아침에는 송화로 만든 선약과 저녁에는 화정에서 나는 차(석명)를 향기로운 샘물로 달여 마신다고 하였던 것이다. 이처럼 그가 유학했던 시기 전후의 천태산은 차산지로 유명했다. 그러므로 그는 당시 천태산에서 차를 재배하고 제다하는 과정을 지켜보았을 것이며, 때

29 鄭鳴謙(2024)「중국 천태종과 천태의 차문화」『제2회 통도사 국제차문화학술대회 자료집－중국 천태산과 한중일 고대 차문화－』영축총림 통도사, p.12.

로는 그도 그 일에 직접 참여하였을 가능성이 크다. 이렇게 만들어진 차로 의례에 사용하고, 자신들도 마셨을 것임은 두말할 나위가 없다. 그의 스승 천태지의는 차에 관해 언급한 것이 없다. 그렇다고 천태지의가 차와 전혀 무관하다고 볼 수 없다. 그의 지관수행(止觀修行)에는 오사(五事)가 필요한데, 여기서 「오사」란 조식(調食), 조면(調眠), 조신(調身), 조식(調息), 조심(調心)을 말한다. 특히 지의는 조면(調眠)에 대해서 다음과 같이 강조하고 있다.

> 무릇 잠이란 것은 무명의 미혹으로 덮히는 것이니 이것을 제멋대로 두어서는 안된다. 만약 잠이 지나치게 많아지면 성법수행(聖法修行)을 망치게 할 뿐만 아니라, 또한 갈고 닦은 것까지도 잃게 된다. 수면은 능히 마음을 어둡게 하고 선근(善根)을 가라 앉게 한다. 마땅히 무상(無常)을 깨닫고 수면을 굴복시켜 정신기운을 깨끗이 하고 생각과 마음을 밝고 고요히 하여야 한다. 이와 같이 하면 곧 마음이 거룩한 경지가 되어 삼매가 앞에 나타날 수 있다. 옛 경전에 이르기를 "초저녁과 새벽에도 정근을 폐하지 말아야 한다. 수면의 인연으로 일생을 헛되이 보내고 얻는 바가 없게 되어서는 안된다. 마땅히 무상의 불길이 온 세상을 태우고 있음을 생각하여, 빨리 스스로 제도할 것을 희구하고 잠을 자지 말아야 하는 것이다.[30]

30 智顗『修習止觀坐禪法要』(卷上)「調和第四」: 調睡眠者 夫眠是無明惑覆, 不可縱之. 若其眠寐過多, 非唯廢修聖法, 亦復喪失功夫, 而能令心闇昧, 善根沈沒. 當覺悟無常, 調伏睡眠, 令神氣淸白, 念心明淨, 如是乃可棲心聖境, 三昧現前. 故經云: "初夜後夜, 亦勿有廢, 無以睡眠因緣, 令一生空過, 無所得也. 當念無常之火, 燒諸世間, 早求自度, 勿睡眠也."

이상에서 보듯이 수면이란 무명미혹케 하고, 성법수행을 망치고, 갈고 닦은 것 그리고 마음을 어둡게 하고 선근공덕을 모두 상실하게 하여 일생 얻는 바 없이 헛되이 보내게 하는 것이니, 굴복시켜야 한다고 하면서, 스스로 빨리 제도할 것을 희구하고 잠을 자지 말아야 한다고 했다. 이같이 그는 수마를 이겨내어야 지관수행을 성공적으로 해낼 수 있다고 했다.

이러한 수마를 쫓는 데는 차가 특효약이다. 불교에서 차란 수마를 쫓고 정신을 맑게 하므로 조면에 최고의 영약으로 간주된다. 조면이 이루어진 다음 조식, 조신, 조심이 되며, 그것을 통해 수행자는 몸을 가볍게 하고 마음을 조화롭게하여 선정수행에 들어갔다. 천태지의는 수행자가 오사를 잘 다스려야 삼매에 쉽게 들어갈 수 있으며, 그것을 다스리지 못하면 모든 것에 방해를 받아 선근을 발휘하지 못한다고 보았다. 이처럼 천태지의는 차와 관계된 어떠한 말도 하지 않았으나, 천태지관을 세심히 들여다보면 음다를 통해 차와 선이 하나로 융합될 수 있다고 보았다.[31] 대만의 오정의(吳靜宜)는 지관과 차의 관계를 다음과 같이 서술했다.

> 음다과정에서 지관을 수행하며 눈은 차의 색을 보고, 귀는 찻물이 끓는 소리를 들으며, 코는 차향을 맡고, 혀로는 차맛을 느끼며, 한 마음으로 차에 집중해 조신, 조식, 조심으로 몸과 마음이 하나가 되는 선정으로 들어갔다. 심지어 차의 색, 향 하나하나에서 공(空), 가(假), 중(中), 삼체(三諦)가 하나가 되는 불성을 체험했다.[32]

31 정명겸, 앞의 논문, p.25에서 재인용.

이같이 차를 통해 지관을 하며 차를 통해 조신, 조식, 조심이 조화를 이루어져야 비로소 몸과 마음이 하나가 되어 선정수행에 들어갈 수 있다고 설명했다. 이처럼 천태불교는 차로 지관수행하고, 차덕(茶德)으로 깨달음을 얻고자 했다. 그러므로 그의 스승 천태지의는 차와 인연이 깊다고 하지 않을 수 없다. 따라서 그의 제자인 연광이 신라에 차문화를 전래하였다면 그것은 천태지의의 차와 사상을 전하였을 가능성이 높다.

## 4. 신라의 연광과 천태산

이와 같이 천태산 또는 천태계 사원에 유학한 고대 해동의 승려는 백제의 현광, 고구려의 파약 그리고 신라의 연광이 있었다. 이들 중 현광은 형산에 유학하여 엄밀히 말해 천태산과 직접적인 관련이 있다고 할 수 없다. 그리고 파약은 천태산에서 유학을 하였지만, 귀국하지 않았고 천태산 국청사에서 생명을 다했다. 그러므로 파약 또한 천태산차를 고국에 전하였을 가능성이 거의 없다. 따라서 그를 한국차문화의 비조로 볼 수 없다. 그러나 신라의 연광은 그렇지 않다. 그는 천태에 유학을 하고 신라로 돌아왔다. 만일 대렴 이전 천태산차를 신라에 전하였다면 그가 누구보다도 가능성이 높다.

이러한 의견은 오로지 나만의 생각은 아니었다. 필자가 중국 천태산에서 현장조사를 할 때 지인의 소개로 만난 천태의 역사와 문화연구

---

32 吳靜宜(2006)「天台宗與茶禪定關係」『臺北大學中文學報』(創刊號), pp.269-272.

에서 최고의 권위자인 정명겸(郑鸣谦: 본명은 郑永帅)씨도 같은 의견이었다. 그의 말을 정리하면 대략 다음과 같다.

> 최근 중국 차연구가들이 『삼국사기』에 실린 김대렴이 가져온 차종의 원산지도 명시하지 않았음에도 불구하고 그가 천태산에서 차종을 가져갔다고 주장하는 것은 학문적 검증을 거치지 않고 오로지 한국차의 기원이 중국 천태산에 있다는 시류의 담론에 부화뇌동한 부분이 많다. 천태차는 오히려 김대렴보다 지의의 제자인 신라승 연광이 천태불교와 함께 천태차와 다례를 신라에 전하였을 것이며, 그러므로 연광이 「한국 초전 천태차의 시조」라고 해도 좋을 것이라고 했다.[33]

이처럼 중국 연구자들 중에도 연광을 천태차를 최초로 신라에 전래한 인물로 보는 견해가 있다.

더구나 그는 신라 천태종의 개조라 일컬어지는 인물이다. 불교학자 이영자에 의하면 천태지자의 법계를 최초로 계승한 신라인은 연광이며, 그 뒤 천태에 유학하고 돌아온 법융, 이응, 순영이 천태교학을 계승한 사람인데, 그 중간지점에 원효가 존재하며, 원효의 법화사상을 계승한 자가 연회라고 했다.[34] 특히 원효의 법화사상은 낭지법사의 영향일 가능성이 높다.

일연(一然: 1206~1289)의 『삼국유사(三國遺事)』에 의하면 낭지의 거처를 「삽량주(歃良州) 아곡현(阿曲縣)의 영축산(靈鷲山)」이라 했다. 그리고

---

33 2023년 7월과 12월 그리고 2024년에 4월 그가 살고 있는 직접 천태의 자택을 방문하여 의견을 나누었다.

34 이영자(1988) 『한국천태사상의 전개』 민족사, pp.140-141.

아곡을 「지금 울주(蔚州) 굴불(屈弗)」이라고 주를 달았다.[35] 이러한 낭지에게 원효는 불교를 배웠다. 특히 원효는 차와 관련이 깊은 인물이다. 부안 원효방에서 사포성인으로부터 차공양을 받았고, 그의 아들 설총은 「기름진 음식으로 배를 채우고 차와 술로 정신을 맑게 한다(膏粱以充腸 茶酒以淸神)」고 하며 차를 언급했다.

이같은 원효가 「울산 반고사(磻高寺)에 있을 때 낭지를 스승으로 삼았다」고 『삼국유사』는 기록하고 있다. 불교사학자 안계현의 연구에 의하면 연회는 원성왕(元聖王) 때(785-798) 통도사에서 『법화경』을 강설하여 그 이름을 떨치기도 하였다고 했다.[36]

이러한 사실에서 보듯이 이들의 활약한 장소가 오늘날 울산과 양산 지역이 중심을 이룬다. 그러므로 신라의 연광이 천태산에서 귀국할 때 차씨를 가지고 왔다면 그 차씨는 지리산이 아닌 경주와 가까운 울산과 양산 지역에 심었을 가능성이 높다. 최근 김혜숙의 「ISSR 분석을 통한 한국차와 천태산 차의 친연관계」라는 논문에서 통도사 금강계단 주변의 차와 천태산의 화정 서모봉(西毛峰)의 주변 차가 DNA 친연관계의 유사성이 84~86%으로 확인되었다고 지적하면서, 이러한 결과는 통도사 차와 천태산 차가 동일 선조를 가졌다고 해도 무방하다고 결론을 내린 바가 있다.[37] 이처럼 통도사 및 그 주변의 차와 절강성 천태산 차와의 관계는 매우 밀접하다.

---

35 『三國遺事』(卷 第5) 「朗智乘雲 普賢樹」: 歃良州阿曲縣之靈鷲山 歃良今梁州. 阿曲一作西, 又云求佛又屈弗. 今蔚州置屈弗驛.

36 安啓賢(1970) 『韓國文化史大系 宗敎哲學史』(6卷), 고려대 민족문화연구소, p.232.

37 김혜숙(2024) 「ISSR 분석을 통한 한국차와 천태산 차의 친연관계」 『제2회 통도사 국체차문화학술대회 자료집』 통도사 차문화대학원, pp.110-117.

지금도 울산 영축사 지역인 청송사지에는 야생차밭이 남아있다. 그리고 인근 양산의 영축산 통도사에도 오래된 차밭이 있었으며, 양산의 다방리에는 현재에도 야생차밭이 존재한다. 이 중 자장율사로부터 시작된 통도사를 제외하고는 차밭의 기원에 대해 알려진 바가 없다.

그러나 그것을 가늠해볼 수 있는 간접적인 자료는 있다. 영축사의 창건은 『삼국유사』에 의하면 683년(신문왕3), 온천에서 목욕하고 돌아오던 재상 충원공(忠元公)이 매에게 쫓긴 꿩이 굴정현(屈井縣) 현청(縣廳) 북쪽 우물 안으로 들어가는 것을 보았다. 꿩은 날개를 벌려 새끼 두 마리를 감싸고 있고, 또 매가 이를 잡지 않는 것을 보고 감동하여 절을 세울 만한 곳이라 여겼다. 이를 왕께 아뢰어 현청을 옮긴 뒤 그 곳에 절을 세운 것이 영축사라 했다. 이것이 사실이라면 영축사는 7세기 말에 창건된 절이다. 646년에 창건된 통도사보다 약간 뒤의 일이다.

7세기는 양산과 울산 지역에 사원의 차밭이 성황리에 조성되었던 시기이다. 자장율사(慈藏律師: 590~658)가 세운 통도사의 차밭이 이 시기이며, 다전리에 조성된 태화사의 차밭도 이 시기이다.[38] 그러므로 이 시기에 낭지와 원효가 활약했던 울산 영축사와 반고사 일대에 차밭이 조성되었다는 것은 전혀 이상한 일이 아니다. 이처럼 신라의 연광이 천태산차를 전래하였다면, 그곳은 지리산이 아닌 경주와 가까운 울산과 양산일 가능성이 높다. 이것이 사실이라면 9세기에 대렴이 당나라에서 차를 가지고 오기 이전 7세기경에 천태산차가 신라에 전해졌을 것이다.

38 노성환(2023) 「통도사의 고대 차문화」 『제1회 통도사 국체차문화학술대회 자료집』 통도사 차문화대학원, pp.79-82.

연광 이후에도 천태로 향하는 해동의 승려들이 있었다. 이들도 천태의 차문화와 관련이 없다고 할 수 없다. 892년(眞聖王22) 도육(道育: 859~938)이 천태산으로 들어가 수학한 일이 있었다. 그러나 도육은 대렴 이후의 인물이다. 도육에 이어 법융(法融), 이응(理應), 순영(純英)도 천태를 향했다. 이들은 중국으로 건너가 천태종의 제8조 좌계현랑(左溪玄朗: 673~754)[39]으로부터 천태교법(天台敎法)을 얻고, 730년(성덕왕 29) 귀국하여 교법을 전하는 데 힘썼다.[40]

그러나 이들이 천태산에 들어가 수행하였는지는 확실하지 않다. 왜냐하면 이들의 스승 좌계현랑은 오늘날 금화시(金華市) 포강현(浦江縣)

---

39 『인천보감(人天寶鑑)』에 의하면 좌계(左溪) 존자의 법명은 현랑(玄朗)이다. 그리고 그는 천태종 제5조이며 오상(烏傷) 사람이다. 천궁사(天宮寺) 혜위(慧威: 634~713, 천태종 제4조) 법사에게 불법을 배워 종지를 얻고 바위산 골짜기에 숨어 살았는데, 원숭이가 열매를 따가지고 와서 발우에 바치기도 하고 날아가던 새가 와서 법문을 듣기도 하였다. 비구에게 필요한 열여덟 가지 물건만을 가지고 12두타(十二頭陀)를 행하면서 30년을 살았으며, 세세한 수행과 몸가짐까지도 모두 계율을 따랐다. 이화(李華:715-767)는 스님에 대해 이렇게 말하였다. "누구에게 선법을 전해 준 적도 없고 세상에 모습을 보이지도 않았으며, 계율을 청정히 지켜 흠이 없었고 외모에 신경 쓰지 않았다. 경을 강의해도 대중이 많기를 기대하지 않았으며, 고단한 줄 모르고 학인을 지도했다. 구석진 집에 살면서 두 가지 반찬 있는 밥을 먹지 않았다. 경전을 공부할 때말고는 밤에 등불을 켜지 않았고, 낮에도 부처님 상호를 우러러 예불할 때말고는 한 발짝도 쓸데없이 걷지 않았다. 가사 한 벌로 40년을 지냈고 방석 한 장을 죽을 때까지 갈지 않았다. 이익 때문에는 한마디도 법문한 적이 없고, 터럭만큼도 불법을 위한다는 명목으로 재물을 받은 일이 없는 분이다."

40 八祖左溪尊子玄朗, 新羅傳道者 稟法十二人, 的嗣曰荊溪, 新羅傳道者, 法融 · 理應 · 純英. 천태 8조. 좌계의 문하에 신라승 법융, 이응, 순영 등이 있었다고 하였다./志磐, 東土九祖紀 第三之二 八祖左溪尊者 玄朗조(『佛祖統紀』(권7), 『大正新修大藏經』(권49), p. 188 중에 "稟法十二人 的嗣曰荊溪 新羅傳道者 法融理應純英"이라고 하여, 천태 8조 좌계의 문하에 신라승 법융, 이응, 순영 등이 있었다고 하였다. 또한 諸祖旁出世家 第五之一, 南岳旁出世家 禪師玄光조(『佛祖統紀』 권9, 『大正新修大藏經』 권49, p. 196 상~중에 "海東新羅人…師卽禮辭 南岳反錫江南 値本國海舶…師旣歸國 於熊州翁山 結茅爲居 集衆說法久之 遂成寶坊"이라고 하여, 신라승 현광이 형계에게 법화삼매를 익혀 웅주(웅천주)에서법화신앙과 천태사상을 널리 홍포하였다고 하였다. 따라서 신라하대 이전부터 신라에는 법화신앙과 관련된 천태사상이 드러나지 않았지만 보편화되었다고 하겠다.

에 있는 좌계사(左溪寺)에 있었기 때문이다. 그렇다 하더라도 이들은 중국생활을 통해 당시 중국사원의 음다문화를 익혔을 것이다.

위에서 언급한 바와 같이 이미 당시 신라에는 울산과 양산을 중심으로 차밭이 조성되어있었기 때문에 천태의 차종을 새삼스럽게 전할 필요가 없다. 따라서 이들이 천태승려들의 음다문화를 신라에 전래하였을 가능성은 있어도 천태산의 차종자를 전래하였을 가능성은 거의 희박하다. 이러한 점에서 우리는 천태산차와 문화가 우리나라에 전래되었다면, 9세기의 인물인 대렴보다 훨씬 빠른 6세기말 중국 천태산에서 유학하고 돌아온 신라의 연광을 주목해야 할 이유가 바로 여기에 있다 하겠다.

# 천태산의 운무차

## 1. 천태차란?

천태산에도 차가 생산된다. 천태현의 15개 향진(鄕鎭)에는 모두 찻잎이 생산되는데, 주된 생산지는 석량(石粱) · 백학(白鶴) · 삼주(三州) · 뇌봉(雷峰) · 영계(泳溪) · 용계(龍溪) · 가두(街頭) · 평교(平橋) · 탄두(坦頭) 등이며, 전체 현(縣)의 차밭(茶園)의 총면적은 약 3천 헥타르에 달한다고 한다. 최고봉인 화정(華頂)에서 생산된 것이 가장 좋기 때문에 화정운무(華頂雲霧) 또는 화정차(華頂茶)라고 하고, 또 통칭하여 「천태산 운무차(天台山云雾茶생략하여 「천태차」이라 한다)」[1]라고도 한다.

천태산은 산이 높다. 그리고 바람이 거세고 여름에는 서늘하며, 겨울에는 추워서 차의 생장지로서는 적합한 곳이 아니다. 그러나 다행히 산 사이에 일년내내 짙은 안개가 자욱하게 깔리는 날이 많다. 이를 잘 알고 있는 천태산의 승려들이 풍부한 경험을 살려 유리한 지형을 선택하여 차나무를 분산시켜 재배하는 방법을 택했다. 이로 인해 차나무가 다른 나무들 사이에서 바람과 비를 피할 수 있게 되었다. 이러한 환경 속에서 자라난 것으로 만들었기 때문에 품질면에서 매우 우수하다. 혹자는 항주의 용정차도 천태산에서 옮겨 심은 것이라 한다.[2]

---

1 천태산 운무차: 진종무의 『다경』에서는 '화정(華頂: 華頂) 운무'로 나오는데, 곧 천태산 최고봉인 화 정봉에서 난다고 해서 붙여진 이름인데, 이것이 곧 천태산 운무차이다.

2 육우의 『다경(茶經)』에 따르면, 이미, 항주의 천축(天竺), 영은(靈隱)의 두 절에서 차가 생산된다는 기록이 있다. 북송때 소동파(蘇東坡)가 항주지부를 맡고 있을 때, 서호에 차를 심은 역사에 대하여 고증을 한 바 있다. 그에 따르면, 서호에서 최초의 차나무는 영은(靈隱) 하천축(下天竺)의 향림동(香林洞) 일대라고 하였으며, 바로 남조(南朝)의 시인인 사영운(謝靈運)이 하천축에서 불경을 번역할 때, 천태산(天台山)에서 가져온 것이라고 하였다.

차밭이 조성되어있는 화정봉은 기온이 낮기 때문에 운무차의 채취는 일반적으로 곡우 뒤에 이루어진다. 가공된 천태차는 외형적으로 가늘고 팽팽하며 구불구불하고 표면에 백호가 드러나 있고, 비취색의 빛깔을 띠며 향기가 진하고 맛이 순수하다.[3]

중국에서는 2001년 이래로 국가적으로 용정차의 원산지를 규정하고 그 지역에 대한 보호정책을 실시했다. 그런데 천태현의 일부 지역이 용정차의 원산지 범주에 포함되었다. 그래서 전체 현에서도 천태산 운무차 생산구[4]와 천태산 용정차 생산구[5]로 구분되어있다. 현재 전체 천태현의 찻잎 생산량은 천태차가 약 400톤, 용정차가 약 600톤이다. 이처럼 천태차가 용정차 보다 적은 셈이다. 이같이 희소성도 있어서 천태차는 줄곧 절강(浙江) 명차의 반열에 올라있다. 2003년에는 절강의 명품 생산품으로 인정받았고, 2005년에는 태주(台州)의 유명 특산 품목으로 평가받았다.[6]

## 2. 천태차의 기원

천태산에서 차가 언제부터 시작되었는지 알 수 없다. 기록에서 보면 천태차는 도교에서 시작되었던 것 같다. 명대의 문헌 『천태산방외

---

3 王從仁저, 김하림 · 이상호역(2004) 『중국의 차문화』 에디터, p.141.

4 천태산 운무차 생산구역: 석량(石梁), 영계(泳溪) 등.

5 천태산 용정차 생산구역: 백학(白鶴), 삼주(三州), 뇌봉(雷峰), 용계(龍溪), 가두(街頭), 평교(平橋), 탄두 (坦頭) 등.

6 박영환(2023) 「[차이야기]중국차문화기행(29) ㅣ 운무차(雲霧茶) ①」 『불교저널』, 2023.07.28.

지(天台山方外志)』에 의하면 238년(赤烏1) 갈현이 천태산 최고봉인 화정봉(華頂峰)에다 차밭을 일구고 차를 심었다는 기록이 있다.[7]

이러한 기록이 『천태산전지(天台山全誌)』에도 있다. 갈현이란 한말 유명한 도사 갈선옹(葛仙翁)이다. 그리고 현재 임해시(臨海市)의 개죽산(蓋竹山)에 선옹다포(仙翁茶圃)를 만든 동진(東晉) 때 도학자인 갈홍(葛洪: 283~343)[8]의 조부이다. 이것이 사실이라면 적어도 3세기경에 이미 천태산에 차가 있었으며, 그 출발은 화정봉이 된다.

이를 기반으로 진(秦)나라 때 동백(桐柏=천태산) 일대에서 차로 병을 치료했다는 전설이 생겨났다. 당시 차는 음료가 아닌 약이었다. 그리고 음다법은 차를 국으로 끓여 먹었다. 여기서 「동백」은 동백산을 일컫는 말이다. 그리고 천태산은 도교의 본산이며 성지인 동백궁(桐柏宮)이 있는 곳이기도 하다. 그리하여 동백산이라는 이름이 생겼다. 그러나 이곳에 불교가 들어오면서 불교는 도교와 구분 짓기 위해 「천태산」이라 하였으나, 도교에서는 여전히 「동백산」이라 칭하였다. 그러므로

---

7 『天台山方外志』 "葛玄蛾茶之圃已上華頂山".

8 갈홍(葛洪: 283-343)은 중국 동진(東晉) 때의 문학가이자, 도교 이론가 · 의학가 · 연단술가(煉丹術家)로, 자는 치천(稚川)이며, 자호는 포박자(抱朴子)이다. 유학에 뜻을 두는 한편으로 신선양생술을 좋아했고, 의학에도 정통했다. 승상(丞相) · 사도(司徒) 등을 역임했으며, 민란을 진압하는 데 공을 세워 관내후(關內侯)에 봉해졌다가, 나중에 자의참군(諮議參軍)으로 전임되었다. 만년에는 연단을 통하여 장수할 생각을 품고 구루령(句漏令)을 자청하여 광주(廣州)로 가서 연단술을 익히면서 계속 저작에 임했다. 전예형(田藝蘅)의 『자천소품(煮泉小品)』에 의하면 갈홍에 관한 일화 2개를 소개되어있다. 하나는 서호의 갈정은 곧 갈홍이 수련한 곳으로 마가원의 뒤에 있다. 우물을 치니 돌갑이 나왔는데, 속에 단이 몇 개 마름열매 같은 게 있어 먹어보니 맛이 없어서 버렸는데, 시어옹이라는 자가 있어 한 알을 주워먹고 나이가 160세가 되었다. 이는 단의 물이 더욱이 쉬이 얻지 못함이다. 무릇 깨끗하지 못한 그릇은 절대 길을 수 없다. 또 하나는 물에도 조예가 깊어, 다음과 같이 말했다고 한다. 깊은 우물은 독기가 많다. 갈홍의 처방에 5월 5일 닭털로 시험 삼아 우물 안에 던지면 털이 곧장 내려가면 독이 없지만, 만일 네 모퉁이를 빙빙 돌면서 떨어지면 우물물은 마시면 안된다고 했다.

동백산과 천태산은 하나인 것이다.

불교와 관련된 전승도 있다. 천태종을 연 천태지자(天台智者: 538~597)[9]가 화정에서 술을 끊고 참선(斷酒座禪)하며, 차로써 잠을 쫓았다는 이야기가 있다. 그가 수행했던 곳도 갈현이 차밭을 조성한 화정봉이었다. 지자는 수행에 차를 적절히 이용했다. 그러므로 그도 차와 관련이 깊은 인물이었다.

이러한 성격을 가진 인물이었기에 그와 차가 관련된 전승도 적지 않다. 그 대표적인 것 중 하나가 수양제(隨煬帝: 569~618)가 강도(江都)에서 유람하다 병이 났을 때 천태산 승려들이 천태차를 가지고 강도에 와서 그의 병을 치료해주었고, 이로 인해 북방인들도 차를 마시게 되었다는 이야기가 있다. 그 때 치료한 승려가 지자의 제자 지장(智藏)이라는 전승이 있는가 하면, 또 다른 전승에서는 치료한 승려의 이름이 보(普)라는 설도 있다. 이처럼 6세기경 천태산의 승려들이 수행에 방해되는 잠을 쫓고, 몸의 질병을 치료하는데 차를 이용하였다고 할 수 있다.

## 3. 천태차의 역사와 의의

전승의 영역에서 벗어나 실제로 천태차를 실제로 다루었던 사람은

9 중국 천태교학의 완성자. 실제로는 천태종의 개조이나, 혜문(慧文), 혜사(慧思)에 이어 제3조로 친다(혹자는 용수를 개조로 하고, 혜문을 제2조, 혜사를 제3조, 지의를 제4조로 치는 경우도 있다). 천태대사, 지자대사(智者大師)라고도 한다. 568년(光大2)부터 7년간 금릉(金陵)의 와관사(瓦官寺)에서 『법화경』과 『대지도론』을 강의하여 많은 사람들에게 영향을 끼쳤다.

당대의 육우(陸羽: 733~804)이었다. 그는『다경(茶經)』에서「팔지출(八之出)」의「절동(浙東)」조에서 절동의 차를 소개하면서「태주(台州)는 하등차(下等茶)에 속한다. 태주(台州) 시풍현(始豊縣)의 적성(赤城)에서 나는 것은 섭주(歙州)와 같다」고 했다.[10] 여기서 보듯이 육우는 천태차에 대해 혹평을 하고 있다. 그러나 유구한 역사성까지 부정된 것은 아니다.

그리고 육우보다 조금 늦은 당대의 도사 서영부(徐靈府)[11]는『천태산기(天台山記)』에서「송화선과(松花仙果)는 아침 식사에 제공할 수 있고, 석명향천(石茗香泉)은 저녁 음료로 가득 차 있다(松花仙果, 可給朝餐; 石茗香泉, 堪充暮飮)」라고 했다. 당시 천태산에서 도를 닦던 도사들이 석명(천태차)을 필수품으로 삼고 있었음을 엿볼 수 있다. 당대의 장우신(張又新: ?~?)[12]은『전다수기(煎茶水記)』에서 육우가 찻물의 순위를 매겼는데, 천태산의 폭포수는 20개 중 제17위라고 기록하고 있다.[13] 이것으로 보아 당시 천태에서는 품다회가 성행하였음을 알 수 있다.

9세기 천태산의 차밭을 알 수 있는 자료가 일본에 있다. 헤이안(平安) 중기의 일본 천태종 사문파(寺門派)의 개조 엔친(円珍: 814~891)[14]은 853년

10 김명배 편역(1988)『한국의 다서』탐구당, p.388.

11 생몰년 미상. 만당 때 활약한 인물. 전당(錢塘) 천목산(天目山, 지금 절강) 출신. 호는 默希子. 천태산 雲蓋峰 虎頭岩 石室에서 수련. 저서로는『역세진선체도통감(歷世真仙體道通鑒)』(卷四)이 있다.

12 생몰년 미상. 당나라 정치가. 자는 孔昭, 深州陸澤(현재天河北深縣) 출신. 저서로는『전다수기(煎茶水记)』1권이 있다.

13 張又新의『煎茶水記』: 天台山 西南峰 千丈瀑布水 第十七.

14 일본 헤이안(平安) 시대 천태종 승려. 天台寺門宗(寺門派)의 종조. 시호는 智証大師(智證大師), 宝号는「南無大師智慧金剛」. 入唐八家(最澄, 空海, 常暁, 円行, 円仁, 恵運, 円珍, 宗叡) 중 한사람. 讃岐国(香川県) 金倉郷 출신. 多度郡弘田郷의 호족 사에키씨(佐伯氏)의 일문. 속성은 和気. 字는 遠塵。空海(弘法大師)의 조카(또는 질녀의 아들). 탄생지는 善通寺에서 약 4km 정도 떨어진 곳에 있다. 15세 때 比叡山에 올라 延暦寺의 義真에 師事. 12년간 籠山行에 들어감. 845년(承和12) 役行者을 동경하여 大峯山, 葛城山, 熊野三山을 순례, 수험도(修験道)의 발전에도

(仁寿3)에 입당하여 천태산으로 갔다. 902년(延喜2) 엔친의 속제자(俗弟子)인 미요시 기요유키(三善清行: 847~918)[15]가 편찬한 『천태종연력사좌주원진전(天台宗延暦寺座主円珍伝)』에 천태산의 주봉인 화정산에 대해 「젊은 대나무 검게 자라고 차나무가 무성하다(若竹黤黕, 茶樹成林)」라고 서술되어있다.[16] 이를 보더라도 9세기 중반 당시 화정산에는 숲을 이루는 다원이 있었다.

사실 그가 중국에 머무르는 동안 국청사(國清寺)와 선림사(禅林寺) 등지에서 차를 마신 기록이 있는 것으로 보아 그도 중국풍의 차를 즐겼을 것으로 보인다. 그리고 그는 귀국 후에도 유학 시 사귀었던 중국승려

---

기여함. 846년(承和13) 연력사의 학두(学頭)가 되다. 853년(仁寿3) 신라상인의 배로 입당. 도중에 폭풍을 만나 대만에 표착, 같은 해 8월에 복주(福州)의 연강현(連江県)에 상륙했다. 그 이후 천태산 국청사에 머물면서 수행에 전념. 855년(斉衡2) 장안을 방문하여 진언밀교를 전수받았다. 858년(天安2) 당나라 상인의 배를 타고 귀국. 귀국 후 잠시 금창사(金倉寺)에 살며, 절의 정비했다. 그 후 히에잔(比叡山)의 산왕원(山王院)에 주석하며, 868년(貞観10) 연력사의 第5代 座主가 되다. 그에 앞서 859년(貞観元)에 원성사(園城寺: 三井寺)의 長吏(別当)에 보임되어 원성사를 전법관정(伝法灌頂)의 도량으로 삼았다. 후에 헤이잔을 산문파(山門派)가 점거하였기에 원성사는 사문파(天台寺門宗)의 거점이 된다. 891년(寛平3) 10월 29일, 향년 78세로 입적. 삼정사에는 円珍이 감득했다는 『黄不動』, 『新羅明神像』 등을 비롯해 원진이 직접 쓴 문서들이 남아있다. 927년(延長5) 12월 27일, 醍醐天皇에게서 「法印大和尚位」와 「智証大師」라는 시호를 받음.

15 일본 헤이안시대의 귀족. 한학자. 관위는 従四位上 · 参議, 贈正二位. 三善氏吉의 아들. 873년(貞観15)에 문장생(文章生)이 되었고, 그 이듬해 득업생(得業生)이 되었으며, 881년(元慶5)에 方略試에 불합격이 된다. 이 때 면접관. 이 때 면접관이 스가와라노 미치자네(菅原道真)이었다. 그 이후 清行가 미치자네와 입장을 달리하는 일이 많았다. 이것이 원인이 되었을 가능성도 있으나, 확증은 없다. 2년 후 37세 대 対策에 급제하여 대학소윤(大学少允)이 된다. 900년(昌泰3)에 刑部大輔, 문장박사가 되었다. 그 후 대학두(大学頭)가 되어 延喜格式의 편찬에도 참여하였다. 917년 71세 때 참의 · 궁내경이 되었다. 저서로는 『円珍和尚伝』, 『藤原保則伝』, 『善家秘記』 등이 있으며, 歌集으로서 『선가집(善家集)』이 있다.

16 「招手之石見在、定光之迹恒新、苦竹、茶樹成林、林辺亭子、曰倒景亭、甘泉横流、人物棲息」/『寺門伝記補録』巻十二所収の『向花頂記』では「南木廻生、奇樹、苦竹行倒」、『在唐日録』では「秀木廻生、奇樹、苦竹行倒となっている。

그림 1 천태산 운무차밭(葛仙茗圃)

들과의 서신을 주고 받았는데, 그 중 우리의 눈길을 끄는 것이 태주(台州) 개원사(開元寺) 승려 상아(常雅)가 보낸 척독(尺牘)이다. 「척독」이란 불과 수십개의 단어로 자신의 마음을 타인에게 전하는 편지를 말한다. 그 내용 중에 「천태남산각자차 하나와 생황각자 두개를 올린다(天台南山角子茶壱、又生黄角子弐謹上)」[17]는 내용이 보인다. 즉, 상아는 엔친에게 「천태남산각자차(天台南山角子茶)」 하나와 「생황각자(生黄角子)」 둘을 보낸 것이었다. 여기서 언급한 「천태남산각자차」는 육우(陸羽)의 『다경』 「팔지출」에도 나오지 않는 차이다. 그러나 이 편지를 통해 9세기경 천태산 주변에 「천태남산각자차」가 생산되고 있었으며, 이를 일본 엔친에게 보냈음을 알 수 있다.

천태차 중 가장 유명한 산지는 폭포산 일대이다. 송대의 『가정적성지(嘉定赤城志)』(권21)에 따르면, 「폭포산은 현의 서쪽 40리에 있고, 산

17 国宝・智証大師関係文書典籍「唐人送別詩並びに尺牘」二巻の内、年未詳五月十九日「常雅尺牘」(『園城寺文書』第一巻所収【二〇一六】)。/『唐人送別詩弁尺牘』「大日本佛教全書 第28巻 智証大師全集 第4」には「唐人送別詩弁尺牘」.

에 폭포가 있는데, 천 길이나 흘러 멀리 바라보면 마치 천과 같다. 복성관(福聖觀)과 국청사(國清寺)의 폭포와 더불어 셋이나 된다. 그 산에서 기이한 차(奇茗)가 난다.」는 기록이 있다.[18] 이처럼 송나라 때에는 폭포가 있는 곳에서 나는 차가 유명했으며, 이 차를 기명(奇茗)이라 했다.

1223년(嘉定16)에 편찬된 『여지속보(茹芝續譜)』에는 「천태차에는 3품이 있다. 그 중 자응(紫凝)이 상품이고, 위령(魏嶺)이 그 다음이고, 소계(小溪)가 그 다음이다. 자응은 지금 보문(普門)이고, 위령이 천봉(天封)이며, 소계가 국청(國清)이다.」라고 했다.[19] 이처럼 당시 천태차에는 자응, 위령, 소계라는 3종류의 차가 있었다.

이같이 내려오던 천태차가 명대의 초, 중기에 이르면 위축되었다. 당시 전등(傳燈: 1553~1627)의 『천태산방외지(天台山方外志)』에 천태차에 대해 다음과 같이 언급하고 있다.

> 「현재 모든 곳에서 생산되지 않는다. 지역민들이 필요로 하는 것은 대개 서갱, 동양, 황갱 등지에서 가져온다. 석교 인근에도 차가 심겨져 있었는데, 맛은 매우 맑고 달아 타지에 양보하지 않는다. 무릇 운무 속에서 자라나 수액이 많고, 잎이 두텁다. 그러나 산중은 추위가 많아 발아가 비교적 늦다. 그리고 제다도 좋지 않아 다른 것을 이길 수 없고, 소출도 적어 지역민에게 공급할 뿐이다.」[20]

---

18 『嘉定赤城志』(卷二十一): 「瀑布山在縣西四十里，山有瀑布，垂流千丈，遙望如布，蓋與福聖觀、國清寺二瀑為三，其山出奇茗。」.

19 『茹芝續譜』: 天台茶有三品，紫凝為上，魏嶺次之，小溪又次之。紫凝，今普門也; 魏嶺，天封也; 小溪，國清也。

20 傳燈의 『天台山方外志』: 「今諸處並無出產。而土人所需，多來自西坑、東陽、黃坑等處　石橋諸山近亦種茶。味甚清甘，不讓他郡。蓋出自名山雲霧中，宜其

즉, 당시 천태차는 기후환경으로 인해 서갱(西坑), 동양(東陽), 동갱(黃坑)이라는 극히 제한된 지역에서 소량으로 생산되며, 그것도 지역민들이 대부분 소비하고 있었다.

명대의 장대복(張大復: 1554~1630)의 『매화초당필담(梅花草堂筆談)』(卷三) 「운무차(雲霧茶)」에 「골짜기들은 모두 천태산에서 이어져 오는데, 운무차가 자란다. 자주 좋은 물을 끓여 차를 우려내니, 거품이 일어나는 것이 마치 콩꽃 향기를 내는 듯하였으나, 차의 기운이 약해 물을 이기지 못하는 것 같았다. 그러므로 이 차는 천지(天池)의 형이고, 호구(虎丘)의 중간 정도일 뿐이다(洞十從天台來，以雲霧茶見投，亟煮惠水潑之，勃勃有荳花氣，而力韻微怯，若不勝水者。故是天池之兄，虎丘之仲耳)」라 하며 천태차는 소주에서 나는 호구차(虎丘茶)보다 낫다고 했다.

명대의 만력연간에 저명한 문인 도융(屠隆: 1543~1605)[21]이 천태산에 은거하며 차문화의 연구서적인 『다전(茶箋)』을 집필했다. 그러면서도 그는 천태차에 대해 일체 언급해놓고 있지 않다. 이처럼 천태차는 명대에 이르러서는 쇠퇴해 있었다.

천태산 운무차는 청대에 이르러서는 다시 활발해졌다. 반뢰(潘耒:

---

多液而全厚也。但山中多寒，萌發較遲，兼之做法不嘉，以此不得取勝。然所產不多，足供山居而已」

21 鄞县 桃花渡(현재 영파 桃渡路) 출신. 명나라 희곡가. 문학가. 자는 長卿, 緯眞, 호는 赤水, 별명은 攀山人, 一衲道人, 蓬萊仙客, 만년에는 鴻苞居士라고도 함. 1577년(만력5) 진사에 합격하여 영상지현(颖上知縣), 청포령(青浦令), 예부주사(禮部主事), 낭중(郎中)을 역임. 1584년(만력12) 모함을 받아 관직을 박탈당했다. 그의 성격은 호방하고 손님 접대를 잘하였으며, 그와 교유하는 사람들 중에는 시와 술을 사랑하는 명사들이 많았다. 만년에는 5개월간 각 지역을 여행하며 글을 팔아 생계를 꾸렸다. 그는 "사람들이 진짜 좋은 차를 마시면 갈증을 없애고, 음식을 소화시키며, 담을 제거하고, 잠이 덜 오게 하며, 소변이 잘되며, 눈을 밝게 하고, 머리가 좋아지고, 걱정을 씻어주며, 이기를 씻어 낸다."고 했다.

1646~1708)는『유천태산기(遊天台山記)』에서「주민들이 죽순을 삼고 차를 따는 것을 보았는데, 사람들은 모두 득색하는 기색이 있었다(時見居民煮筍摘茶, 人皆有自得之色)」라고 했다. 그리고 척학표(戚學標: 1742~1824)도『태주외서(台州外書)』에서「차가 천태 화정에서 나온다(茶出天台華頂者上)」라고 했다.

팽영(彭穎: 1798~?)의『기화정다설(記華頂茶說)』에는 화정 운무차의 생산환경을 간략히 소개할 뿐만 아니라 그 생산과 가공기술에 대해서도 간략하게 기술하고 있는데, 그것에 의하면「천태화정은 만산의 꼭대기에 있고, 운무가 자욱하며 뛰어난 차가 자란다. 절의 승려들은 비교적 늦은 추위 때문에 입하 전후에 땄다. 제답법은 홍배를 하지 않고 솥에서 볶아 말려 주석병에 담았다. 복후에 열면 색, 향, 맛이 모두 좋아 건차(建茶)와 나개(羅岕)보다 훨씬 뛰어나다.」고 했다.[22] 그리고 그는 심지어「차는 화정에서 볶은 녹차가 아니면 마실 수 없다(茶非華頂炒青不可飲)」고 했다.

민국시대에 천태차의 품종으로 모첨(茅尖), 초청(炒青)이 있었는데, 그 중에서도 화정에서 생산되는 것이 가장 좋았다. 민국의『태주부지(台州府志)』의「물산약(物產略)」에「오늘날 모첨과 초청 등 여러 종류가 있는데, 곡우 전에 딴 것이 가장 좋고, 그중에 화정모봉이 가장 좋고, 그 뒤를 쌍계(雙溪), 용황당(龍皇堂)이 잇는다」고 했다.[23]

---

22 彭穎의『記華頂茶說』:「天台華頂, 居萬山之巔, 雲霧滃翳, 佳荈所生。寺僧採摘, 必在立夏前後, 以其地寒而較遲也。制茶之法, 不從烘焙, 即於釜上炒干, 裝入錫瓶。伏後開之, 色、香、味皆勝, 建溪、羅岕不能及焉。」.

23 民國『台州府志』「物産略」:「案今茶有茅尖、炒青諸種, 以采之穀雨前者為佳, 而產華頂茅蓬者尤稱最焉, 雙溪、龍皇堂次之。」.

1948년 『중국실업지(中國實業志)』에 따르면 당시 천태산차 생산지는 「북상(北山)과 서상(西上) 두 곳」이었다. 그러나 현재는 천태산맥과 대뢰산맥에 대단지의 차밭이 조성되어있고, 각종 박람회에서 32회나 금상을 수상하여 명차로서 자리매김하고 있다.

현재 화정산(華頂山)에도 차밭이 펼쳐져 있고, 그 일각에는 도사 갈현이 열었다는 곳을 표시하기 위해 「갈선명포(葛仙茗圃)」라는 글씨가 새겨진 석비가 세워져 있다.

# 천태산의 도교와 불교

## 1. 천태산 이름의 유래

천태산은 어찌하여 천태라는 이름을 가지게 되었을까? 여기에 대해 남북조 시대 양(梁) 나라 출신 도홍경(陶弘景: 456~536)[1]이 자신의 저서 『진고(眞誥)』에서 다음과 같이 설명하고 있다.

> 높이가 1만8천장이고, 주변은 8백리가 된다. 산은 8겹으로 되어있으며, 사면은 하나와 같으나, 우수(牛宿)와 두수(斗宿)로 나누어져 있다. 하늘에 있는 태성에 응하기 때문에 천태라 한다.[2]

여기서 보듯이 천태라는 명칭이 견우와 직녀로부터 기인되는 것으로 설명된다. 즉, 이들이 헤어지기 직전 함께 머물렀던 곳이었기 때문에 천태라는 것이다. 그러나 이상의 내용만으로 어찌하여 견우와 직녀가 천태가 되어야 하는지 명확하지 않다.

이를 좀 더 구체적으로 설명하면 하늘의 별자리에서 자미궁(紫微宮)이라는 곳이 있는데, 그 안에 북극성이 있고, 그 아래 북두칠성이 있으며, 그 곁에 2개의 별들이 짝을 지은 것이 3개조가 위 아래로 가지런히

---

1 중국 남북조 시대의 도사(道士), 의학자(醫學者)이다. 도교(道敎)의 모산파(茅山派)의 개조(開祖)다. 자는 통명(通明). 은거(隱居)를 할 때는 화양은거(華陽隱居)라는 이름을 자칭하였고, 말년에는 자칭 화양진일(華陽眞逸)이라고 칭하였다. 얼굴이 수려하고 박학하고 다재다능한 시와 자고이래(自古以來)에 예술을 즐기고, 의약(醫藥), 점복(卜占), 역법(曆法), 경학(經學), 지리학(地理學), 박물학(博物學), 문예(文藝)에 정통하였다. 산속에 숨어 지내다가, 주로 야외에서 활동을 하여, 본초학(本草學)을 연구하는 오늘날에 한의학을 연구하는데 도움을 주었다. 또 책에 대해서 관심이 많아서 후대에 글을 쓰는 작가에게 영향을 주었다.

2 陶弘景의 『眞誥』: 天台山高一萬八千丈，周迴八百里。山有八重，四面如一，當牛斗之分, 上應台星，故曰天台.

놓여져 있다. 이를 삼태성숙(三台星宿=三星)이라 하며, 위의 것을 상태(上台), 가운데의 것을 중태(中台), 아래의 것을 하태(下台)라 한다. 또 상태를 합숙(台宿), 중태를 광보(光輔), 하태를 자신(紫宸)이라고도 한다. 「천태」란 이러한 상, 중, 하의 3태를 통칭하며, 천태는 천제(天帝)의 자미궁(紫微宮)을 지키는 역할을 하는 별들이다. 천태산은 삼태의 바로 밑에 있는 산이기에 천태산이라 한다.

한편 「하늘(天)의 3태(三台), 땅(地)의 3공(三公)」이라는 말이 있다. 즉, 지상에는 황제를 중심으로 보좌하는 태위(太尉: 군사) · 사도(司徒: 교육 · 문화) · 사공(司空: 백성 · 토지)을 맡는 3명의 정승이 있다면, 하늘에는 자미성(紫微星)을 중심으로 보좌하는 삼태성(三台星)이 있다는 말이다. 다시 말해 천제를 부처(仏陀)로 비유하여 절대적인 진리를 나타낸다면, 삼태는 불법을 수호하고 중생을 견성으로 인도하는 역할을 의미한다. 그러므로 이 산에서 수행하면 불교도는 깨달음을 얻고, 도교도들은 하늘로 올라가 신선이 된다. 「천태」를 「천제(天梯)」라 하면서도 굳이 「천대(天臺)」라고 하지 않는 이유도 바로 여기에 있다. 이처럼 천태산은 고대로부터 신성구역이었다.

형계대사(荊渓大師) 담연(湛然: 711~782)[3]의 『지관홍결(止観弘決)』(巻1)

---

3 중국 당나라 천태종 승려. 형계담연(荊渓湛然)이라고 하며, 또 묘락대사(妙楽大師)라고 불렀다. 천태종 제6조. 속성은 戚시. 생가는 유교를 신봉하는 집안이었으나, 일찍이 불교를 지향하여 17살 때 불교에 귀의하여 천태교의를 수학하기 시작했다. 20 살 때 좌계현랑(左渓玄朗)에게 입문하여 출가하기 전에 가르침을 받았다. 출가한 것은 38살 때의 일이며, 그 이후 수행에 노력했다. 754년(天宝13)에 현랑이 입적하자, 그 후계자로서 천태종문(天台宗門)의 재흥에 힘썼다. 당시 화엄종 · 법상종 · 선종에 맞서 포교와 저술에도 전념했다. 그로 인해 천태중흥의 개조라고도 칭송된다. 제자로는 도수(道邃) · 행만(行満) 등 39명이 있었다. 그 중 도수 · 행만은 일본 승려 사이초에게 천태법문을 전한 것으로 알려져 있다.

에서도 다음과 같이 설명하고 있다.

> 태(台)는 별 이름이다. 그 지역에서는 하늘의 삼태(三台)에 응하기 때문에 붙여진 것이다. 혹자는 천제(天梯)라 했다. 이를테면 그 산은 높아 올라가면 하늘에 이를 수 있다고 하여 후세 사람들은 천태라 한다.

이같이 천태산은 북극성과 북두칠성 주위에 있는 하늘(천상계)이라는 이름이다. 천태산은 도교와 불교의 성지이다. 이 두 종교의 교의는 서로 다르지만, 수행을 통해 덕의 완성이 이루어지면 불교에서는 득도하고, 도교에서는 승천한다. 천태는 하늘을 오른다는 의미이므로 천태산은 하늘을 오를 수 있는 산이다. 불교에서도 불국토를 「상천지태(上天之台)」라 하며, 그 풍경을 「산자수명(山紫水明)」이라 했다. 즉, 불국토는 하늘을 오를 수 있는 받침대와 같은데, 그곳의 산은 자주 빛이고 물은 맑아 경치가 너무 아름답다고 했던 것이다. 그러므로 천태산은 불교에서는 깨달음의 최고 경지를 말하며, 도교에서는 신선들이 사는 선경을 의미한다.

## 2. 불교의 수호신이 된 천태산신

천태산은 불교가 들어가기 전에는 도교의 성지였다. 당대 사마승정(司馬承禎)[4]이 천태산에 들어갔을 때만 하더라도 도교가 불교를 능가할

---

4 당나라 때 사마승정은 어려서부터 학문이 여간 아니었으나 벼슬에 마음을 두지

정도이었다. 도교에는 10대동천(十大洞天), 36소동천(小洞天), 72복지(福地) 등이라는 성지가 있었고, 그들의 총본부인 동백궁은 금정동천(金庭洞天)이라 하여 중국 남종도교의 발상지이었다.

천태산이 본격적으로 불교와 관련되기 시작한 것은 동진시대(東晋時代: 317~420) 부터이다. 그 이전에는 도교의 도사들이 활약했던 장소이었다. 그러므로 천태산을 관장하는 산신 또한 도교적인 색채가 강했다. 이 산신을 앞에서 언급한 바 있는 담연의 『지관홍결』에서는 다음과 같이 설명되어 있다.

> 또 장안관정(章安灌頂: 561~632)[5] 존자의 「천태산기(天台山記)」에는 「원래는 남악(南岳)이라 하였는데, 주(周)나라 영왕(靈王)의 아들 진(晋)이 이 산에 머물렀다. 그 혼을 이 산의 산신으로 하고 좌우공(左右公)에게 명하여 이름을 고쳐 천태산이라 했다.

이 글은 장안관정이 쓴 『천태산기』의 내용을 인용한 것이다. 장안관정은 천태의 제4조로서 지의대사의 제자이다. 그는 오랫동안 스승

---

않고 천태산에서 수십 년을 은거했다. 중종부터 현종까지 그에게 벼슬을 내리겠다고 불렀으나 그는 거절했다. 사마승정이 도성으로 와서 예종을 만나고 가던 중 장안(長安) 남쪽의 종남산(終南山)에서 은거하다가 벼슬을 받은 노장용(盧藏用)과 마주쳤다. 노장용이 종남산 쪽을 가리키며 "저곳에 확실히 무궁무진한 재미가 있소이다그려"라며 웃었다. 이에 사마승정은 "그렇소이다. 내가 보기에 종남산은 확실히 관리가 되는 지름길이라오"라고 응수했다. 사마승정은 벼슬자리가 여의치 않자 일부러 도성에 가까운 종남산에 은거하여 이목을 끈 다음 벼슬을 얻은 노장용의 행위를 이렇게 비꼰 것이다. 그 뒤 '종남첩경'은 벼슬이나 명리를 추구하는 가장 좋은 길이나 방법을 비유하는 성어로 정착했다.

5 중국 천태종의 승려. 자는 법운(法雲). 지의(智顗)의 제자. 오랜 세월에 걸쳐 스승인 지의의 서기역할을 맡아 지의의 저서 대부분을 필기했다. 천태종의 제4조이다.

인 지의대사의 기록을 담당하였기에 당시 천태의 상황을 잘 파악하고 있었다. 그가 쓴『천태산기』에 의하면 주나라 영왕의 아들 왕자 진이 천태산에 머물렀으며, 그의 혼을 산신으로 모셨다고 되어있다.

그렇다면 천태산의 산신 왕자 진은 어떤 인물인가? 그가 어찌하여 천태산의 산신이 되었을까? 여기에 대해 전한(前漢)시대의 인물 유향(劉向: BC77~6)의 저서로 알려진『열선전(列仙傳)』에 왕자 진에 대해 다음과 같이 설명되어있다.

> 왕자교(王子喬)는 주(周)나라 영왕(靈王)의 태자로 이름이 진(晉)이다. 생황을 즐겨 불며 이수(伊水)와 낙수(洛水) 사이에 놀러 가서 도사 부구공(浮丘公)을 만나 숭고산(崇高山)에 들어가 신선이 되었다. 30년 후에 그를 찾아 산에 오른 환량(桓良)이라는 사람에게 "우리 집에 알려서 7월 7일 구지산(緱氏山) 꼭대기에서 나를 만나도록 하라!"고 말했다. 이윽고 때가 되자 과연 왕자 진이 백학을 타고 날아와 산꼭대기에서 머물며 아래의 사람들을 향해 손을 흔들더니 며칠 후에 사라져 버렸다고 한다.[6]

여기서 보듯이 왕자 진은 왕자 교라고도 불렸다. 그는 기원전 때의 인물로 주나라 영왕의 아들이다. 그는 생황을 즐겨 불었고, 이수와 낙수 지역에서 부구공을 만나 숭고산에 들어가 수행하여 신선이 되었고,

---

6 『列仙傳』: 王子喬者，周靈王太子晉也。好吹笙，作鳳凰鳴。遊伊、洛之問。道士浮丘公接以上嵩高山。三十餘年後，求之於山上，見相良曰:告我家七月七日待我於堠氏山巔。至時，果乘白鶴駐山頭，望之不得到。舉手謝時人，數日而去。亦立祠於猴氏山下及嵩高首焉。妙哉王子，神遊氣爽。笙歌伊洛，擬音鳳響。浮丘感應，接手俱上。揮策青崖，假翰獨往】.

그로부터 30년 후에 그곳을 환량에게 자신의 가족들에게 7월 7석날에 구지산 정상에서 만날 것을 알려달라고 하였고, 이를 들은 가족 친지들이 그를 만나기 위해 산정상으로 찾아갔더니, 그에 왕자 진이 학을 타고 나타나 잠시 머물다가 손을 흔들며 떠나버렸다는 이야기이다. 이처럼 왕자 진은 원래 도교의 신선이었다. 그러므로 당연히 도교관련 서적에 그의 이야기가 많이 등장한다.

그 중에서 그가 천태산의 산신이 되었다는 이야기가 당대의 도사인 서영부(徐靈府)가 825년에 저술한 『천태산기(天台山記)』에 다음과 같이 서술되어 있다.

> 천은 동백이다. 진인이 다스리는 곳이다. 진인은 주나라 왕 태자 교이며, 그의 자는 진이며, 생황을 불기를 좋아하며, 마치 소리는 봉황이 우는 소리와 같이 아름답다. 도인 부구공을 만나 숭산으로 올라가 30여년 후에 얻지 못하는 것을 구했다. 백학을 타고 세상 사람들에게 고마움을 표시하고 사라졌다. 이후 동백을 위해 선관으로 제수되어, 우필왕과 영오악(領五岳)을 맡아 천제를 보필하고 이 산(천태산)을 다스렸다.[7]

서영부는 전당(銭塘) 천목산(天目山) 출신으로 묵희자(黙希子)라고도 불렸다. 그는 도사이나, 유학에도 밝았다. 그리고 그는 천태산의 석실에서 십 수년을 지냈다. 회창연간(会昌年間: 841~846)에 무종(武宗: 814~846)의 초청이 있었으나 거절한 인물로도 알려져 있다.

---

7 天是桐柏。真人之所治也。真人　周靈王太子喬。字子晉。好吹笙。作鳳鳴於伊( )間。道人浮近公接以上嵩山。三十餘年後。求之不得。偶乘白鶴謝時人而去。以仙官授任為桐柏。真人右弼王領五岳。司侍帝來治玆山也.

이같은 그가 저술한 『천태산기』에서는 앞에서도 설명한 것처럼 왕자 진의 성격을 설명한 다음, 천태를 위해 선관이 되었으며, 천제를 보필하고 천태산을 다스렸다고 되어있다. 여기서 말하는 동백이란 천태의 다른 이름이다.

그가 천태산의 산신이었음은 서영부 보다 훨씬 후대 인물인 원나라 때 도사 조도일(趙道一)의 『역세진선체도통감(歷世眞仙體道通鑑)』에서도 그를 「자진(子晉)은 하늘에 올라 오른팔이 되어, 오악을 주관하며 황제를 모시고 새벽을 맞이하니, 동백진인(桐柏真人)이라 불린다(子晉昇天為右弼, 主領五嶽司侍帝晨, 號桐柏真人)」고 했다. 즉, 천태산의 산신이라는 것이다. 지금도 천태산에 그를 모신 동백궁(桐柏宮)이 있으며, 그곳은 중국 남종 도교의 본산이다. 이곳에 왕자 진은 「동백진인(桐柏真人)」 또는 「산왕원필진군(山王元弼眞君)」이라는 이름으로 모셔지고 있다.

그러한 존재를 천태산의 국청사는 가람을 수호하는 신으로 삼았다. 불교가 도교를 수용한 것이었다. 그 예가 천태산을 순례한 일본승려 죠진(成尋: 1011~1081)의 『참천태오대산기(參天台五台山記)』에도 잘 나타나 있다.

> 다음에 지주(地主)의 산왕(山王) 원필진군(元弼真君)에게 예배하러 갔다. 진군은 주나라 영왕의 아들로 왕자 진이라는 자이다. 국청사는 원래 왕자의 저택이었다. 그가 신선이 된 후 수백년이 흘러 지자대사(智者大師)를 만나 수계를 받고 이 땅을 물려주었다 한다.[8]

---

8 成尋의 『參天台五台山記』: 次禮地主山王元弼眞君, 眞君者是周靈王子王子晉也, 寺者王子宅也, 成仙經數百年而謁智者大師受戒付屬地也/ 近藤瓶城編(1907) 『史籍集覧』(26) 改定, 近藤出版部, p.659.

이상의 내용이 비록 천태산을 참배한 일본 승려가 기록한 것이지만, 천태산과 불교의 관계를 증명하는 매우 중요한 사실을 내포하고 있다. 즉, 천태산은 원래 도교의 산이었다. 그런데 산 주인 왕자 진이 신선이 되었고, 그 후 천태산신이 되어 산을 관장하며 수 백년이 지났는데, 천태지자를 만나 계를 받고서, 자신의 땅을 기부하여 불교사원을 짓게 하였다. 그리고 이를 받아들인 천태지자는 왕자 진을「산왕원필진군(山王元弼眞君)」이라 하여 국청사의 가람신으로 모셨다는 것이다. 이러한 이야기를 조진이 천태산 국청사를 방문하여 들었음에 틀림없다. 이는 천태산의 불교가 도교를 적극적으로 수용하였음을 나타내는 것임에 틀림없다. 그것의 시작이 천태산을 불교화한 지자대사였다.

지자대사는 흔히 천태지의(天台智顗: 538~597) 또는 천태대사라 불린다. 그는 형주(荊州) 화용현(華容県)의 출신이다. 18세 때 출가에 반대했던 부모가 죽자 과원사(果願寺)에서 출가하여「지의(智顗)」라는 이름을 얻었다. 그 후 일심불란하게 수행하여 남악혜사(南岳慧思: 515~577)[9]의 제자가 되어 수행하였고, 30세 때 혜사의 명을 받아 8년간 건강(建康=金陵=南京)에서 포교생활하다 천태산에 들어갔다. 이 때 그의 수행 결심이 『천태지자대사별전(天台智者大師別傳)』에 다음과 같이 잘 나타나 있다.

"처음 와관사(瓦官寺)에 40명이 함께 앉았는데 20명이 법을 얻었으며,

9 무진(武津) 출신. 속성은 이(李)씨. 15세에 출가. 혜문선사(慧文禪師)에게서 관심(觀心)의 법을 득수(得授)하고 법화삼매를 체득했다. 스님은 선법(禪法)의 구체적인 의미와 방법을 세우는 한편, 당시를 말세로 규정하여 시기별로 말세의 기준을 세우고 정토신행을 확립하였다. 주요 저서로는『법화경안락행의(法華經安樂行義)』,『제법무쟁삼매법문(諸法無諍三昧法門)』,『42자문(四十二字門)』,『수보살계의(受菩薩戒儀)』,『남악원문(南岳願文)』등이 있다.

그림 1 국청사 가람각과 가람신

다음해에는 1백여 명이 함께 앉았는데 20명이 법을 얻었으며, 다음해에는 200명이 함께 앉았는데 10명이 법을 얻었습니다. 그 후로 제자의 무리는 더욱 많았으나, 법을 얻는 자가 매우 적었습니다. 저의 자행을 방해하고 교화도 알 만합니다. 현인들은 편리한 바를 따르고 저는 저의 뜻을 따르고자 합니다. 지금 있는 곳은 지나치게 속세와 가까워 시끄러움을 피할 곳이 아니고, 제가 듣기로 천태의 땅에는 선궁(仙宮)이 있다고 합니다.[10]"

이 글에서 보듯이 그의 천태산행은 38세에 이루어졌으며, 그가 천태산을 택한 이유는 그가 머물고 있는 와관사가 도심지 속에 있어서 많은 제자가 몰려들어 수행하여도 깨닫는 자가 적어, 속세와 멀리 떨어져 있고, 수행하기 좋은 곳이었기 때문이었다. 그리고 천태산을「선궁」

10 『天台智者大師別傳』: 數應初瓦官. 四十人共坐 二十人得法。次年百余人共坐，二十人得法。次年二百人共坐，減十人得法。其后徒衆轉多，得法轉少。妨我自行，化道可知，群贤各随所安，吾欲從吾志，蒋山过近非避喧之處。闻天台地記称有仙宮。

그림 2 천태산 지자육신탑에 봉안된 천태지자 대사 진영

이 있다고 표현하였듯이 도교의 성지라는 사실도 알고 있었다. 그곳에 들어가 도교와 대립하는 것이 아니라, 적극 수용하여 공존하는 형태를 취했다. 그러므로 천태산신이 불교에 수용된 것은 천태지자가 활약했던 6세기경이라 추정된다. 그 이전의 천태산은 도교의 성지였다.

이같이 국청사의 가람신이 된 왕자 진이 항상 불교로부터 존경을 받은 것은 아니었다. 그것과 관련하여 재미난 설화가 있다.

> 국청사에는 절의 외진 곳에 가람신을 모신 사당이 있었는데 별로 돌보는 사람이 없어 문짝이 떨어져나가고 지저분했다. 습득이 청소를 하고 사시(巳時) 공양을 올려놓으면 지켜보던 까마귀가 내려와서 마구 쪼아 먹는 것이었다. 하루는 이를 지켜보던 습득이 가람신에게 달려가 지팡이로 마구 때리며 "네 밥도 지키지 못하면서 어떻게 가람을 지켜! 이 못난 놈아!"하며 꾸짖는 것이었다.
>
> 이 날 저녁 주지스님의 꿈에 가람신이 나타나 말하기를 "보현보살께서 내 밥도 못 지킨다고 저를 마구 때리니 죽을 지경이요. 내 집의 문을

그림 3 한산습득도(청주 월리사 벽화)

달아 주든지 아니면 공양 올리는 일을 보현보살에게 맡기지 말아 주시오!" 라고 말하는 것이었다. 다음날 아침 이 이상한 꿈 이야기를 대중에게 전하니, 대중들도 모두 똑 같은 꿈을 꾸었다고 소란들이었다. 더구나 그가 습득인 줄 알고 더욱 신기해 하였다.

국청사는 한산과 습득이 살았던 곳으로도 유명하다. 이들은 보현과 문수의 화신인데, 이들이 남긴 많은 일화 가운데, 보현의 습득이 까마귀에게 음식을 빼앗기는 가람신을 타박하며 꾸짖었다는 것은 형상을 두고 그것에 집착한 나머지 우상화하는 것을 경계하는 것이기도 하지만, 다른 한편으로는 가람신의 권위가 예전과 다르다는 것을 확연하게 보여주는 것이라 생각된다.

## 3. 일본으로 간 천태산신

일본승려 죠진(成尋)은 천태산신인 왕자 진을 모신 가람각을 보고서 다음과 같이 기록했다.

> 이것은 일본의 천태산왕(天台山王)과 많이 닮아있다. 『천태기(天台記)』에서 말하기를 진인은 주령왕의 태자 교(喬)이며, 자는 자진(子晋), 생황을 부는 것을 좋아하고, (불면) 봉황이 우는 듯한 소리이었다. 이수와 낙수의 사이에 있는 지역에서 도인 부구공(浮丘公)을 만나 숭산으로 갔다. 30여 년 후 구해도 얻을 수 없었으나, 돌연 백학을 타고 나타나 사람들에게 이별을 고하고 사라졌다. 선관으로 임명 받아 동백진인우필왕령오악사시제신(桐柏真人右弼王領五岳司侍帝晨)이 되어 이 산에 와서 관할하게 되었다는 것이다.[11]

이상의 기록은 앞에서 본 중국의 기록과 큰 차이가 없다. 왕자 진의 신선적인 성격, 그리고 천태산의 산신이 되었다는 것도 다른 것과 같다. 다만 우리의 주목을 끄는 것은 가람각에 모셔지는 왕자 진이「일본의 천태산왕과 많이 닮아있다」고 지적한 점이다. 즉, 일본 천태종 총본산인 히에잔(比叡山)의 진수신(鎮守神) 히요시대사(日吉大社)를 산왕권현

11 成尋의『参天台五台山記』: 次礼地主山王元弼真君。真君者、是周霊王子、王子晋也。寺者、王子宅也。成仙経数百年、而謁智者大師、受戒付属地也。宛如日本天台山王。天台記云、真人周霊王太子喬、字子晋、好吹笙、作鳳鳴。於伊雒間、道人浮丘公接以上嵩山、三十余年後、求之不得、偶乗白鶴、謝時人而去。以仙官授任為桐柏真人右弼王領五岳司侍帝晨/ 藤善真澄訳注(2007)『参天台五台山記』関西大学出版部, pp.96-97.

(山王權現)이라 하는 것은 왕자 진을 천태산 국청사에서 「산왕원필진군(山王元弼眞君)」이라 하며 가람신으로 모시는 것과 같다고 본 것이었다. 이는 일본 천태산의 가람신이 중국의 영향을 받았을 가능성을 보여주는 것이라 할 수 있다.

그러나 와세다대학 교수 요시하라 히로토(吉原浩人)는 죠진 이전의 일본 천태산의 가람신인 히요시산왕신(日吉山王神)의 기원 및 활약을 서술한 사료가 현존하지 않는다고 주장을 한 바가 있다.[12] 사실 그의 말대로 지금까지 기록이 보이지 않는다. 그러므로 히요시대사의 산왕권현이 천태산의 영향이라고 단정지을 수 없으나, 그렇다고 일본에 천태산 왕자 진의 영향이 전혀 없다고 보기는 어렵다. 왜냐하면 그것과 관련한 기록들이 보이기 때문이다. 가령 먼저 「구마노권현어수적연기(熊野權現御垂跡縁起)」에 다음과 같은 내용이 있다.

> 옛날 갑인년에 당나라 천태산 왕자신(王子信)의 옛 흔적이 일본국 진서(鎮西)의 히코산봉(日子山峯=彦山)에 내려왔다. 그 형태는 팔각수정(八角水晶)의 돌로 높이는 3척(尺) 6촌(寸)으로 하늘에서 내려왔다. 5년 후 무오년, 이요(伊予国)의 이시테쓰봉(石鉄峯=石鎚山)에 건너갔고, 6년 후 갑자년에 아와지(淡路国)의 유즈루하봉(遊鶴羽峯=諭鶴羽山)에 건너갔으며, 6년 후 경오년 3월 3일, 기이(紀伊国) 무로군(無漏郡=牟婁郡)의 기리베산(切部山) 서해(西海)의 북안(北岸) 나마나기노후치(玉那木の淵) 위 소나무 숲으로 건너갔다. 57년 후 경오년 3월 23일 구마노 신궁(熊野新宮)의 남쪽

12 吉原浩人(1995)「天台山の王子信(晋)考—『列仙伝』から『熊野権現御垂跡縁起』への架橋—」『東洋の思想と宗教』(第12号) pp.79-111.

가미구라산(神藏峯=神倉山)에 내려왔다. 그리고 61년 후 경오년에 구마노 신궁의 동쪽 아스가사(阿須加社= 阿須賀神社) 북쪽 이와부치타니(石淵谷)에 권청되어 모셔졌다. 이때 처음으로 무스비(結) · 히야타마(早玉) · 케쓰미미코(家津美御子)이라고 하며, 두 곳 신사에 모셔졌다. 13년 후 임오년, 본궁(本宮) 오유노하라(大湯原=大斎原)의 일위(一位: 櫟) 나무 끝에 3개의 달과 같은 것이 하늘에서 내려왔다. 8년 후 경인년, 이와다가와(石多河=岩田川)의 남쪽 가와치(河内)의 지역민 구마노베 치요사다(熊野部千与定)라는 사냥꾼이 1장 5척의 멧돼지를 쏘고 그 뒤를 추격하여 이와다가와를 거슬러 올라가 오유노하라에 도착했다. 멧돼지는 한 그루 나무 아래 죽어있었다. 사냥꾼은 그 멧돼지 고기를 취해 먹었다. 그리고는 그 나무 아래에서 하룻밤 묵었는데, 그 때 나무 끝에 매달린 달을 보았다. 그는 달을 보고 「어찌하여 달이 허공을 떠나 나무 끝에 매달려 있는 것인가?」 하고 묻자, 이에 달은 「나는 구마노 삼소(熊野三所)의 권현(権現)이다. 하나는 증성대보살(証誠大菩薩)이라 한다. 지금 두 개의 달은 나머지 두 곳의 권현을 말하는 것이다」라고 대답했다.

이상의 내용을 인용한 헤이안시대(平安時代)의 장관연간(長寛年間: 1163~1164)에 편찬된 『장관감문(長寛勘文)』에서는 「구마노콘겐(熊野権現)은 당의 천태산 왕자 신의 수적이라고 한다. 왕자신은 누구인지 모르겠으나, 아마도 그는 주나라 영왕의 태자 왕자 진일 것으로 보인다(唐天台山乃王子信之手迹云云. 王子信不知識人. 若周靈王太子晉歟)」고 해석했다. 즉, 위의 내용에서 등장하는 천태산의 왕자 신은 왕자 진을 잘못 기록한 것이다. 그리고 오에 마사후사(大江匡房: 1041~1111)[13]가 편찬하였을 것으로 추정되는 『부상명월집(扶桑明月集)』에도 「전하여 들으니 구마노산영신(熊野山霊神)은 이역명도(異域冥道), 왕자 진의 수적(垂迹)이다」는 내용이 있다. 이처럼 일본에서는 천태의 왕자 진이 일본으로 건너가 히코산의 산신이 된 이후 여러 곳으로 옮겨 다니며, 그곳에 모셔지는 신이 되었는데, 그 중 하나가 구마노콘겐(熊野権現)이라고 해석하고 있는 것이다. 그 이동의 순서가 위의 내용에서는 히코산(日子山峰)－이요(伊予国)의 이시테쓰미네(石鉄峯=石鎚山)－아와지(淡路国)의 유즈루하(遊鶴羽峯=諭鶴羽山)－기이(紀伊国) 무로군(無漏郡=牟婁郡)의 기리베산(切部山)－구마노 신궁(熊野新宮)의 남쪽 가미구라봉(神蔵峯=神倉山)과 동쪽 아스카샤(阿須加社=阿須賀神社)로 되어있다.

이와 유사한 내용이 『히코산류기(彦山流記)』에도 있다. 『히코산류기』에서 히코산(彦山)에 모셔지는 신에 대한 유래를 다음과 같이 설명하고 있다.

> 콘겐(権現)은 동토이생(東土利生)에 뜻을 두고 마하타국(摩訶陀国)에서 5자루 칼을 던진 후, 갑인년(甲寅年)에 진단국(震旦国) 천태산 왕자 진의 옛터에서 동쪽을 향했다. 부젠(豊前国) 다가와군(田河郡) 오쓰무라(大津邑)에 도착하여 가와라명신(香春明神)에게 머무를 곳을 구하고자 하였으나 거절당했다. 그러자 콘겐은 금강동자(金剛童子)에 명하여 나무를 뽑아 버리게 했다. 그리하여 가와라다케(香春嶽)는 암석이 드러나게 되

---

13 헤이안시대 후기의 일본 귀족, 유학자, 시인. 大学頭・大江成衡의 아들. 후삼조 천황이 즉위 후 등용되었다. 관위는 正二位・権中納言. 또 権太宰帥. 江帥라고도 함. 藤原伊房・藤原為房와 더불어 白河朝의 「三房」이라고 불렸다. 小倉百人一首에서는 前中納言匡房. 大江匡衡와 赤染衛門는 증조부모이다.

그림 4 목조 히요시산왕신 좌상(日吉山王神坐像) 일본 오카자키(岡崎)의 瀧山東照宮 소장

었다. 그리고 콘겐은 히코산(彦山)에 올랐다. 그곳의 신인 기타야마산고전(北山三御前)은 콘겐에게 주거지를 양도하고, 잠시 중턱에 거처한 후 고노미야마(許斐山)로 옮겼다. 이것은 576년(金光七 丙申年)의 일이며, 비타쓰천황(敏達天皇)의 시대이다.

콘겐은 팔각수정(八角水晶)의 3척 6촌의 석체(石体)로서 반야굴(般若窟)에 내렸다. 제1검을 반야굴에서 발견하였을 때 49굴에 각각 정체(正躰)를 나누고, 수호의 천동(天童)을 안치하여 모셨다. 3곳의 콘겐은 법체(法躰) · 속체(俗躰) · 여체(女躰)로서 3악(三嶽)에 진좌했다. 그로부터 82년 후 무오년(戊午年)에 콘겐은 이요(伊予国) 이시쓰치(石鎚嶺)에 제2검을 발견하고 옮겼다. 또 6년 후 갑자년(甲子年)에 이와지(淡路国) 유즈루하봉(楡靍羽峯)에 제3검, 6년 후경오년(庚午年)에 기이(紀伊国) 무로군(牟漏郡) 기리베야마(切部山)에 제4검, 61년 후 경오년에 가미구라봉(神蔵峯)에 제5검을 발견하고 이동하였으며, 61년 후 경오년에는 아스가샤(阿須賀社)

북쪽 이와부치타니(石淵谷)에 권청되었다. 2천년 지나 갑오년 정월 십오일에 콘겐은 다시 히코산으로 돌아왔다.[14]

여기서도 히코산(彦山=英彦山)의 산신은 천태산의 왕자 진으로 보고 있다. 그는 바다를 건너 부젠 다가와군 오쓰무라의 가와라명신에게 머무를 곳을 구하고자 하였으나 거절당하자, 그 일대 산의 나무를 다 뽑아 버려 바위산이 되게 한 후 히코산－이요의 이시쓰치－이와지의 유즈루하봉－기이 무로군의 기리베산－가미구라봉－아스가샤－히코산으로 돌아왔다고 했다. 이처럼 천태산신의 왕자 진은 규슈의 히코산, 시코쿠의 이시쓰치, 아와지의 유즈루하봉, 기이의 기리베산, 구마노 신궁의 가미쿠라(神倉), 아스가(阿須賀)를 중심으로 신앙화되어 있음을 이상의 연기설화에서 확인할 수 있다.

그 핵심에 히코산이 있다. 히코산에는 천태종계열의 수험도 본산 영천사(靈泉寺)가 있다. 이 절은 531년(継体25) 중국 북위의 승려 젠쇼(善正)[15]가 창건하고, 819년(弘仁10)에 호렌(法蓮: ?~?)[16]이 중흥한 사원이다.

---

14 神道大系編纂会編(1987)『神道大系 神社編』(50), 神道大系編纂会 · 夫権現、昔者抛月氏之中国渡日域之辺裔給初、遥志東土利生、欲知垂迹和光之石切、自摩訶提国投遣五剣之後、甲寅歳震旦国天台山王子晋旧跡東漸、御意深凌西天之蒼波交東土之雲霞、其乗船舫親在豊前国田河郡大津邑、今号御舟是也。著岸之当初香春明神借宿、地主神称狭少之由不奉借宿、爰権現発攀縁、勅壱万十万金剛童子、彼香春嶽樹木令曳取、因茲枝條蔽磐石露形、即時権現攀登彦山之日、地主神北山三御前我住所権現奉譲之間、暫当山中層推下後、終移許斐山給。金光七年丙申歳敏達天皇之御宇也。

15 히코산(英彦山)의 개산자. 중국 북위의 승려. 『진서언산연기(鎮西彦山縁起)』에 보이는 승려이다. 히코산은 중국 북위 승려 선정(善正)과 인욕(忍辱: 속명은 藤原恒雄)가 열었다고 한다. 선정은 북위 효무제(孝武帝)의 아들이며, 효무제가 宇文泰에 살해당하기 3년전에 일본으로 건너가 531년 豊後国日田郡의 사냥꾼 후지와라 칸유(藤原恒雄)를 만나, 살생계를 가르치고, 두 사람이 히코산(英彦山)을 열었다는 것이다. 선정은 普泰年間에 일본 다자이후(大宰府)로 가서 불법을 전했으

또 1696년(元禄9) 별격본산파(別格本山派)의 영선사(霊仙寺)가 되었다. 『히코산연기(英彦山縁起)』에 의하면 호렌이 이 절을 중흥시키고자 하였을 때 매 한 마리 날아와 깃털을 떨어뜨린 곳에 지은 절의 이름을「히코(日子)」라고 고쳐라는 내용이 적혀 있었다. 그 때 사가(嵯峨)천황으로부터 받은 이름「日子」를「히코(彦)」라고 고치고 영산사(霊山寺)를「영

---

나, 제대로 되지 않았다. 어느 날 빛이 히코산에 비치는 것을 보고, 산중에 석굴에 들어가 수행했다. 한편 豊後国日田郡의 후지와라 칸유는 자주 사냥을 하고 살았는데, 어느날 짐승을 추적하여 산으로 들어갔을 때 석굴에 수행하는 선정을 보고 이상히 여겨 말을 걸어보았으나 통하지 않았고, 선정도 후지와라 칸유에게 살생의 죄과를 말하였으나 통하지 않았다. 그 이후 후지와라 칸유는 사냥을 계속하였으나, 선정의 모습을 보고 있는 동안 신심이 일어났는지 선정의 석굴 옆에 오두막을 짓고 살았다. 어느날 후지와라 칸유가 사냥을 가낙 1마리 흰 사슴을 발견하고, 그것을 서수(瑞獣)임을 알지 못하고 활을 쏘았다. 사슴은 쓰러졌으나 3마리 매가 날아오더니 부리로 화살을 뽑고, 1 마리는 날개로 상처의 피를 닦고, 한 마리는, 편백나뭇잎을 물에 적셔 사슴에게 먹였다. 그러자 사슴은 다시 살아났다. 이를 본 후지와라 칸유는 그것은 신의 행위라는 것을 깨닫고, 활을 버리고 가재를 털어 사당을 짓고 선정이 가지고 온 외국의 불상을 안치하고, 자신은 선정의 제자가 되었다. 이것이 일본 최초의 승려이다. 일본의 불교전래는 552년 백제 성왕에 의해 석가불(釈迦仏)의 금동상과 경론 등이 전해진 552설과『상궁성덕법왕제설(上宮聖德法王帝説)』,『원흥사가람연기(元興寺伽藍縁起)』를 근거로 538년에 전래되었다고 보는 538년설이 있다. 일본의 공적인 불교전래는 欽明朝의 일이라는 것은 틀림없으나, 그 이전에 민간 루트로 불교가 전래된 것도 상정해볼 수 있다. 즉,「私伝」説이다. 규슈(九州) 수험도(修験道)의 수행장으로서 유명한 히코산의 개창에 관해 중국 북위의 선정이 불교를 일본에 보급하기 위해 바다를 건너 규슈북쪽 해안에 도착하였을 때 숲으로 덮힌 히코산(彦山)의 석굴에서 수행하고 그것이 히코산의 영천사(霊泉寺)가 되었다는 것은 531년이다. 그러므로 공식적인 전래 이전 사적인 불교전래가 있었다는 것을 생각할 수 있다.

16 일본 아스카시대(飛鳥時代)에서 나라시대(奈良時代)에 걸쳐 활약한 승려. 우사신궁(宇佐神宮)의 신궁사(神宮寺)인 미륵사(弥勒寺)의 초대 별당. 히코산과 国東六郷満山에서 수행한 수험자적인 인물. 777년(宝亀8) 탁선에 의해 八幡神이 출가수계할 때 戒師를 맡았다.『속일본기(続日本紀)』에 의하면 의술에도 조예가 깊어 그 공로로 703년(大宝3) 豊前国의 野40町을 하사받은 일이 있다. 그리고 721년(養老5) 6월에는 그의 친족에게 우사군(宇佐君)이라는 성시가 하사되었다. 法蓮은 규슈 산중에서 수행하여 득도한 승려이며, 산중에 암굴에서 지내며 독특한 무술(巫術)로 의료행위를 했다.『八幡宇佐宮御託宣集』,『彦山流記』,『豊鐘善鳴録』 등에서는 그를 山岳修験의 霊場彦山과 宇佐八幡神을 중개한 인물로 보고 있다.

선사로 바꾸고, 규슈 일대를 단가(檀家=단월=신도)로 삼고 사방 7리를 절의 영토로 하고, 히에잔과 마찬가지로 대중 3천명을 두고 모두 천태종을 배우게 하라」는 조서를 받았다고 되어있다. 이처럼 중국 천태산신 왕자 진이 일본에 정착하였을 경우 당연하지만, 천태 성격이 강한 불교적 영향이 있었다는 것도 부인할 수 없을 것이다. 이처럼 중국의 천태산신 왕자 진은 바다를 건너 일본의 신이 되기도 했다.

## 4. 한국에 온 천태독성

천태산신이 바다를 건너 일본으로 갔다고 한다면, 우리나라에서는 천태산에서 온 나반존자가 있다. 나반존자를 독성수(獨聖修) 또는 독성존자(獨聖尊者)라고도 한다. 그를 독성으로 불리는 것은 홀로 인연의 이치를 깨달아서 도를 이룬 소승불교의 성자라는 뜻이다. 그러므로 이를 신으로 모시는 전각이 독성각이라 한다.

매우 특이하게도 나반존자는 석가모니의 10대 제자나 5백 나한의 이름 속에 보이지 않고, 불경 속에서도 그 명칭이나 독성이 나반존자라는 기록을 찾아볼 수 없으며, 중국의 불교에서도 나반존자에 대한 신앙이 생겨나지 않았다. 나반존자에 대한 신앙은 오직 우리나라에서만 찾아볼 수 있는 신앙형태이다.

이같은 독성을 어찌하여 나반존자라고 하는 것일까? 그것에 대해 신은미는 나반존자란 선종 문헌의 「위음나반인(威音那畔人)」에서 연유하며 『법화경(法華經)』에 나오는 최초의 부처 위음왕불(威音王佛) 이전

그림 5 양산 천태사 천태각의 천태독성

의 사람을 가리키며, 우리나라에서 독성 기록은 17세기부터 등장하는데 미륵불을 기다리며 홀로 선정 수행을 하다가 재앙을 없애고 소원을 들어주는 존재로서 부각되어있다고 보았다.[17]

나반존자의 형상은 하얀 머리카락을 드리우고 있으며, 눈썹은 매우 길며 미소를 띤 경우가 많다. 오른손에는 석장(錫杖), 왼손에는 염주 또는 불로초를 들고 반석 위에 정좌한 모습이다. 이러한 나반존자를 단군으로 보는 설, 빈두루존자 또는 가섭으로 보는 설이 있으나, 지금까지 확증된 바가 없다.

그런데 이러한 나반존자를 우리나라 불교에서는 천태산에서 온 것

17 신은미(2014)「독성의 개념정립과 신앙에 관한 연구」『미술사학연구』한국미술사학회, pp.31-53.

으로 생각했다. 그 예로『천수경』거목(擧目)에「천태산에서 홀로 선정을 닦는 나반존자(天台山上 獨修禪定 那畔尊者)」, 유치(由致)에는「천태산에 있는 독수성중(天台山上 獨修聖衆), 청사(請辭)에는「부처님으로부터 부촉을 받아 항상 천태산에 홀로 선정을 닦으면서 열반에 들지 않고 중생들의 복전이 되어 용화세계를 기다리는 나반존자(受佛付囑 恒居天台山上 獨修禪定 不入涅槃 爲作福田 待族龍華 那畔尊者)라는 표현이 있다. 이같이 나반존자를 수식하는 말에 천태산이 빠짐없이 등장한다.

사실 나반존자는 인도 · 중국 · 일본에도 없는, 조선 후기부터 유행된 우리나라의 민간 신앙의 한 독특한 행태이다. 우리나라에서 나반존자가 문헌으로 처음 등장하는 것은 1711년에 간행된 풍계명찰(楓溪明察)의 문집『풍계집(楓溪集)』(하권)이다. 그곳의「기도독성문(祈禱獨聖文)」에 다음과 같이 서술되어있다.

> 공손히 생각건대 독성 나반존자께서는 천태산 바위가에서 미혹한 중생들을 널리 제도하려 하셨으니, 사바세계에서 어찌 차마 그 처음 제도하셨던 일을 잊겠습니까? 이에 경건한 정성을 쓰시어 감히 밝게 살펴 주시옵소서. 엎드려 생각건대 아무는 성품과 식견이 미련하고 어리석으며, 허물과 잘못이 절름발이의 경지에 이르렀습니다. 근심이 나오되 무심에서 나오고 화가 생기되 무망에서 생기나니, 그런 까닭에 진심으로 정성을 다하여 신의 도움을 바라나이다. 엎드려 기원하건대 길이 성인의 힘을 받드오니, 영원토록 자비의 바람을 힘입어서 다시금 상서로움을 영접하오니 삿된 장애를 보이지 마시옵소서.[18]

18 『楓溪集』(卷之下): 祈禱獨聖文 惟獨聖那畔尊者。天台巖畔。欲普濟於迷淪。索

여기에서 보듯이 나반존자를 독성이라 하였고, 천태산 바위가에서 중생을 제도한 성인으로 묘사되어있다.

그리고 조선 후기 승려 백파긍선(白坡亘璇: 1767~1852)[19]에 의해 편찬된 『작법귀감(作法龜鑑)』(상권)의 「독성청(獨聖請)」에서도 다음과 같은 내용이 있다.

---

訶界中。何忍忘其初渡。玆用虔恪。敢于明休。伏念某。性識顓蒙。愆尤迄蹇。患出無心而出。禍生無望之生。故盡眞誠。庶須神佑。伏願長承聖力。永賴慈風。更迎禎祥。勿見邪障.

19 조선후기의 선승(禪僧). 전주 이씨. 법호는 백파(白坡)이며, 긍선은 법명이다. 전라도 무장(茂長: 지금의 전라북도 고창군) 출신. 1767년(정종 10)선운사(禪雲寺) 시헌(詩憲)의 제자가 되었고, 연곡(蓮谷)에게서 사미계를 받았으며, 21세 때 상언(尙彦)에게서 구족계를 받았다. 그 뒤 평안북도 초산의 용문암(龍門庵)에서 수행하다가 오도(悟道)하였으며, 지리산 영원암(靈源庵)으로 가서 상언에게 인가를 받고 1년 동안 상언 밑에서 공부를 계속하다가 영구산 구암사(龜巖寺)에서 회정(懷淨)의 법통을 계승하였다. 26세 때 백양산 운문암(雲門庵)에서 개당(開堂)하여 대중 100여 명에게 선강(禪講)한 뒤 20여 년 동안 후학들을 지도하였다. 1811년 "불법의 진실한 뜻이 문자에 있지 않고 도를 깨닫는 데 있는데도 스스로 법에 어긋난 말만을 늘어놓았다."고 하면서 참회한 뒤, 초산 용문동으로 들어가서 5년 동안 수선결사운동(修禪結社運動)을 전개하였다. 그 뒤 다시 청도(淸道) 운문사에서 선법을 현양하여 크게 이름을 떨쳤으며, 사람들이 호남선백(湖南禪伯)이라고 불렀다. 이 때 선의 지침서인『선문수경 (禪門手鏡)』을 저술하였는데, 이 책은 당시 선사들 사이에서 일대 논쟁의 대상이 되었다. 1830년(순조 30) 구암사로 돌아와 선강법회를 열어 후학들을 지도하였고, 1840년부터 화엄사(華嚴寺)의 선사 영당 옆에 작은 암자를 짓고 좌선하다가 4월에 입적하였다. 그 때의 나이는 85세, 법랍은 73세였다. 다비 후에 제자들이 구암사에 탑을 세우고 영정을 화장사(華藏寺)에 봉안하였으며, 1858년 김정희(金正喜)가 찬한 비를 선운사에 세웠다. 법계는 휴정(休靜)의 4대파 가운데 하나인 편양문파(鞭羊門派)에 속하며, 화엄사상과 선을 겸수하는 가풍을 지닌 지안(志安)의 문손으로 법맥은 휴정 · 언기(彦機) · 의심(義諶) · 설제(雪霽) · 지안 · 체정(體淨) · 상언(尙彦) · 회정 · 긍선으로 이어진다. 대표적인 제자로는 유형(有炯) · 한성(翰醒) · 정관(正觀) 등이 있다. 그는 율과 화엄과 선의 정수를 모두 갖춘 거장이었으며, 평소에 교유가 깊었던 김정희는 초상화를 그린 후 그를 '해동의 달마(達磨)'라고 격찬하였다. 저서로는『정혜결사문(定慧結社文)』, 『선문수경』, 『육조대사법보단경요해(六祖大師法寶壇經要解)』 1권,『태고암가과석(太古庵歌科釋)』·『식지설(識智說)』 1권, 『오종강요사기(五宗綱要私記)』 1권, 『선문염송사기(禪門拈頌私記』 5권, 『금강경팔해경(金剛經八解鏡』 1권, 『선요기(禪要記)』 1권, 『작법구감(作法龜鑑)』 2권, 문집은 『백파집』 4권이 있다.

> 우러러 천태산 꼭대기에 계신 나반존자님과 아울러 그 권속들을 경건하고 정성을 다하여 초청하오니…(생략)…영산회상 부처님으로부터 부촉을 받고 멸도에 들지 않고, 항상 천태산에 머물면서 천상과 인간에게 복밭이 되어주시고 용화세계를 기다리는 나반존자와 세상에 머물러 있는 응진대아라 한다. 아울러 따르는 모든 권속님들을 청하옵니다.(靈山當時 受佛付囑 不入滅度 常住天台 天上人間 爲作福田 待俟龍華那畔尊者 住世應眞大阿羅漢 竝從眷屬)[20]

이처럼『작법귀감』에서도 나반존자를 부처님의 청에 의해 멸도에 들지 않고 천태산에 머물면서 천상과 인간에게 복밭이 되어주고, 미래불인 미륵을 기다리는 존재로 묘사하고 있다. 그와 유사한 내용이 1935년에 간행된『석문의범(釋門儀範)』「독성청(獨聖請)」에도 보이는데, 그것에 의하면「천태산 위에서 홀로 선정을 닦고 계신 나반존자께 귀의합니다. 삼명을 이미 증득하고 자리이타를 원만히 이룬 나반존자께 귀의합니다. 공양받을 만한 복전이 돼 미륵불의 출현을 기다리는 나반존자께 귀의합니다.(南無 天台山上 獨修禪定 那畔尊者/南無 三明已證 二利圓成 那畔尊者/ 南無 應供福田 待竢龍華 那畔尊者)」라고 되어있다. 즉, 나반존자는 삼명(三明)[21]과 자리이타를 갖추고 자리(自利)와 이타(利他)를 원만하게 이루므로 중생의 공양을 받을 만하고, 스스로 중생들의 복을 키우는 복

---

20 白坡亘璇의『作法龜鑑』불교기록문화유산 아카이브: https://kabc.dongguk.edu/content/view.

21 삼명은 전생을 남김없이 아는 지혜 숙명명(宿命明), 미래를 꿰뚫어보는 능력인 천안명(天眼明), 그리고 모든 고통의 원인이 되는 번뇌를 끊는 지혜인 누진명(漏盡明)을 말한다. 즉, 과거 · 현재 · 미래의 일을 모두 알고 있는 분이 나반존자라는 의미이다.

밭(福田)이 되어, 미륵불이 출현하는 용화세계가 올 때까지 이 세상에 계시며 열반에 들지 않고, 말세 중생을 제도하기를 석존으로부터 부촉 받은 존자이다. 이를 다른 말로 주세아라한(住世阿羅漢)이라고 한다. 즉, 세상에 머물고 있는 아라한이라는 뜻이다. 이같이 나반존자가 홀로 선정수행하고 있는 곳이 천태산이라는 것이다. 그리고 그에게 차와 음식을 올릴 때 부르는 게송에서도 다음과 같이 천태산이 어김없이 나타난다.

(1) 차를 올리는 게송(茶偈)

以此清淨香雲味　이렇게 청정하고 향기로운 맛을
奉獻天台大法會　천태산 큰 법회에 받들어 올리오니
鑑此檀那虔懇誠　시주의 간절한 정성 굽어 살피시어
願垂慈悲哀納受　크신 자비 베푸시어 받아들여 주소서.[22]

(2) 마음을 움직여 음식을 드시게 하는 게송(運心偈)

願此清淨妙香饌　원컨대 이 청정하고 미묘하며 향기로운 음식을
普供天台諸聖衆　천태산 여러 성중에게 널리 공양하오니
慈悲受供增善根　자비로 공양을 받아 선근이 늘어나게 하시고
令法住世報佛恩　법이 세상에 머물게 하여 부처님 은혜 갚게 하여지이다.[23]

---

22　白坡亘璇의『作法龜鑑』불교기록문화유산 아카이브: https://kabc.dongguk.edu/content/view.
23　白坡亘璇의『作法龜鑑』불교기록문화유산 아카이브: https://kabc.dongguk.edu/content/view.

이와 같이 천태산의 나반존자는 불교의례를 통해 우리에게도 익숙해진 존재이다. 태조 이성계가 지은 시 중 「숨은 스님을 찾아서(訪隱師)」라는 시가 있다.[24] 그 내용을 소개하면 다음과 같다.

雪岳尋僧境自佳　설봉산(雪峯山) 스님 찾아가니 경치도 좋고
夢中王字好安排　꿈속의 왕(王) 자도 잘 풀이해 주셨어라
如非獨聖飛空去　독성이 허공으로 날아가지 않았다면[25]
虛設三年五百齋　삼 년 동안 오백나한에 올린 기도가 헛되리[26]

이 시에서 보듯이 이성계는 왕이 되기 전에 3년 동안 오백나한에게 기도를 올렸다. 그 기도를 오백나한의 대표격인 독성이 들어주었다는 것이다. 이처럼 나반존자(독성)는 오백나한 신앙과 관계가 깊다.

그러나 지금처럼 나반존자가 독립적으로 전각을 가지게 된 것은 그다지 오래된 것 같지 않다. 기록상 우리나라에서 최초로 천태각을 세운 사찰은 서울 정릉의 경국사이다. 『봉은본말사지(奉恩本末寺誌)』에 의하면, 경국사는 1693년에 나반존자를 모신 천태각(天台閣)을 지었다고 했다. 이처럼 17세기 말 우리나라에서는 나반존자는 천태산에서 건너왔다는 인식하에 그를 모신 전각을 천태각이라 하였다. 일본이 천태산신 왕자 진을 받아들였다면, 우리는 천태산의 나반존자를 받아들였던 것이다.

---

24 태조 이성계가 무장일 때 설악산 계조암(繼祖菴)에서 기도하였는데, 3년에 500번 재를 지내어 소원을 성취했다는 전설이 있다.

25 독성은 나한의 이칭이다. 독성이 허공을 날아간다는 것은 나한이 신통력이 있음을 뜻한다.

26 금명보정의 『大東詠選』 불교기록문화유산 아카이브: https://kabc.dongguk.edu/content/view.

## 5. 한국인에게 천태산은?

천태산은 승려들만의 것이 아니었다. 한국의 유학자들도 중국의 천태산을 잘 알고 있었다. 이들 중에는 고려의 이제현(李齊賢: 1287~1367), 조선의 노인(魯認: 1566~1622) 등과 같이 직접 그곳을 가본 사람들도 있었다. 한국의 유학자들은 천태산을 어떻게 인식하였을까? 크게 나누어 4가지 유형이 있었다.

첫째, 천하 제일의 수려한 산수로서 생각했다. 그 예로 김구용(金九容)의 시에, 「강릉의 산수 경치가 천하에 제일」이라는 것을 강조하기 위해 「강릉의 산수는 천하의 으뜸이라. 천태산과 나부산에 참으로 버금가네(江陵山水甲天下 天台羅浮誠可亞)라는 싯구를 지은 바 있다.[27] 여기서 말하는 천태산은 중국 천태불교의 성지 천태산을 말하고, 나부산은 중국 광동성 증성현에 있는 산으로서 수나라의 조사웅(趙師雄)이 매림(梅林)의 정령인 나부선(羅浮仙)[28]을 만난 곳이다.

김구용은 이러한 강릉의 산수가 이들 산들과 견주어도 전혀 손색이 없다고 표현한 것이다. 이처럼 한국에서는 천태산은 산수로 빼어난 절

---

27 민족문화추진회(1982) 「강릉으로 돌아가는 김한보 생원을 보내며(送金漢寶生員歸江陵)」『신증동국여지승람』(5), 민족문화문고간행회, p.480.

28 수나라 개황연간(開皇年間)에 조사웅(趙師雄)이라는 자가 일찍이 나부산 솔 숲 사이의 술집에 들렀다가, 말쑥한 소복 단장을 한 여인으로 부터 영접을 받았는데, 때는 이미 황혼인 데다가 아직 남은 눈이 달빛을 마주하여 약간 밝은 빛을 띠는 지라, 조사웅이 매우 기뻐서 그녀와 더불어 얘기를 나누어 보니 꽃다운 향기가 엄습하고, 말씨 또한 매우 맑고 고우므로, 마침내 그녀와 함께 취하도록 술을 마시고는 그대로 쓰러져 자고 새벽에 일어나 보니 그곳이 바로 큰 매화나무 밑이었는데, 위에서는 비취새가 짹짹 울어대고 사람은 보이지 않으므로 달빛지고 삼성 기우는(月落參橫) 광경을 맞아서 서글피 탄식할 뿐이었다는 전설이 있다. 나부선은 곧 매화의 여신을 가리킨 말이다.

그림 6 1909년 우에시마 호잔(上島鳳山:1875~1920)의 작품 나부선도(羅浮仙圖)

경의 산으로 인식되었다.

둘째, 불교의 3성현이 거주하는 곳이라는 것이다. 여기서 삼성이란 풍간(豊干), 한산과 습득을 말한다. 풍간은 당나라 때 천태산 국청사(國淸寺)에 살았던 승려이다. 머리는 길어서 눈썹을 덮었고, 몸이 크고 키가 7척이나 되었다. 언제나 두터운 겨울옷을 입었고, 행장은 수수했다. 얼굴은 수척하였으나, 안으로는 높은 뜻을 감추었다. 호랑이를 거느리고 다녔다. 풍간은 국청사에서 낮에는 쌀을 빻아 스님들에게 공양을 하고, 밤에는 문을 닫아걸고는 홀로 시를 읊으며 노래를 불렀다. 고을 사람들은 스님을 미친 중(風僧)이라고 생각했다. 그러나 혹 말을 할 때는 보통과는 달랐다. 가끔 도가(道歌)를 부르며 호랑이를 타고 국청사 앞 송문산에 들어가곤 했다. 이를 본 대중들은 놀라 두려움에 떨기도 했다.

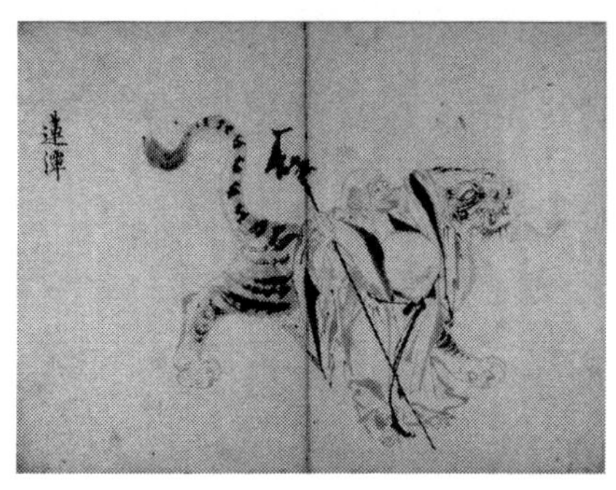

그림 7 조선중기 연담 김명국(金明國)의 풍간대호도(豊干大虎圖)

또한 한산과 습득은 국청사 주방에서 일하는 동자승이었다. 둘은 언제나 밥 짓는 일을 하면서도 이야기를 나누었다. 그러나 두 사람이 나누는 이야기를 알아듣는 사람은 아무도 없었고, 이 때문에 절에서 지내는 대중들 모두 이 둘을 미치광이라고 불렀다. 이 둘이 오직 풍간 선사와 가까이 지내는 것도 다른 사람들은 이해하지 못했다.

그런데 이들은 풍간과 특별한 관계에 있었다. 특히 습득은 열 살 때 길에서 부모를 잃고 떠돌았을 때 국청사에 데려온 사람이 풍간이었다. 그리고 국청사 대중들은 한산과 습득을 미치광이 취급을 했으나 어느 날 그들이 호랑이를 타고 절에 들어오는 것을 보고 모든 대중들이 깜짝 놀랐다. 풍간이 이 지역 자사로 부임한 여구윤(閭丘胤)에게 "한산은 문수보살이요, 습득은 보현보살"이라 고 말하자, 그 말을 들은 여구윤이 찾아가서 절하자, 한산과 습득은 "풍간이 입이 싸구나"하며 암벽 속으로 들어갔다. 이같은 세 사람의 관계를 단적으로 표현한 것이 다음과 같은 노래이다.

寒山住寒山　　　한산은 한산(寒山)에 살아 한산이고,

그림 8 국청사 삼현전(三賢殿)에 모셔진 풍간, 한산, 습득

| | |
|---|---|
| 拾得自拾得 | 습득은 주워 얻어서 습득이다. |
| 凡愚豈見知 | 보통 사람들이 어찌 보고 알리오? |
| 豐幹卻相識 | 풍간 스님이 도리어 알아 보았다. |

이들을 천태산 3성현이라 한다. 고려의 이제현은 1319년 충선왕을 수행하여 절강의 보타사를 가는 도중 천태산을 방문한 적이 있다. 그가 남긴 시 중에 천태 3성현에 대해 노래한 것이 2수가 있는데, 그 중 하나가 다음과 같은 「천태 삼성이 호랑이와 잠자다(天台三聖 傍虎同眠)」이다.

| | |
|---|---|
| 豊干老去不參禪 | 풍간은 늙어가며 참선을 않고, |
| 寒拾從來只掣顚 | 한산과 습득은 요즈음 이마만 잡고 있네. |
| 白額將軍亦何者 | 백액장군은 무엇을 하는 자인지. |
| 忍飢共打一場眠 | 굶주림 참고서 함께 잠만 잔다네.[29] |

29 『익재난고』(제4권).

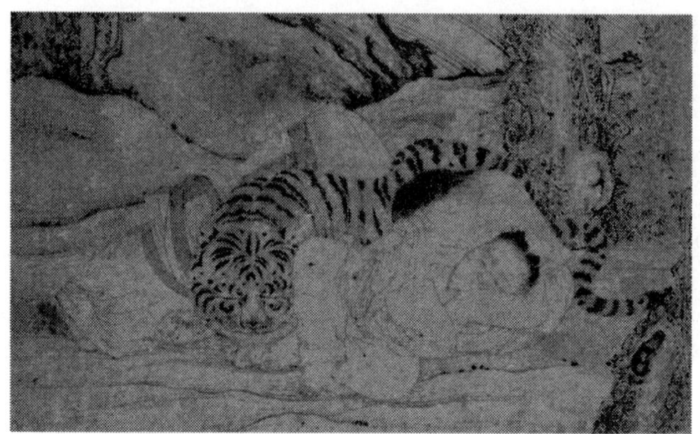

그림 9 중국 원나라 선화 사수도(四睡圖) 〈호랑이와 함께 풍간 그리고 한산과 습득이 잠들어 있다〉 도쿄국립박물관 소장

이 시에 보이는 풍간은 이미 노승의 모습이다. 그는 오대산 순례를 다녀와 천태산에서 입적한 것으로 알려져 있다. 노승은 참선하지 않고, 그를 지켜보는 한산과 습득은 이마만 잡고, 호랑이도 굶주림을 참고서 잠만 잔다는 내용의 시이다.

나머지 다른 하나는 「풍간의 복호(豊干伏虎)」라는 시인데, 그 내용을 소개하면 다음과 같다.

珍重於菟也解禪　진중한 오도[30]가 참선할 줄 알아서,
困來相就共安眠　피곤하면 함께 모여 졸고 있다네.
廻頭說向寒山子　머리 돌려 한산자[31]에게 말해 주노니,
穩勝青奴暖勝氈　청노[32]보다 안온하고 모포보다 따스하다네.[33]

30 오도(於菟): 호랑이의 이명(異名)인데 춘추 시대(春秋時代) 초(楚) 나라의 방언이었다.『左傳』 宣公 4年』.

31 한산자(寒山子): 당(唐) 나라 때 천태산(天台山)에 있던 고승(高僧).

32 청노(青奴): 죽부인(竹夫人)의 이명(異名)으로 대오리로 길고 둥글게 만든 침구.

이 시는 풍간이 데리고 다니는 호랑이에 관한 시이다. 호랑이도 풍간과 함께 참선하다 피곤하면 같이 조는데, 그 털이 푹신푹신하고 따뜻하다는 것을 대오리로 만든 침구를 사용하는 천태산 고승 한산자에게 알려주고 싶다는 내용이다. 이처럼 고려의 이재현에게 천태산은 풍간, 한산, 습득 등과 같은 불교성현들이 살아가는 곳이라는 이미지가 있었다.

셋째, 여자 신선이 사는 곳이라는 것이다. 이 신선의 이야기는 『태평광기(太平廣記)』(卷61)에 있는 것인데 그 내용은 다음과 같다.

> 후한(後漢) 명제(明帝) 영평(永平) 연간에 유신(劉晨)과 완조(阮肇)가 천태산에 들어가 약초를 캐다가 산속에서 길을 잃고 13일 동안 복숭아를 따먹으며 헤매다가 물 위에 둥둥 떠가는 무잎의 호마반(胡麻飯)을 발견한다. 이를 본 두 사람은 사람이 살고 있는 마을이 멀지 않다고 생각하고 기운을 내서 물을 건너간다. 그러자 그때 시냇가에 아리따운 두 여자가 있어 반갑게 맞이하며 두 사람을 집으로 데리고 가서 호마로 밥을 지어 주었다. 그 여인들과 함께 반 년 동안을 즐겁게 지내고 집에 돌아와 보니, 시대는 진대(晉代)이고 자손은 이미 칠대(七代)가 지나버렸다. 그들 자신의 이름을 대고 물으니 "두 분 할아버지가 약초 캐러 산에 갔다"고 했다. 이에 두 사람은 망연자실하고 발길을 돌려 다시 그가 천태산에 돌아와 살펴보았으나, 옛 종적은 묘연하여 찾을 길이 없었다.

---

『事物異名錄 竹奴』.

33 『익재난고』(제4권).

이 이야기는 중국에서도 유명했던 모양이다. 『태평광기』뿐만 아니라 『유명록(幽明錄)』, 『태평어람(太平御覽)』에도 기록되어있다. 이러한 자료들을 통하여 한국에도 전해졌다. 그리하여 많은 지식인들 사이에서 회자되었다. 이를 두고 고려말 문신 급암(及菴) 민사평(閔思平: 1295~1359)[34]은 「허단계 시에 수답한 차운시 4수(酬許丹溪次韻 四首) 가운데 다음과 같은 시가 있다.

君當隙地構茅屋　그대는 빈 땅에 초가집을 짓게나
我亦明年歸去來　나도 내년에는 돌아갈 걸세
不然去逐劉阮輩　그렇게 하지 못한다면 유신과 완조의 무리를 좇아
相將採藥入天台　함께 약초를 캐러 천태산으로 들어가세.[35]

이 시는 세상을 떠나 은둔하려는 민사평의 마음이 고스란히 담겨져 있다. 올해는 시골로 돌아가 초가집을 짓고 조용히 살려는 허단계를 보고 자신도 내년에는 그렇게 하려고 마음먹었는데, 만일 집을 짓지

---

34 고려 후기에, 도첨의참리, 찬성사상의회의도감사 등을 역임한 문신. 본관은 여흥(驪興). 자는 탄부(坦夫), 호는 급암(及庵). 찬성사 민적(閔頔)의 아들이며, 정승 김륜(金倫)의 사위이다. 어려서부터 재능과 도량이 있었다. 학문이 일취월장하여 산원·별장에 임명되었으나 취임하지 않았으며, 충숙왕 때 문과에 급제, 예문춘추관수찬(藝文春秋館修撰)을 거쳐 예문응교(藝文應敎)·성균대사성이 되고, 1344년(충혜왕 5) 감찰대부(監察大夫)를 역임한 뒤 여흥군(驪興君)에 봉해졌다. 충정왕을 따라 원나라에 들어갔던 공으로 충정왕이 즉위한 1348년 도첨의참리(都僉議參理)가 되었으며, 그 뒤 수성병의협찬공신(輸誠秉義協贊功臣)의 호가 주어졌고, 찬성사상의회의도감사(贊成事商議會議都監事)에 이르렀다. 성품이 온아하며 친척들과 화목하고 교유를 잘 하였으며, 관직에 있을 때도 일을 처리하는 데 모나지 않았다. 시서를 즐기고 학문에 열중하여 당시 이제현(李齊賢)·정자후(鄭子厚) 등과 함께 문명(文名)이 높았다. 『동문선(東文選)』에 민사평의 시 9수가 전한다. 저서로는 『급암집(及菴集)』이 있으며, 1981년 보물 급암선생 시집으로 지정되었다.

35 『급암시집』(제1권) / 고시(古詩).

그림 10 원나라 조창운(趙蒼雲)의 〈유신과 완조가 천태산에 들어가는 그림(劉晨阮肇入天台山圖)〉

못한다면 차라리 유신과 완조와 같이 천태산에 약초캐러 갔다가 여자 신선을 만나 시간을 보내고 싶다는 것이다. 이처럼 천태산은 아릿따운 젊은 여자 신선이 사는 곳이어서 함께 살고 싶은 남성들의 이상적인 은둔지라는 이미지가 한국인의 지식인들은 가지고 있었다.

이러한 천태산의 이미지를 좀 더 구체적으로 표현한 것이 금남(錦南) 최부(崔溥: 1454~1504)이다. 그가 지은 탐라시(耽羅詩)「삼십오절(三十五節)」 가운데 다음과 같은 시가 있다.

| | |
|---|---|
| 我來得覲神仙宅 | 신선이 사는 섬에 내가 왔으니 |
| 採了天台劉阮藥 | 유신 완조가 캐어먹던 약을 천태산에서 캤네 |
| 願學麻姑看海桑 | 원컨대 마고선녀의 상전벽해를 보려면 |
| 應將此身壺中托 | 응당 이 몸이 선경에 머물러야 할 것일세 |

이 시를 쓴 최부는 나주 출신. 선비이자 관리이다. 그는 김종직의

문인으로 1482년 친시문과에 을과로 급제하여 관리의 길을 걸었다. 1485년 서거정(徐居正) 등과 『동국통감』 편찬에 참여, 그 속의 논(論) 120편의 집필을 담당했는데, 그 논지가 명백하고 정확하다 하여 칭찬을 받았다. 그는 1487년 추쇄경차관(推刷敬差官)으로 임명되어 제주로 건너갔는데, 거기에서 다음 해 초에 부친상의 기별을 받고 곧 고향으로 급히 오는 도중에 풍랑을 만나 명나라 태주부 임해현(台州府臨海縣)에 도착했다. 그 후 중국 관원들에 의해 북경을 경유 육로로 귀국했다. 이를 기록으로 남긴 것이 『금남표해록(錦南漂海錄)』(3권)이다.

위의 시는 추쇄경차관으로 제주도에 갔을 때 쓴 시이다. 이 시에서 보듯이 그는 제주도를 신선이 사는 천태산에 비유했다. 그리고 자신을 천태산에서 약초를 캐다 신선 선녀를 만나 함게 생활한 유신과 완조에 비유했다. 그러면서 천태산의 선녀를 만나려면 신선계에 들어가야 하듯이, 자신도 선경에 머물고 싶다고 했다. 즉, 이 시는 유가적 현실과 도가적 이상이 대치를 이루고 있다는 데 특징이 있다. 다시 말해 관리로서 사회적 의무 및 공인으로서 삶을 살아야 하는 현실이 있고, 그것을 떠나 자연과 일체가 되어 심미적 자유와 해방을 얻으려는 이상을 가지고 있는 것이다. 그 때 도가적 사상을 실현하는 신선계의 상징이 천태산이며, 그곳에 사는 여자 신선은 젊고 예쁜 미모의 여성이었다. 이러한 것들은 지식계층들이 가지고 있는 천태산의 이미지이다.

그러나 민간설화에서 천태산 선녀는 힘센 노인으로 묘사되어있다. 명칭도 「천태산 마고할미」로 바뀌어있다. 즉, 노파의 모습인 것이다. 가령 경북 영덕에는 천태산 마고할미가 얼굴이 수척해 물었더니 방귀를 못뀌어서 그런다고 했다. 방귀를 뀌니 워낙 힘이 장사여서 땅이 쑥

들어가고 바위도 쑥 들어가버렸다는 이야기가 있다.[36] 또 거제에는 천태산 마고할미가 치마에 돌을 싸와서 폐왕성을 쌓고 남은 돌을 바다에 부었더니 모두 검은 돌이었다. 그리하여 「검을 돌」이라 이름짓고, 오줌을 누었더니 물이 동이로 부은 것처럼 많았다. 그래서 지금도 검은 돌 밑에서 물소리가 난다고 했다.[37] 또 김해에서는 임의산에 절이 있는데, 옛날에 천태산 마고할미가 절 지을 데가 없어서 도봉산을 옆구리에 끼고 가져다 앉혀놓고 거기다 절을 지었다고 한다.[38] 그리고 진주에서는 옛날에 천태산 마고할미가 실을 뽑기 위해 물레를 돌렸는데 물레가 흔들렸다. 물레를 누를 돌을 구하러 멀리 동해에 갔다. 바닷가에서 돌 세 개를 구해 하나는 머리에 이고 하나는 지팡이로 삼고 하나는 치마폭에 싸 가지고 오다가 머리에 인 돌과 지팡이로 짚고 오던 돌은 너무 작아서 도중에 내버리고, 치마에 싸서 오던 돌은 두문리까지 가지고 왔다. 내버린 돌은 현재 사천 구암마을에 있고, 두문리에 가지고 온 것이 돌장승인데, 이를 마고할미물렛돌이라 한다는 이야기가 있다.[39] 이처럼 민간에서는 더 이상 천태산 신선선녀는 젊은 미모를 지닌 여성이 아니다. 힘센 거구의 노파이다. 마치 그것은 제주도 신화에서는 보이는 거구의 설문대 할망과 같다. 민속학자 송화섭은 한국의 「천태산 마고할미」의 원형은 중국 천태산의 선녀라고 했다.[40] 그러나 젊은 미모의 여성을 힘센 거구의 노파로 바꾼 것은 한국적인 특징이라 하지

36 『한국구비문학대계』(7-6), p.658.
37 『한국구비문학대계』(8-2), p.409.
38 『한국구비문학대계』(8-9), p.1130.
39 안동준 글, 정현표 사진(2003), 『진주 옛이야기』, 지식산업사, pp.98-99.
40 송화섭(2013) 「한국과 중국의 할미해신 비교연구」 『도서문화』(41), p.165.

않을 수 없다.

넷째, 은자들이 사는 곳이라는 이미지이다. 천태산의 대표적인 은자는 당나라 사람 사마승정(司馬承禎: 647~735)[41]이다. 그는 황제 예종의 부름을 받고서 장안을 방문했다. 『유후당서(劉昫唐書)』에 사마승정과 황제가 나눈 이야기가 다음과 같이 서술되어있다. 즉, 예종(睿宗)이 방술을 묻자 그는 이렇게 답했다. "도를 닦아 날마다 욕심을 덜되, 덜고 또 덜어 무위(無爲)의 경지에 이르러야 하는 법입니다. 마음과 눈에 알게 되고 보게 되는 바를 번번이 덜어내어도 오히려 끝이 나지 못하는 것인데, 더구나 이단(異端)을 다루어 잡된 지혜와 생각을 증가되게 하겠습니까." 이를 들은 황제는 "몸을 다스리기는 그러겠거니와, 나라를 다스리려면 어떻게 해야 하는가?"하자, 그는 또 "나라도 몸 다스리기와 같은 것입니다. 그러므로 마음을 담담하게 놀리고, 기운을 대기(大氣)와 합치어, 만물과 자연스럽게 되고 사심이 없게 한다면 천하가 다스려지는 법입니다."고 했다. 그러자 황제가 감탄하기를, "광성자(廣成子)의 말과 같도다."하였다.[42]

---

41 당 현종 때의 저명한 도사로, 모산파(茅山派) 제12대 종사(宗師)이다. 자는 자미(子微)라 하며, 천태산(天台山)에 살았다. 721년 현종황제가 궁중으로 불러 친히 도사 자격인 법록(法籙)을 하사했다. 천태산에 동백관(桐柏観), 왕옥산(王屋山)에 양태관(陽台観), 오악(五嶽)에 진군사(真君祠)를 건립 한 게 승정의 진언이었다고 한다. 737년에 도사를 간의대부(諫議大夫)라는 대역에 임명하여, 741년에는 숭현학(崇玄学)이라는 도교 학교를 설치하였으며 그 졸업생이 과거 급제자와 동등하게 관리가 될 수 있도록 하는 등 정치에 도교가 깊이 관여하게 된 것이 현종에 대한 승정의 영향력이다. 그는 진자앙(陳子昂), 이백(李白), 맹호연(孟浩然), 송지문(宋之問), 왕유(王維), 하지장(賀知章) 등과 교유했으며, 『좌망론(坐忘論)』·『천은자(天隠子)』·『복기정의론(服気精義論)』·『도체론(道体論)』 등 저술하였다. 그 학식은 노자 · 장자(莊子)에 정통했으며, 사상은 「도선합일(道禅合一)」을 특징으로 한 그때까지의 도교가 연단(煉丹) · 복약(服薬) · 기도 중심이었던 것을 수양 중심으로 전환했다. 이러한 미신 · 신비로부터의 탈각 경향은 제자 오균(吳筠)이 계승했다.

그리고 장안에서 다시 천태산으로 돌아가는 사마승정에게 노장용(盧藏用)[43]이 종남산을 가리키며, "이 속에도 숨을 만한 좋은 곳이 많은데 하필 천태산으로 가는가?" 하자, 사마승정이 말하기를 "내가 볼 때에 종남산은 벼슬로 가는 지름길이다." 하였다고 한다. 이 말을 노장용이 처음에 종남산에 숨었다가 처사(處士)란 이름을 얻어 나와서 벼슬을 한 행위를 비꼰 표현이었다.

조선에서도 천태산에 들어가 은자가 되어 생활을 하는 사람들이 있었는데, 김지수(金地粹: 1585~1636)[44]가 그 대표적인 인물이었다. 그는 자

---

42 許筠「隱遁」『惺所覆瓿藁』「閒情錄」(제1권): 損損之又損 以至於無爲, 夫心目所知見。每損之尙不能已. 况功異端而增智慮.

43 『구당서(舊唐書)』(卷94)의「노장용전(盧藏用傳)」에서 노장용(盧藏用)은 다음과 같이 서술되어있다. 즉, 당(唐)나라 시대에는 세상과 거리를 두고 숨어 사는 은자를 명리에 초연하고 학문이 높은 고매한 선비로 여기는 풍조가 있었으며, 조정에서는 이런 사람을 관리로 초빙하기도 하였다. 그러다 보니 사람들은 과거와 은거를 정치 무대로 나서는 지름길로 여기게 되어 많은 사람들이 산속에 은거했다가 이름이 알려지면 관리로 초빙되는 일이 잦았다. 노장용은 당나라 유주(幽州) 범양(范陽) 사람. 자는 자잠(子潛)이다. 진사(進士)가 되었지만 임용되지 못하자 종남산(終南山)에 은둔해 기를 수양하며 벽곡(辟穀)했다. 그러다가 측천무후(則天武后) 시절에 부름을 받아 좌습유(左拾遺)가 되었다. 그는 전례(篆隷)에 뛰어났고, 거문고와 바둑을 좋아해서 당시 다능지사(多能之士)라는 소리를 들었다. 처음 산중에 은거했을 때 속세에 관심이 많아 사람들이 수가은사(隨駕隱士)라고 꼬집었다. 입조하여 궤변과 듣기 좋은 말로 권세가들에 빌붙어 세상의 조롱거리가 되었다(然初隱居之時, 有貞儉之操, 往來於少室、終南二山, 時人稱為"隨駕隱士"; 及登朝, 趑趄詭佞, 專事權貴, 奢靡淫縱, 以此獲譏於世).

44 조선 후기에, 보덕, 종성부사 등을 역임한 문신. 본관은 의성(義城). 자는 거비(去非), 호는 태천(苔川)·태호(苔湖)·천태산인(天台山人). 할아버지는 예조정랑 김제민(金齊閔)이고, 아버지는 김서(金曙)이며, 어머니는 승의랑 정희민(丁希閔)의 딸이다. 1616년(광해군 8) 증광 문과에 병과로 급제하고 교서관교감(校書館校勘)에 올랐다. 1617년기자헌(奇自獻)·이항복(李恒福)·이원익(李元翼) 등이 이이첨(李爾瞻)의 폐모론을 강력히 반대해 회령·경원으로 귀양갈 때 김지수도 부령으로 유배되었다. 1623년 인조반정으로 귀양에서 풀려나 정자(正字) 및 예조·병조의 낭관을 지냈다. 1626년 서장관이 되어 정사 김상헌(金尙憲)을 따라 명나라에 가는 도중 부벽루에 제(題)한 시를 보고 감탄, 연로에서 수창(酬唱)한 시를 엮어『조천록(朝天錄)』을 펴냈으며, 이를 본 명나라 사람들이 경모해 마지않았다. 뒤에 사헌부의 지평(持平)·장령(掌令)을 거쳐, 시강원의 문학·필선(弼

가 거비(去非), 시호가 정민(貞敏)이며, 호가 태천(苔川), 또는 천태산인(天台山人)이다. 1617년 폐모론(廢母論)에 반대하여 부령(富寧)에 유배되었다가 1623년 인조반정(仁祖反正)으로 풀려나와 병조 낭관(兵曹郞官)을 지냈다. 그리고 1636년(인조4) 서장관(書狀官)으로 청나라에 다녀와서 장령(掌令)·필선(弼善)·보덕(輔德) 등을 거쳐 종성 부사(鍾城府使)를 역임했다. 그 후 그는 더 이상 벼슬길에 나가지 않고 천태산 기슭에 집을 짓고서 세상일에는 무관심한 채로 시내와 대숲 사이를 배회하며 지내다가 세상을 떠났다. 자신을 스스로 「천태산인」이라고 하고 조선의 천태산에서 은거를 하였던 그의 모습에서 중국 천태산의 은자 사마승정의 모습을 발견할 수 있을 것이다.

다섯째는 기괴한 절경을 이루는 석교가 있는 곳이라는 것이다. 이 석교는 용형귀배(龍形龜背)의 모습을 하고 있으며 이끼가 끼어 미끄럽기 때문에 예로부터 건너갈 수 없는 곳으로 전해져 왔다. 이백(李白)은 이 돌다리를 두고 「돌다리 만약에 건너갈 수 있거든, 손잡고 구름과 안개 맘껏 희롱해 보시라(石橋如可度 携手弄雲煙)"라고 표현한 바가 있다.[45]

이러한 천태산 석교를 한국의 지식인들이 몰랐을 리 없다. 목은 이색(李穡: 1328~1396)[46]은 천태산 석교를 건너는 꿈을 꾸었다. 그리하여 다

---

善)·보덕(輔德)이 되어 세자를 가르쳤다. 1628년 종성부사에까지 이르렀는데, 그 때 송광유(宋光裕)의 무고한 옥사에 연루되어 체포되었다가 풀려나, 관직을 사퇴하고 고향 고부(古阜)로 돌아갔다. 청나라가 새롭게 일어나는 현실에서 존주사상(尊周思想)에 철저했던 인물로, 늙어서는 천태산 밑에 집을 짓고 풍류와 독서로 소일하며 세상과 인연을 끊었다. 향리에 무슨 일이 일어나면 열과 성을 다해 처리했으며, 사람을 대함에 항상 온유하였다. 또한, 매사에 의리를 제일로 삼아 고매한 인격으로 명망을 얻은 당대의 인물이었다. 특히, 시와 그림에 능하였다. 이조판서에 추증되었으며, 고부의 도계서원(道溪書院)에 제향되었다. 저서로는 『태천집(苔泉集)』 3권이 전한다. 시호는 정민(貞敏)이다.

45 『李太白集』(卷15) 「送楊山人歸天台」.

음과 같은 시를 지었다.

歸夢天台踏石矼　천태산 돌다리 걷는 꿈을 꾸는가 하면
又乘明月過長江　밝은 달 아래 장강 지나는 꿈도 꾸는데
西隣一箇長松樹　서쪽 이웃의 한 그루 커다란 소나무가
風送寒聲到病窓　찬 소리 바람을 병든 창에 보내 주누나.[47]

이처럼 그는 천태산 석교를 걷는 꿈을 꾸는가 하면 밝은 달빛 아래에서 장강을 건너는 꿈도 꾸었다. 그러한 꿈은 조선 초기의 문신 강희맹(姜希孟: 1424~1483)[48]도 꾸었다. 그것을 노래한 것이 다음과 같은 「행각

---

46 고려후기 대사성, 정당문학, 판삼사사 등을 역임한 문신이자 학자이다. 1328년(충숙왕 15)에 태어나 1396년(태조 5)에 사망했다. 1352년(공민 1) 전제개혁, 국방계획, 교육진흥, 불교억제 등 시정개혁에 관한 건의문을 올렸다. 고려의 향시와 원나라의 과거에 모두 합격하고 관료의 길을 걸었다. 성균관 대사성으로서 신유학의 보급과 발전에 공헌하여 조선 초 성리학 부흥의 길을 열었다. 위화도회군으로 우왕이 쫓겨나자 조민수와 함께 창왕을 옹립하고 이성계 세력과 맞섰다. 조선 건국 후 이성계의 출사 종용을 끝내 고사했다.

47 『목은시고』(제14권) / 시(詩)/다시 절구(絶句)를 짓다.

48 경기도 시흥시 관곡지에 연꽃을 심은 조선 전기의 문신. 본관은 진주(晉州). 자는 경순(景醇), 호는 사숙재(私淑齋), 운송거사(雲松居士), 국오(菊塢), 만송강(萬松岡). 강희맹(姜希孟)[1424~1483]의 증조할아버지는 강시(姜蓍), 할아버지는 동북면 순무사(東北面巡撫使) 강회백(姜淮伯), 아버지는 지돈녕부사(知敦寧府事) 강석덕(姜碩德), 어머니는 영의정 심온(沈溫)의 딸이다. 형은 인순부윤(仁順府尹) 강희안(姜希顔)이고, 조선 제4대 왕 세종이 이모부이다. 1442년(세종 24) 진사시에 합격하고 1447년 문과에 장원급제하였다. 1450년(문종 즉위년) 예조좌랑(禮曹佐郎)에 제수되고 1453년(단종 1) 예조정랑(禮曹正郎)이 되었다. 1455년(세조 1) 원종공신(原從功臣) 2등에 책록된 후 예조참의 · 이조참의를 역임하고, 1463년(세조 9) 진헌부사(進獻副使)로 명나라에 다녀왔다. 중국에서 돌아올 때 난징[南京]의 전당지(錢塘池)에서 붉은 연꽃 씨를 채취하여 안산군 초산면 하중리[지금의 시흥시 하중동] 관곡지(官谷池)에 재배한 후 오늘날까지 관리되고 있다. 강희맹이 심은 관곡지의 연꽃은 다른 연꽃과 달리 색이 희고, 꽃잎은 뾰족하며 꽃의 끝부분은 담홍색 연꽃으로 이곳에서 재배에 성공하여 널리 퍼지게 되었다. 관곡지의 연혁은 1844년(헌종 10) 안산군수로 부임했던 권용정(權用正)의 『연지사적(蓮池

을 떠나는 염상인을 보내며(送稔上人游方)」라는 시이다.

天台石橋苔蘚滑　천태산 돌다리 미끄러운 이끼에
携影恣飛騰　그림자를 더불고 멋대로 다니다가
時逢老宿覺本領　이따금 노사를 만나면
更商搉　본령을 깨닫고 다시 공부하여
澄心止觀除葛藤　마음을 맑히는 지관으로 갈등을 제거하네.[49]

이처럼 강희맹은 염상인을 보내며 천태산 석교를 상상했다. 그곳에서 마음대로 거닐다가 노승을 만나면 진리를 묻어 깨닫고 수행하여 마음의 번민을 없애겠다고 했다. 조선 후기 홍대용(洪大容: 1731~1783)도 천태산의 석교에 대해 다음과 같은 시를 남겼다.

天台萬丈入雲霄　천태산 높고 높아 하늘에 닿는데
香袂飄風渡石橋　옷자락 날리면서 돌다리를 건넜네
珠宮尙閉靑銅鎖　아름답게 꾸민 궁궐문을 걸어 잠갔으니
瑤海那聞黃竹謠　요지에 황죽 노래 어이 들으리.[50]

---

事蹟)』과 『연지수치후보초(蓮池修治後報草)』에 잘 남아 있다. 그 후 1468년(예종 즉위년) 남이(南怡)의 옥사로 익대공신(翊戴功臣) 3등, 1471년(성종 2) 좌리공신(佐理功臣) 3등에 연이어 책록되었다. 그해 지춘추관사(知春秋館事)로 신숙주(申叔舟) 등과 함께 『세조실록』, 『예종실록』의 편찬에 참여하였다. 1473년(성종 4) 병조판서에 제수된 후 이조판서, 의정부 우찬성(右贊成)을 역임한 뒤 1482년(성종 13) 좌찬성(左贊成)에 이르렀다.

49 『속동문선』(제4권) / 칠언고시(七言古詩).

50 홍대용 『湛軒書』「내집 3권」/ 시(詩).

이 시는 홍대용이 말하는 담원(澹園)은 중국인 곽집환(郭執桓)을 말한다. 그는 곽집환이 지은 시집을 보고 감명을 받고 쓴 시이다. 그는 담원의 깨끗한 뜻과 모습에 신선과 같다고 느꼈다. 그리고는 그를 신선과 비유하여 높고 높은 천태산의 석교를 옷자락을 날리며 돌다리를 건넜다고 묘사한 것이다.

이처럼 한국인들에게 중국의 천태산은 천태불교의 성지 국청사가 있는 곳이기도 하지만, 풍간, 한산과 습득과 같은 삼성현이 사는 곳이고, 또 유신(劉晨)과 완조(阮肇)를 유혹하여 함께 산 여자 신선들이 사는 곳이며, 사마승정과 같은 은자들이 사는 곳이라는 이미지와 함께, 천태산 석교와 같은 기괴한 절경을 이루는 곳이라는 석교가 있는 곳이었다. 마치 그곳은 진(晉)나라 손작(孫綽)의 「유천태산부(游天台山賦)」에 "왕교는 학을 타고 하늘에 솟아오르고, 나한은 석장을 날려 허공을 밟고 다닌다(王喬控鶴以沖天, 應真飛錫以躡虛)"라는 표현과도 같이 도교와 불교가 융합된 이상향이었다.

# 천태산 방광사의 나한공차

## 1. 천태의 나한공차란?

중국차문화연구가 박영환이 모 불교신문에 중국차를 소개하는 연재 글 중 매우 흥미로운 내용이 있다. 그것은 다름 아닌 중국 불교사원에서 생산되는 명차들이 많은데, 그 중에 눈에 띄는 것이 절강성 천태산(天台山) 방광사(方廣寺)에는 「나한공차(羅漢供茶)」가 있다고 소개하는 부분이었다.[1]

나한이란 불교에서 최고 계위의 성자를 가리킨다. 그리고 「공차」란 바치는 차이라는 뜻이므로 이 차는 「나한에게 바치는 차」라는 독특한 이름을 가지고 있다. 그렇다면 「나한공차」란 단순히 천태산 방광사에서 만드는 차라는 차원을 넘어 나한신앙의 제의와 관련이 있을 것으로 사려된다. 이러한 의미에서 「나한공차」란 무엇이며, 그것은 언제 어디에서 시작되었으며, 어떻게 발전하였는지 살펴볼 필요가 있다.

지금까지 우리의 차학계에서 「나한공차」를 본격적으로 다루어진 적이 없다. 그러나 다행히 몇몇 연구자들에 의해 조금씩 거론된 적이 있다. 가령 여연스님은 모일간지에 나한공차는 중국 송나라 때 유행한 「분차」의 한가지로 파악했다. 「분차」란 끓는 물에 차를 우린 다음 작은 대나무 조리로 저어 찻물의 표면에 사람, 금수, 화조, 산수, 글씨 등 묘한 형상의 무늬를 만들어 고급스럽게 마시는 것인데, 이것의 진수가 「나한공차」라 했다.[2] 그리고는 그 유래에 대해 다음과 같이 설명했다.

---

1 박영환(2015) 「(50) 중국의 각종 차문화 ③」 『불교저널』, 2015.02.05., http://www.buddhismjournal.com.

2 여연(2005) 「[여연스님의 재미있는 茶이야기] (9) '중국의 차' 유래와 풍습」 『서울신문』, 2005.09.12., https://www.seoul.co.kr/news/newsView.

> 11세기 무렵 천태산 나한당에서는 매일 500나한상에 헌다를 했다. 그러던 어느 날 차를 올리던 동자승은 그 모든 찻잔에 여덟 잎의 연꽃무늬가 만들어져 있는 것을 발견했다. 찻잔 속에 새겨진 여덟 잎의 연꽃 소식에 여러 문인들이 시를 지어 찬미했다. 결국 그 소식은 그 지역의 관리에게까지 알려졌고 조정에서는 재상을 파견하기에 이르렀다. 그 재상이 나한당에 도착하자 신기하게도 그 찻잔에서는 '대사응공(大士應供)'이란 네 글자가 나타났다. 이것이 바로 그 유명한 '나한공차'의 이야기다.[3]

이상의 글에서 보면 나한공차란 차의 이름이 아니다. 말 그대로 나한에게 차를 바치는 것인데, 그 찻잔에 담긴 차에 연꽃무늬 또는「대사응공」이라는 글자가 나타났다는 것이다. 이를 본 사람들은 이를 종교적인 상서로움을 나타낸 것으로 받아들여졌다.

고연미도 여연스님과 같은 관점에서 중국 연구가인 요국곤(姚國坤)의 연구결과를 이용하여 방광사의 나한공차는「남송시기에 생겨난 오백나한 축원 공양」이라고 정의하면서, 그 영험이「분차할 때 공양한 찻잔의 탕 표면에 진귀한 꽃모양이 떠오르며 그와 함께 '대사응공'의 네 글자가 출현하면, 그것을 관음보살의 영험이라고 생각했다」고 했다.[4] 이들이 공통적으로 지적하고 있듯이, 나한공차는「나한에게 바치는 차공양 의례」이었다.

---

3 여연(2005), 앞의 글, https://www.seoul.co.kr/news/newsView.

4 고연미(2017)「에이사이(榮西)가 일본 사원차 형성에 미친 영향」『보조사상』(49집), p.369.

## 2. 방광사의 나한신앙

나한이란 아라한(阿羅漢)의 줄임말로 원래 범어(梵語)이다. 그 뜻은 진도(眞道)를 터득한 사람이며, 다른 말로는 살적(殺賊), 응공(應供), 응진(應眞)이라고도 표현한다. 「살적」은 수행의 적인 모든 번뇌를 항복받아 죽였다는 뜻이고, 「응공」은 모든 번뇌를 끊고 도덕을 갖추었으므로 인간과 천상의 공양을 받을 만하다는 뜻이며, 「응진」은 진리에 상응하는 사람이라는 뜻이다.

이같은 나한신앙이 천태산에 강하다. 특히 우리나라에도 잘 알려진 천태산의  나한전설이 있다. 이를 김대현이 소개하고 있는데, 다소 내용이 길지만, 그 전문을 그대로 소개하면 다음과 같다.

> 예로부터 영산으로 일러온 천태산에 관음이 유행하여 나한들로 더불어 공양을 받았다. 나한들은 고요히 앉아서 참선에 몰두했으니 보살은 이들의 정진에 경모심이 생겼다. 그래서 「내가 이 성지에 와서 나한들의 공양만 받고 보니 기쁘기 이를 데 없지만 이런 명산에 왔다가 그래도 가기 보다는 무엇인가를 남겨두는 것이 옳지 않겠는가.」하는 생각에 하루는 나한들에게 말하기를 "이 천태산 국청사에는 큰 법당만 있고 크고 높은 보탑이 없으므로 성지의 가람 도량으로서의 조화가 어딘지 모르게 잡히지 않은 것 같다. 그래서 내가 여러 성중에게 건의하는 바는 보탑을 조성하여 도량을 빛나게 함이 어떠할까 하는 것이요." 라고 하였다. 나한들 가운데 한분이 비웃듯이 말하였다. "우리 본산에는 보탑은 없지만 그것이 급하고 요긴한 것은 아닙니다. 당장 급한 것은 저 아래 개울을 건너는

다리일 것입니다. 이곳에 오가는 사람들은 누구나 다 다리를 놓았으면 하고 절감합니다. 그러므로 제 생각에는 먼저 다리를 놓는 것이 옳다고 생각합니다만…."

관음보살이 조탑불사를 건의했으나, 상대편의 의견이 그러할진대, 말하자면 절충안을 제시하여 말하기를 "탑은 중생들이 공양예배함으로써 큰 공덕을 짓는 것이요, 다리는 비록 필요하나 공덕으로 볼 때 탑도 나는 적다고 생각되는데, 정연 그대들의 생각이 그러하다면 이곳 5백 성중은 합력하여 탑을 조성키로 하고, 나는 혼자 힘으로 다리를 놓기로 하는 것이 어떠하오?"라고 다시 제의했다. 나한들은 이 말을 듣고 이구동성으로 말하되 "좋아. 좋아. 좋아요. 우리들에게 다른 협조는 구하지 마시오…." 라고 응답하는 것이다. 보살이 다시 "우리 서로 내기를 하면 어떻소. 하룻밤 사이에 탑과 다리를 누가 먼저 조성해내는가를 겨뤄보자는 것입니다."라고 말하였다. 나한들은 이 말에 찬동하면서 "좋아. 이까짓 일쯤이야 문제가 아냐. 그대의 말대로 하기로 해요."하고 이구동성으로 대답하는 것이었다.

양편이 서로 심량(深量)은 있으되 보살은「높고 큰 탑을 하룻밤 사이에 조성하는데 저 나한들이 많은 박석과 목재를 운반해 다듬어서 과연 완성해낼 수가 있을까? 나는 그까짓 다리 하나쯤이야 능히 해낼 수 있지만」하고 생각했다. 한편 나한들은「우리 500여명이 관음 한 분에게 지겠는가. 속담에 네 개의 주먹이 두 손에 비할 수 없다는 말이 있듯이 결국 작은 수가 많은 수를 당할 수 없다는 뜻인데 그 큰 다리를 하룻밤 사이에 무슨 재간으로 놓을 수 있다는 말인가?」하고 서로 견주며 짚어보는 것이었다.

그런데 국청사 대중들은 성현의 경지를 전혀 모르고 잠이 깊이 들어

꿈나라에서 소요하는 사람, 혹은 염불삼매에서 혹은 참선입정으로 각각 자기를 경계대로 처해 있었는데, 때마침 큰 종소리가 울려 퍼지니 대중들은 깜짝 놀라 잠에서 깨어났다.

나한들은 이때부터 부산하게 조탑공사를 시작하였는데, 박석이다, 재목이다 하고 운반하기에 매우 분주하였다. 관음보살은 가만히 한쪽에 숨어서 나한들이 쉬지않고 바쁘게 공교한 신통력으로 탑을 조성해가는 것을 보고 「과연 나한들의 신통력이 놀랍구나」하며 감탄해 마지 않았다. 관음은 또 생각하기를 「나한들은 저렇게 열심히 조탑공사를 진행 중인데 나는 아직 다리를 놓을 준비도 못했구나. 밤이 벌써 4경이 지났는데 내가 꾸물거리고 있다면 이 일을 어찌할 것인가?」하고 급히 신통모력을 나투어서 두 다리로는 천장암 두 봉우리를 밟고 두 손으로는 두 산머리를 휘어잡아 합쳤다.

산 위에 있는 돌이며, 흙은 밀가루처럼 부드럽게 되어 두 산이 합쳐져서 천고에 유명한 천태산상에 돌다리가 놓이게 되었던 것이다. 관음보살은 다리를 완성하였으되 날이 아직 밝지 않았으므로 나한들의 조탑장으로 가보니 일이 끝나지 않음을 보고 "내가 산골에서 자다가 닭우는 소리가 잦음을 듣고 왔는데, 성중들은 이렇게 바쁘게 서둘렀으되 아직도 탑의 머리를 올려놓지 못했구려. 닭이 세 번 울면 5경이 되는 법인데, 이 시각이 되면 완성이고 미완성이고 간에 약속대로 일손을 멈추어야 옳은 일이 아니겠소? 그리고 이 보탑은 비록 머리를 올려 놓지 못했을지라도 미래의 역사에 「오백나한들이 하룻밤 사이에 축조하였다」는 그 사실이 천하에 통해질 통천탑이 아니겠소?"라고 말하였다. 후인들이 말하되, "오백나한의 신통력이 관음보살의 신통력에 미치지 못했어…그래서 보탑

그림 1 국청사의 통천탑(수탑)

을 능히 완성 못한거야."라고 하였다.

그 다음날 천태산 부근 성시에 사는 사람들은 간밤에 집집마다 굴뚝과 벽돌들이 말개도 없이 어디론지 몽땅 날아가 버렸음을 알게 되었다. 큰집 작은집 할 것 없이 굴뚝과 벽돌이 없어진 괴변이 생긴 것이다. 사람들의 떠드는 소리가 마침내 관아에까지 알게 되었다. 그 연유를 조사한 결과 천태산 국청사 뜰에 하룻밤 사이에 통천탑이라는 보탑이 생겼는데, 그 탑을 조성한 벽돌들의 크고 작고 검고 희고 형형색색으로 괴이고 쌓여 있는 것이 각자의 자기 집 벽돌임을 알게 되었다. 참으로 신기하고 놀라운 일이다. 국청사 통천탑 앞에 모인 사람들은 오백나한의 신통술과 법력임을 비로소 짐작하였으며, 또 천태산상에 석교가 놓여진 사실도 알게 되었으니 보살의 신통력에 감복하여 일심으로 정례하였던 것이다. 이러한 신적이 있은 뒤로부터 천태산 부근의 성 시가에는 집집마다 굴뚝이

없게 되었는데, 그 굴뚝이 없어진 유래가 이러한 연유에서 비롯된 것이라 전해진다.[5]

이상의 설화는 천태산의 3가지 사항을 설명하는 형태를 취하고 있다. 첫째는 천태산 국청사 앞에 서 있는 거대한 높이의 통천탑이다. 이 탑은 수나라 때 세워진 것으로 알려져 있는데, 이상의 설화에서는 오백나한이 세운 것으로 되어있다. 둘째는 국청사 앞 돌다리이다. 이것은 관음이 오백나한과 내기하여 만든 것이라는 것이다. 셋째는 천태 지역의 민가에는 굴뚝이 없는데, 그것은 오백나한들이 민가의 굴뚝을 뜯어서 얻은 벽돌로 통천탑을 만들었기 때문이라는 것이다. 이러한 내용을 가진 위의 설화는 얼마나 천태산 국청사가 나한과 관음의 신앙이 강한지를 보여주는 것이라 할 수 있다.

한편 우리나라에는 중국 천태산의 16나한 전설도 있는데, 그 대표적인 예가 송광사 천자암의 연기설화이다. 그 내용을 소개하면 다음과 같다.

보조국사가 운수납자로 행각을 하던 때의 일이다. 어느 날 깊은 산중에서 날이 저물어 숯 굽는 움막을 발견하고 주인장에게 하룻밤 쉬어 갈 것을 요청했다. 이에 움막 주인의 노인은 스님을 정중히 맞이했다. 스님은 한참 신세타령을 늘어놓는 노인에게 소원을 물었더니 금생에는 소원이 없고 내생에 중국의 천자로 태어나고 싶다고 했다. 그러면서 어떻게 하면 소원을 이룰 수 있는지 물었다. 이에 스님은 선업을 쌓고 열심히 참

5 김대현 「천태산 석교와 통천탑」 『관음신앙』 pp.335-339.

그림 2 보조국사 지눌(대구 동화사 소장)

선을 하면 된다며 공부하는 방법을 자상하게 일러줬다. 그 뒤 스님은 길상사에 주석하던 어느 날 중국 천태산에서 16나한이 천자의 명을 받들어 스님을 모시러 왔다. 그들은 신통력을 발휘하여 순식간에 스님을 모시고 천태산 나한전에 갔다. 그 절에서는 백일기도를 회향하고 있었다. 법회가 끝난 뒤 대신들은 스님에게 "천자께서 등창이 났는데 백약이 무효이어서 나한에게 백일기도를 올렸더니 나한들이 스님을 모셔왔습니다."라고 하는 것이었다. 그 순간 스님의 뇌리엔 산중에서 숯 굽던 노인이 떠올랐다. 스님은 천자의 환부를 만지면서 "내가 하룻밤 잘 쉬어만 갔지 그대 등 아픈 것은 몰랐구먼. 이렇게 고생해서야 되겠는가. 어서 쾌차하여 일어나시게" 하니 천자의 등창은 씻은 듯이 완쾌되었다. 이 일로 천자는 전생의 인연법을 신기하게 생각하고 스님을 스승으로 모셨다. 그리고 스님에게 금란가사와 많은 보물을 공양 올리고는 아들인 세자로 하여금 스님을 시봉케 했다. 스님과 함께 온 금나라 세자는 현 송광사가 자리한 조계

그림 3 담당국사(순천 송광사 소장)

산 깊숙한 곳에 암자를 짓고 수도에 전념하니 그가 바로 담당국사(湛堂國師: ?~1312)이며, 그가 창건한 이 암자를 천자암이라 불렀다.

위의 내용은 보조국사가 숯굽는 불쌍한 노인의 소원성취를 돕는 방법을 가르쳐 주었다. 그 결과 그 노인은 죽어서 중국의 천자로 태어났다. 그러나 그 천자는 등창이 나서 아무리 좋은 의사의 치료를 받아도 백해무익했다. 그리하여 천태산의 16나한을 보내어 고려의 보조국사를 모시고 오게 하여 치료를 부탁했다. 보조국사는 환부를 치료해주었고, 그 은혜를 잊지 못한 천자는 보조국사를 스승으로 모셨고, 그의 아들을 고려로 보내어 보조국사의 제자가 되게 했다. 이렇게 출가한 중국천자의 아들이 담당국사이며, 그가 수도한 곳이 천자암이라는 것이다. 담당국사는 송광사 16국사 중 제9대 국사이다. 행적을 알 수 있는 기록이 남아 있지 않아 출신지와 생몰연대를 알 수 없다. 이러한 성격으로 인해 그가 금나라 또는 중국의 세자라는 설이 나온 것 같다. 한편 위의 설화에서 보조국사를 모시고 갔던 사람도 나한이며, 천태산에 갔을 때 나한에게 치병기도를 올리고 있었다고 하였듯이 일찍이 한국에서는 중국 천태산은 나한신앙이 강한 곳으로 인식하고 있었다.

「나한공차」란 이들에게 바치는 차공양이다. 나한신앙과 관련된 종교적인 의례인 만큼, 어찌하여 천태산 방광사에 생겨난 것일까? 이를 이해하기 위해서는 방광사의 나한신앙을 이해할 필요가 있다.

방광사가 위치한 곳에 「석량비폭(石梁飛瀑)」이라 불리는 폭포가 있고, 폭포가 가른 두 산을 이어주는 돌다리(石橋)가 있다. 이곳에는 언제부터인지 오백나한이 머물고 있다는 전승이 있다. 관정(灌頂: 561~632)이 저술한 천태지의(天台智顗: 538~597)의 전기인 『수천태지자대사별전(隋天台智者大師別傳)』에서는 새로운 절을 창건할 계획을 가지고 있던 천태지의에게 석량(石梁)에서 세 명의 신승(神僧)이 나타나 절을 창건할 때를 일러주고, 절의 이름을 국청사(國淸寺)로 지을 것을 알려주었다고 한다.[6] 후대의 제자들은 신승의 모습을 나한이 변장한 모습으로 이해하였다.

그리고 그곳 인근에 당나라 때 승려 보안(普岸: ?~843)이 세웠다는 오백나한전이 있다. 따라서 이곳의 나한신앙은 당대로부터 있었다. 그에 따라 『대당서역기(大唐西域記)』에 「부처님이 진단(震旦)의 천태산 방광성사(方廣聖寺)에 오백나한이 머문다고 했다(佛言震旦天台山方廣聖寺, 五百大羅漢居焉)」는 내용이 있을 정도로 천태산 방광사는 나한과 관련이 깊다.

---

6 김동현(2022) 『고려시대 나한상 연구』 홍익대 석사논문 pp.17-18.

그렇다면 왜 오백나한은 천태산 방광사에 머무는 것일까? 여기에 대해 몇 가지 전설이 있다. 그 중 하나를 소개하면 다음과 같다.

> 오백아라한들의 일부는 문인으로, 일부는 무인(武人)으로서 유 · 불 · 도를 닦거나 인간 세상이나 천상 등 각양각색의 인물이 됐다. 이들은 서로 모여 싸우고 물건을 빼앗으며 악행을 서슴지 않았다. 어느 날 관세음보살이 이곳에 왔다가 마치 미쳐 날뛰는 여러 나한들을 보고 이들을 제압하고는 이런 행위를 버리고 뜻을 세워 성불하라고 가르쳤다. 이에 아라한들은 가르침을 익혀서 깊이 뉘우쳐 삿된 것을 버리고 정법에 귀의하게 되었다. 그 결과 모두 도를 닦아 바른 과를 얻었다. 이러한 오백아라한의 전설이 천태산으로부터 시작되어 후에는 전국적으로 퍼져 가게 되었다고 한다.[7]

이처럼 방광사의 오백나한은 원래 말썽을 부리는 각종 다양한 사람이었는데, 이들을 관음보살이 제압하고, 불교를 가르쳐 깨달음을 얻어 아라한에 이르게 했다. 이들이 바로 오백나한이었다는 것이다. 또 혹자는 전횡(田横: BC 250~202)[8]이 거느린 오백장사가 오백나한이 되었

---

7 금강신문(2007) 「⑩천태산 방광사」, 2007.12.07., https://www.ggbn.co.kr.

8 진나라 말기의 인물로, 제나라의 왕 전광(田廣)의 숙부이다. 항우(項羽)에 의해서 상제왕(上齊王)에 봉해지고 제나라의 북쪽을 다스리게 되었다. 한신(韓信)이 군대를 이끌고 기원전 204년 제를 공격했을때, 임치성을 방어하지 못하고 자신은 박양성으로, 제왕 전광은 고밀성으로 도피했다. 이때부터 전횡의 죽음에 대해서는 두 가지 설이 있다. 첫 번째는 제왕 전광이 고밀성에서 사로잡혀 죽음을 당하자 한군이 박양성으로 밀어닥쳤는데, 성을 버리고 등주의 영성으로 도피했다. 그러나 쫓아온 한장 관영에게 죽음을 당했다 한다. 두 번째는 영성으로 도망쳤다 멀리 등주의 해도로 갔는데, 유방이 천하통일후 전횡과 그의 500명의 병사를 항복시키기 위해 역상을 불러 죽이지 말고 포박해라고 명했다. 그러나 전횡은 형의 원수인 본

다는 이야기가 있다. 그 내용을 소개하면 다음과 같다.

> 전국시대의 한나라 유방이 전씨를 토벌할 때 전횡이 끝까지 유방에게 항복하지 않고 죽음을 택하자 500명의 장사가 낭떠러지로 뛰어내렸다. 이때 관음보살이 이들의 의리에 감동해 구해서 교화했는데, 이들이 오백아라한이 되어 「석량비폭」이 있는 중방광사에 머물렀다.[9]

이처럼 진나라 말기의 인물인 전횡의 500명 부하이었으며, 한나라 시조 유방에게 끝까지 항복하지 않고 죽음을 택하였는데, 관음보살이 구하여 아라한이 되게 하였다는 것이다.

또한 이곳에 머무는 나한들을 만났다는 이야기도 생겨났다. 진(晉)나라 때의 인물인 손작(孫綽: 311~368)의 『유천태산부(遊天台山賦)』에 「왕교는 학을 타고 하늘에 솟아오르고, 응진이 석장(錫杖)을 날려 허공을 밟고 다닌다(王喬控鶴以沖天, 應眞飛錫以躡虛)」라고 표현했다. 즉, 천태산은 신성이 된 왕자 교가 학을 타고 하늘을 날고 있고, 응진(나한)은 석장을 날리며 허공을 밟고 다닌다는 것이다. 이처럼 천태산의 나한신앙은 4세기 무렵부터 시작되었다고 해도 과언이 아니다.

또 가령 서역에서 온 고승 담유화상이 흥령연간(興寧年間: 363~365)에 이곳에 와서 수행을 하였는데, 하루는 담유가 석교를 지나다가 오백아라한들을 만났다는 이야기가 있다. 이들은 앉아있기도 하고, 누워 있기도 하며, 혹은 서서 있고 걸어 다니기도 하고, 혹은 부지런히 수행하

---

인과 어떻게 보겠냐고 이를 부끄럽게 여겨 자결했고, 500명의 병사들도 따라서 자결하였다.

9 금강신문(2007) 「⑩천태산 방광사」, 2007.12.07., https://www.ggbn.co.kr.

기도 했다고 한다.[10]

또 이러한 전설도 있다. 동진(東晋)의 흥녕연간(興寧年間: 323~365)에 담유법사가 천태산에 도착하여 하루는 석량교를 건너 서쪽 끝에 있는 증병봉(蒸餅峰)에 향을 꽂고 예배를 드렸다. 그러자 갑자기 증병봉이 화려한 전각이 되어 500나한이 그 속에서 놀며 함께 먹자고 초대했다는 것이다. 또한 돈황에서 온 백도유(帛道猷)가 방광사의 석교(石橋)에서 오백나한 만났다는 이야기도 있다고 한다.

또 고려 후기 승려 혜심(慧諶: 1178~1234)이 편찬한 『선문염송(禪門拈頌)』에는 남전보원(南泉普願: 748~834)[11]이 오백나한들을 만나는 이야기도 있다. 그 내용을 소개하면 다음과 같다.

> 천태(天台) 국청사에서 한산(寒山)과 습득(拾得)에게 하직을 고하니, 한산이 묻는다. "어디로 가시오." "돌다리(石橋)로 다녀오겠습니다." 한산이 다시 물었다. "무엇을 하시려오." "오백 나한에게 예배드리러 갑니다." "내가 듣건대 오백 나한이 몽땅 암소가 되었다는데요." 선사가 말했다. "아이고! 아이고!" 한산이 말했다. "비록 후생(後生)이지만 늙은 작가 같구나." 선사가 답하였다. "허허(噓噓)!"[12]

10 금강신문(2007) 「천태산 방광사」, 2007.12.07., https://www.ggbn.co.kr.

11 조사선의 개조(開祖)이자 위앙종과 임제종에서 8대조사로 섬긴 마조도일(709~788)의 제자이다. 마조도일이 가장 아낀 제자였다. 남전보원의 제자는 수백명이 있었는데, 가장 유명한 제자가 화두로 유명한 조주종심이다. 또한, 신라의 사자산문(獅子山門) 도윤(道允)도 그의 제자이다. 남전참묘(南泉斬猫) 이야기가 유명하다. 834년 12월 15일 새벽에 그는 다음과 같은 게송을 남기고 입적했다. 「별빛 반짝인지 이미 오래 되었구나. 내가 가거나 온다고 하지 말라(星翳燈幻亦久, 勿謂吾有去來)」.

12 『禪門拈頌』(30). 돌다리(石橋).

그림 4 나빙(羅聘:1733-1799)의 한산습득도(寒山拾得圖)

천태산 국청사는 한산과 습득이 살았던 곳으로 유명하다. 이상의 이야기는 남전선사가 한산과 습득에게 인사를 하고 방광사의 돌다리에 있는 오백나한에게 예배드리러 가려고 하자 한산이 오백나한은 이미 암소가 되었다고 말했다는 이야기이다. 이 이야기에서 보듯이 방광사의 석교에는 오백나한들이 머물고 있으며, 이들은 많은 사람들로부터 신앙되고 있었다는 것을 말해주고 있다.

## 3. 나한공차의 기원과 역사

천태산에서 오백나한에게 바치는 차공양은 언제부터 시작된 것일까? 물론 처음에는 오백나한(五百羅漢)의 도량이 있는 방광사 승려들이 나한에게 차를 바치는 것에서 시작되었을 것이다. 이를 편의상「나한공차(羅漢供茶)」라고 하자.

이것이 언제부터 시작되었는지 명확하지 않다. 서두에서 언급한 바 있는 여연스님은 11세기 무렵 천태산 나한당에서 매일 500나한상에 헌다를 했다고 한다.[13] 사실 그것에 대한 기록이 본격적으로 등장하는 것은 송나라 때부터이다. 이처럼 그 기원을 11세기 경으로 보는 경향도 적지 않다. 더구나 그의 영향을 받은 일본에서도 16나한, 오백나한에 대한 차공양 의례가 이루어지는 것이 11세기 경 이후라는 점에서 이같은 해석은 더욱더 설득력을 가진다.

그러나 그것의 시작이 그보다 훨씬 이전이었을 것으로 보이는 증거가 일본에 있다. 천태산 석교의 나한공차에 관한 기록은 중국보다 일본에 더 많이 남아있다. 일본에서 이를 처음으로 기술한 사람은 엔친(円珍: 814~891)이다. 그의 기록은 일본뿐만 아니라 중국에서도 최초이다. 그는 853년 바다를 건너 중국 천태산으로 들어가 천태대사(天台大師) 지의(智顗: 538~597)의 유적지를 순례하고, 천태종에 관련된 많은 서적을 서사했다. 그의 입당구법의 여행기라 할 수 있는『행력초(行歷抄)』에 의하면 그는 방광사의 석교를 방문했다. 그 때의 감회를「다리의 모양이 기둥과 같고, 옆에 깊은 골짜기에 걸쳐져 있고, 흐르는 만장, 그

13 여연(2005), 앞의 글.

소리는 우레와 같아, 이를 본 범인들은 거의 정신을 잃을 지경이다」[14] 고 했다.

고연미에 의하면 그 때 그는 "여덟 잎의 연화문, 오백여 잔에 꽃문양, 나한 출현" 등을 기록한 것에 감화를 받았다고 했다.[15] 이것이 사실이라면 적어도 일본 승려 엔친은 석교를 방문했고, 그가 직접 나한에게 차를 올렸는지 알수 없으나, 나한에게 차를 올리면 찻잔에 연화문 등 꽃문양이 나타나고, 나한이 출현한다는 신비로운 종교적인 체험을 믿는 사람들이 있었다는 것을 증명하는 것이 된다.[16] 이처럼 이 기록은 천태산 석교의 나한공차가 당나라 때부터 있었다는 것을 입증할 수 있는 중요한 자료라 하지 않을 수 없다.

엔친의 기록에서 보듯이 천태산 석교에서 나한공차가 행하여졌다 하더라도 그것에 관한 기록이 중국측 기록에 보이지 않는 것으로 보아 9세기 당시 그다지 주목을 끌지 못했던 것 같다. 천태산 나한공차에 관한 기록이 본격적으로 등장하기 시작하는 것은 송나라때 부터이다.

북송 황제 인종이 천태산 석교에 대한 이야기를 들었다. 그리고 그는 1034년(景祐4)「석량교오백응진(石梁橋五百應眞)」에 대한 칙령을 내렸고, 천태산으로 사신을 보내어 용차(龍茶) 500곡(斛)을 오백나한에 바쳤다고 한다. 이처럼 천태산 석교의 오백나한은 당시 조정에 까지 널리 알려져 있었다. 그리고 나한공차는 황제뿐만 아니라 일반인들도 천

---

14 「橋の様梁の如く、横に深谷に亘る、流れ万丈、其声雷の如し、凡人乍ち見て殆ど精神を失す」.

15 고연미(2017),「에이사이(榮西)가 일본 사원차 형성에 미친 영향」『보조사상』(49), 보조사상연구원, p.369.

16 石田雅彦(2003)『「茶の湯」前史の研究: 宋代片茶文化完成から日本の茶の湯へ』雄山閣, p.329.

태산 석교에 가면 행하였다. 그 대표적인 예로 태주지주(台州知州)를 역임한 갈굉(葛閎: 1003~1072)[17]의 시를 들 수가 있을 것이다. 그의 시 「차 달여 나한각에 올리며(羅漢閣煎茶應供)」라는 시에 나한공차가 다음과 같이 묘사되어있다.

| | |
|---|---|
| 山泉飛出白雲寒 | 날아오르듯 솟구치는 산천이 흰구름처럼 차가운데 |
| 來獻靈芽秉燭看 | 부드러운 차를 올리고자 나한각에 올라 촛불 들고 살펴본다. |
| 俄頃有花過數百 | 수백의 사발엔 수많은 차꽃(茶花)에 떠 있고 |
| 三甌如吸玉腴干 | 물이 마른 세 사발 속의 차꽃[18]은 바짝 말라있네. |

그가 태주지주로 부임하여 근무한 것은 1066~1069년 사이이다. 이 기사는 송임경(宋林庚)의 『천태속집(天台續集)』에 수록되어있다. 여기서 흥미로운 내용은 나한공차는 나한각에서 이루어졌으며, 그곳에 올려 진 찻그릇에 수많은 다화가 있었다는 표현이다. 즉, 찻잔 속에 차꽃(茶花)이 있었다고 했다. 여기에 대해 그도 설명이 필요하다는 것을 느꼈는지, 그것에 대해 스스로 주석을 다음과 같이 붙였다.

17 북송 인종(仁宗, 1010-1022-1063) 1027년(天聖5) 출사(出仕)해 태상소경(太常少卿) 등의 관직을 역임했던 갈굉은 책 읽기를 좋아해 소장한 책이 만여 권이 넘었으며 항상 책을 곁에 지니고 다녔다. '글[文]'에 대해 잘 논평했으며 '시'에도 뛰어났다. 유학을 숭상했기에 학자들이 한마음으로 갈굉을 칭찬하고 찬양했다고 한다.
* 1010년은 인종이 태어난 해, 1022년은 황제로 즉위한 해, 1063년은 인종이 타계한 해를 각각 나타낸다.

18 玉腴: 본래는 '물고기의 고기(魚之肉)' 혹은 '물고기 몸속에 있는 공기주머니(부레, 魚鰾)'를 가리키나 여기서는 '차꽃(茶花)'을 의미한다.

> “나한각 안 사방의 모서리엔 낮인데도 빛이 미치지 않아 (지은이는) 촛불을 들고 살펴보았다. 그때 수백 개의 사발에 차꽃이 있음을 알았다. 어떤 것은 꽃잎이 여섯 개였고 어떤 것은 꽃잎이 다섯 개였다. 그런데 「금사배회(金絲徘徊)」, 「복면(覆面)」, 「소반금부(蘇盤金富)」라는 (글씨가 적힌) 세 개의 사발에 있는 차꽃들은 얽혀있지 않았다. 세 사발 속의 물은 모두 말랐지만 (차꽃들이) 물을 흡입한 흔적은 남아 있었다.[19]

이같은 그의 주석은 「나한공차」를 이해하는데 매우 중요한 실마리를 제공해준다. 나한공차는 나한의 수만큼 차를 올렸고, 그 찻잔에는 「금사배회」, 「복면」, 「소반금부」라는 등의 글자가 새겨져 있었고, 차를 찻잔에 담고서 그 위에 다화를 살포시 얹었던 것이다. 다시 말해 갈굉은 나한이 찻잔에 꽃을 피운 것이 아니고, 공양자가 직접 차꽃을 넣은 것을 확인한 것이다.

이같은 인위적으로 꽃을 찻잔에 넣던 것이 어느덧 나한의 신이로운 조화로 해석되기 시작했다. 많은 시인들의 시에서 찻잔 속에 생겨난 다화에 대해 시선이 집중되었다.

송나라 시인 루광(樓光)과 장빙(章憑)은 나한공차 때 찻잔 속에서 피어난 다화를 두고 「석교(石橋)」라는 시를 지었다. 이 시들은 송나라 때 인물 이경(李庚)의 『천태속집(天台續集)』(卷中)에 수록된 것인데, 먼저 루광의 것을 소개하면 다음과 같다.

19 自注曰:「閣上四座晝陰，深邃處即持火炬照之，是時有茶花數百甌，或六出、或五出，而金絲徘徊覆面。及蘇盤金富無礙。三尊盡干，皆有飲痕。」.

溪流長卷千重玉　시냇물이 천중옥을 휘감고,
茗碗齊開五百花　찻잔에는 오백화가 가지런히 피었구나.
方廣隻留方寸地　방광사는 척진 한 치의 땅에 있으나
不須辛苦上仙槎　모름지기 어렵게 뗏목에 올라서는 아니되리.

여기서 보듯이 그는 찻잔에 오백화가 가지런히 피었다는 표현에서 보듯이 오백나한 모두에게 차를 올렸다. 그리고 다음의 시는 장빙의 것이다.

昔聞天台山　예전에 천태산이라고 들었는데,
方廣寺尤勝　방광사의 경치가 여러 산 어느 사찰보다 빼어나다네.
石梁元自成　석량은 본래 저절로 생겨났고
茶花隨所應　차꽃이 인연을 따라 생겨났네.
見此絕世蹤　이 절세의 경치를 보고,
嗟我拘三乘　내가 삼승(속세의 삼계)에 얽매여 있다는 것을 한탄한다오.
更聽寒泉聲　다시 차가운 샘물 소리를 듣는 것은
不獨發清興。　단지 맑고 고요할 뿐 아니라 내 마음을 불러일으키기 때문이요.

이상에서 보듯이 방광사의 석량(석교)의 경치가 빼어나며, 그곳에서 나한공차를 행하면 「차꽃이 인연을 따라 생겨난다(茶花隨所應)」고 했다. 또 장찬(蔣璨: 1085~1159)의 시 「제석교(題石橋)」에도 찻잔 속의 다화가 다음과 같이 표현되어있다.

石橋西去接煙霞　석교 서쪽에 가서 경치를 마주하니
方廣山頭佛子家　방광산 정상에 암자가 있네
今日我來生善念　오늘 나는 좋은 생각을 하니
分明盞上見茶花　분명히 찻잔에서 차꽃이 보이네.

이 시에서 정찬은 좋은 생각을 하니, 찻잔에 담겨진 그릇에 차꽃을 볼 수 있었다고 했다. 즉, 나한공차를 행할 때 삿된 생각이나 잡념이 있어서는 안되며, 정성이 작용하였을 때 나한의 영험인 찻잔 속의 다화를 볼 수 있다는 것을 강조하고 있는 것이다.

동시대 인물 정백영(鄭伯英: 1130~1192)도 천태산 석교에서 차를 달여 나한에게 바쳤던 것 같다. 이를 묘사한 것이 그의 시 「석교에서 차를 달이다(石橋煎茶)」이다. 이 시는 송나라 때 사람 임표민(林表民)의 『천태속집별편(天台續集別編)』(卷五)에 수록된 것인데, 그 내용을 소개하면 다음과 같다.

白髮青衫故倦遊　늙어 벼슬을 얻으니 벼슬아치 생활에 싫증이 나네.
何人能辨釣鰲鉤　누가 공명을 추구하여 출세할 수 있는가
卻逢大士開青眼　오히려 나한님을 만나 푸른 눈을 뜨니
現出茶花五百甌　올린 오백 잔에서 꽃이 나타났네

이처럼 정백영도 오백나한에게 차를 올렸다. 그 때 그도 올려진 찻잔에서 다화를 보았다고 노래하고 있는 것이다.

이러한 신이로운 종교적인 체험을 당시 시인뿐만 아니라 사서에서도 서술되어있다. 가령 송대의 『가정적성지(嘉定赤城志)』에서는 「석교에서 차를 공양하면 반드시 유화의 효과가 있다(石橋供茗必有乳花效應)」라는 내용이 있다. 즉, 나한에게 차를 공양하면 반드시 그에 대한 응답으로 유화(乳花)가 생겨난다는 것이다.

『천태산방외지(天台山方外志)』에도 그것과 관련된 사례가 기록되어 있다. 즉, 「1261년(景定2) 천태 출신 재상 가사도(賈似道: 1213~1275)[20]가 부친 가섭(賈涉)의 추선을 위해 절에다 5만을 기부하고, 승려 묘홍(妙弘)에게 명하여 「석량 담화정(石梁曇華亭)」을 짓게 하고, 낙성 때 오백나한에게 차를 바쳤더니 찻잔 속에 기이한 꽃 한 송이가 나타났고, 또 이어

20 중국의 남송의 군인이자 정치가. 아버지가 관료라서 11세에 음서로 관직에 나갔다. 누이가 남송의 황제 이종의 왕후였기 때문에, 그 인연으로 출세가도를 달리게 된다. 가사도는 집착적일만큼 미술이나 예술품 수집광이었고, 그 방면에 통달하였다. 예술에 대한 안목뿐만 아니라 머리도 뛰어난 사람이었기 때문에 황제에게 중용되어, 1246년 국경 수비대장에 취임을 한다. 1259년(개경 원년)에 몽골이 남송에 침공해 왔다. 가사도는 쿠빌라이의 군대를 악주(무창)에서 격파한 공적으로 재상에 등용된다. 이때 가사도가 대승한 말을 할 수 있던 것은, 몽골의 황제 몽케가 사망했기 때문에, 퇴각하지 않을 수 없었기 때문이다. 또는 가사도와 쿠빌라이와의 사이에 밀약이 있었다는 설도 있다. 가사도가 재상으로 취임한 다음, 1264년(경정 5년)에는 이종이 붕어하고 어리석은 황제 도종이 즉위했다. 이 때문에 남송의 실권은 완전하게 가사도의 것이 되고, 가사도는 재상과 태사에 이르기까지 요직을 독점함으로써 독재 정치를 시작하게 된다. 가사도는 스스로의 독재권 강화를 위해, 우선 자신에게 반대한 일파를 철저하게 배제했다. 또한 몽골의 침공이 거세졌기 때문에, 남송에 여문환 등의 군벌 세력이 커지고 있었지만, 가사도는 자신의 독재권을 강화하기 위해 이들 군인을 중앙으로부터 격리시키고, 몽골 군이 침공해도 원군을 보내지 않았다고도 말한다. 또 상원(과거시험의 수석 급제자)였을 뿐만 아니라 애국심과 강인한 정신력을 가지고 있었던 문천상이 자신에게 영합하지 않는다고 하여 요직에서 밀어내었다. 1275년 푸젠 성 저우룽(현, 장저우 시)에서 원나라 군과의 전투 중, 남송 장수들 중 정호신(鄭虎臣)이 사주한 병사에 의해 진중에서 빙편(冰片, 보르네올)으로 독살되었다. 시신은 버려졌고 행방은 알 수 없다.

서「대사응공(大士応供)」이라는 글자가 나타났다. 이를 지켜본 사람들은 깜짝 놀랐으며, 이 소식을 들은 가사도는 크게 기뻐했다는 기사이다. 같은 내용이 청대의 문헌『천태산전지(天台山全志)』에도 있다.[21]

이처럼 나한공차의 핵심은 찻잔 속에 피어난 기이한 현상이다. 과연 이러한 일이 가능한 것일까? 여기에 대해 학계에서는 부정적이다. 가령 이것에 대해 중국 연구자 요국곤(姚國坤)은 송・원대 점다문화에서 생성된 차백희(茶百戲/分茶)와 같은 것이며, 그것에다 불교적인 색채를 부여하고, 분차할 때 찻잔안의 다탕표면에 출현하는 운도(雲濤, 흰 포말)라는 특수한 정경과 불교적 이미지를 융합시킨 것에 기인한 것으로 보았다.[22] 그리고 한국의 여연스님도 분차(차백희)의 일종으로 보았고,[23] 고연미도 같은 시각에서 남종사원의 차문화는 분차의 일종이고, 이것이 불교적 서상(瑞祥)과 연결되어 나타난 것이 나한공차의 찻잔에서 일어난 기이한 현상이라고 보았다.[24]

이들이 말하는 차백희는 천태산 방광사 석교에서 시작된 것은 아니었다. 그것은 그 보다 훨씬 이전인 당나라 때부터 시작되었다. 그 예로 도곡(陶谷: 903~970)의『천명록(荈茗錄)』에 다음과 같은 내용이 있다.

> 차는 당에 이르러 비로소 번성하였다. 근래에는 끓인 물을 부어 숟가락을 돌려 묘한 비결을 특별히 시행하며 끓인 물의 무늬와 물줄기로 하여

---

21 『天台山全志』: 旧有石桥寺，传系五百应真之境。宋景定中，贾似道命僧妙弘建昙华亭。即成，供五百圣僧茶，茶瓯中现一异花，中有“大士应供”四字。

22 姚國坤(2014), p.34.

23 여연(2005)「(9) '중국의 차' 유래와 풍습」『서울신문』, 2005.09.12., https://www.seoul.co.kr/news/newsView.

24 고연미(2017), 앞의 논문, pp.367-370.

> 금 사물의 형상을 이루게 하는 것이 있다. 금수, 물고기, 꽃, 풀 등은 섬세하고 교묘하기가 그림과 같다. 다만 순식간에 바로 흩어져 사라진다. 이것이 차의 변화이다. 당시 사람들은 이를 차백희라고 불렀다.[25]

여기서 보는 것처럼 「차백희」란 찻잔에 차를 담고서 숟가락을 사용하여 여러 동식물 등의 여러 가지 상을 그려내는 것을 말한다. 이것이 『천명록』에서는 당나라 때부터 있었다고 했다. 이것이 사실이라면 천태산 석교의 나한전에서 일어난 찻잔 속에서 일어난 기이한 현상은 이를 종교적으로 이용하였을 가능성이 높다.

더구나 송나라 때는 말차이다. 차 사발에다 가루차를 넣은 다음, 뜨거운 물을 붓고서 차선으로 거품을 일으켜, 그 위에다 그림을 그리는 것이 유행했다. 이러한 기교를 부려 나한에게 바친다는 것은 종교성을 상실하게 된다. 그러므로 천태산에서는 갈굉의 시에서 보았듯이 처음에는 꽃을 넣었다가 나중에는 잘 일어난 거품을 다화로 받아들였을 가능성이 높다. 왜냐하면 위의 시에서 보았듯이 찻잔의 꽃을 「다화」 「오백화」라고 표현하고 있는 것으로 보아 아무리 기적이라 할지라도 모든 잔에 그러한 현상이 일어났다고 할 수 없기 때문이다.

이러한 가정이 사실이라면 천태산 나한공차의 비법은 당나라 때 출발한 차백희가 종교적으로 응용된 것으로 보인다. 그러므로 이같은 차의 기교는 승려들이 탁월한 솜씨를 가지고 있었다. 그 예로 송대의 도곡이 지은 『청이록(清異錄)』의 「명천문(茗荈門)」에 복전(福全)스님의 이

---

25 『清異錄』(卷下): 茶至唐始盛, 近世有下湯運匕, 別施妙訣, 使湯紋水脈成物象者, 禽獸魚花草之屬, 纖巧如畵, 但須臾就散滅, 此茶之變也, 時人謂之茶百戲.

야기를 들 수가 있는데, 그 내용을 소개하면 다음과 같다.

> 차를 타면서 다탕 표면에 물품의 형상을 기이하게 나타내는 것은 다장(茶匠)이 신에 통하는 기예이다. 복전스님은 금향(金鄕)에서 태어나 다해(茶海)에서 자라나서 끓인 물을 부어서 차를 변화시키는데 능하여 한 구의 시를 이루고, 나란히 네 사발을 달여서 더불어 한 절구(絶句)가 탕의 표면에 뜬다.[26]

여기서 등장하는 복전스님은 차 사발에 담겨진 차를 차선으로 거품을 일으키는 격불 솜씨가 탁월했다. 그 뿐만 아니라 일어난 거품에다 날짐승, 들짐승, 곤충, 물고기, 화초 등 어떤 형상도 만들어 낼 수 있었다. 이에 대해 여연스님은 다음과 같은 흥미로운 일화를 소개했다.[27] 즉, 어느 날 분차의 신묘한 재주를 배울 것을 간청하자 그 스님은 이렇게 답을 했다는 것이다.

生成盞裡水丹青　찻잔에 수단청 만들어지니
巧畫工夫學不成　묘한 솜씨는 배워서 됨이 아니라
卻笑當時陸鴻漸　지난날 육우마저도 비웃으며
煎茶贏得好名聲　차를 우려 좋은 명성 얻는다.

---

26 『清異錄』의 「茗荈門」: 「饌茶而幻出物像於湯面者，茶匠通神之藝也。沙門福全生於金鄉，長於茶海。能注湯幻茶成一句詩，並點四甌共一絕句，泛乎湯表。小小物像，唾手辨耳。檀越日造門求觀湯戲 全自咏曰: “生成盏里水丹青，巧画工夫学不成。却笑当时陆鸿渐，煎茶赢得好名声.”」.

27 여연(2005) 「(9) ‘중국의 차’ 유래와 풍습」 『서울신문』, 2005.09.12., https://www.seoul.co.kr/news/newsView.

이같이 승려가 차백희에 능숙한 솜씨를 발휘할 수 있었던 것은 나한공차와 같은 차 의례가 있었기 때문이다. 그러한 가능성은 다음과 같은 일화에서도 엿볼 수 있다.

북송의 희녕연간(熙寧年間) 당시 항주통판(杭州通判)이었던 소식(蘇軾: 1037~1101)은 어느 날 서호 갈령(葛嶺) 아래 수성사(壽星寺)에 놀러 갔다. 인근 남병산(南屏山) 정자사(淨慈寺)의 고승 처겸(處謙)이 이 소식을 듣고 특별히 차를 준비하고 소식을 초청했다. 차는 매우 세심한 배려로 준비되어있었다. 차를 끓일 때는 춘옹(春瓮)을 사용하고, 차를 마실 때는 토모반흑유잔(兎毛斑黑釉盞)을 사용했다. 처겸은 천천히 잔에 다탕을 부었다. 그러자 다탕은 거위와 같이 투명한 노란색을 띠고, 차 표면에는 「유화(乳花)」가 송이송이 피어올랐다. 이에 소식은 감탄을 했다.

그것에 대해 소식은 「남병의 겸스님을 전송하며(送南屛謙師)」라는 시를 남겼다.

| | |
|---|---|
| 道人曉出南屏山 | 도인이 새벽 일찍 남병산에서 내려와서 |
| 来試点茶三昧手。 | 삼매에 든 솜씨로 차를 달여 주었네. |
| 忽惊午盏兔毛斑 | 문득 건주잔의 토끼털무늬가 사랑스러워 |
| 打作春瓮鹅儿酒。 | 술항아리를 깨어 아알주를 마시네 |
| 天台乳花世不見 | 천태의 유화(乳花)가 세상에 보이지 않고 |
| 玉川風腋今安有。 | 옥천의 풍액 지금 편안히 있겠네. |
| 先生有意續茶經 | 내가 이에 뜻이 있어서 다경의 뒤를 이어 |
| 會使老謙名不朽。 | 겸스님의 이름을 불후히 해주려 하였다네. |

소식은 처겸스님의 차 격불 솜씨는 삼매든 경지이며, 이미 천태의 유화가 세상에 보이지 않는다고 했다. 그리하여 처겸의 이름을 불후에 남기려고 시를 적었다 했다. 그로부터 몇 년 후, 소식은 처겸의 점다가 생각이 났고, 여전히 그 맛의 여운이 남아 있었다. 그 때 쓴 시가 『또 처겸스님에게 보내다(又贈老謙)』 이다.

| | |
|---|---|
| 瀉湯舊得茶三昧 | 매우 빠르게 흐르는 탕이 오래되어 차 삼매에 들었네. |
| 覓句近窺詩一斑 | 애써 좋은 싯구를 찾아 시 한 점을 살펴보네 |
| 清夜漫漫困披覽 | 고요하고 깨끗한 밤에 오랜 시간 빠져 책을 펼쳐보네 |
| 齋腸那得許慳頑 | 재양은 어떻게 인색하게 노는 것을 허락하는가? |

이처럼 소식에게는 처겸의 차백희 솜씨에 감탄하여 두편의 시를 남겼을 정도로 인상이 강렬하게 남았던 것 같다.

처겸은 정자사에 오기 전에 천태산 일대에서 활약했던 승려이다. 그러므로 그는 누구보다도 석교의 나한공차를 잘 알고 있었을 것이다. 그러한 그가 소식의 앞에서 차 사발에 담겨진 차를 격불했고, 그것을 소식은 유화라고 표현했다. 이처럼 차백희는 나한공차를 행하는 승려들에게는 탁월한 실력을 발휘할 수 있는 기회의 장이었다. 이와 같이 천태산 석교에서 나한공차의 종교적인 체험의 이면에는 차백희의 유희적인 요소가 있었다고 할 수 있다.

차백희는 훗날 종교적인 의례라기 보다는 차의 기예(技藝)로 발달했다. 채경(蔡京)의 『연복궁곡연기(延福宮曲宴記)』의 1120년(宣和2) 12월 기록에 송

휘종이 여러 신하들을 초청하여 「연복궁연회」를 열었는데 「다구를 가져오게 하여 직접 탕을 붓고 격불을 하였다. 잠시 기다렸다가 잔 위에 흰 거품에 흐트러진 별과 흰 달(疎星皎月)모양이 뜨면 차를 하사하였다」[28]는 내용이 있다. 심지어 「루영춘(漏影春)」이라는 방법까지 개발되었다. 그것에 대해 앞서 본 도곡의 『청이록』에는  다음과 같은 내용이 있다.[29]

> 루영춘법은 새겨 넣은 종이를 이용해 잔에 붙이고, 차를 뿌린 뒤 종이를 제거하면, 가짜 꽃모양이 나타난다. 따로 여지과육으로 잎을 만들고, 잣, 은행과 같은 진귀한 사물로는 꽃봉오리를 만들고, 끓는 물을 휘저으며 점다한다.[30]

이와 같이 차백희는 종이로 여러 가지 모양을 만들어 차를 뿌려 갖가지 형태의 그림을 그리며 즐겼음을 알 수 있다. 이처럼 천태산 석교에서는 종교적인 의례로 행하여졌던 것이, 궁중과 민간에서는 차의 기예로서 변화 발전되었음을 보여준다.

## 4. 한국의 나한공차

천태산은 많은 한국과 일본의 승려들이 유학한 곳이다. 그러므로

---

28 蔡京, 『延福宮曲宴記』: 上命近待取茶具 親手注湯擊沸少頃白乳浮盞面如疎星皎月.

29 고연미, 앞의 논문, 46쪽, 참조.

30 「漏影春」『欽定四庫全書』: 漏影春法, 用鏤紙貼盞, 糁茶而去紙, 僞爲花身, 別以荔肉爲葉, 松實, 鴨腳之類珍物爲蕋, 沸湯點攪.

이들은 당연히 천태산 석교에서 행해지는 나한공차를 잘 알고 있었으며, 경우에 따라서는 직접 체험해보는 경우도 적지 않았을 것이다. 그리고 이들에 의해 자연스럽게 천태의 오백나한 신앙과 더불어 나한공차도 신라에 전래되었을 것으로 보인다. 실제로 미술사가 김동현도 8세기 이후 절강성 천태산에서 나한신앙이 성행하였고, 당시 절강성을 오가던 신라의 승려들에 의해 수용되어 한반도로 전래한 것으로 보고 있다.[31]

기록상 우리나라 사람으로서 최초로 석교에서 나한공차를 행한 사람은 신라의 도육(道育: ?~938)스님이었다. 이 스님에 대해 『송고승전(宋高僧伝)』에 자세히 나와 있는데, 그 내용을 대략 정리 소개하면 다음과 같다.

> 스님은 신라인이며, 892년(진성왕 6)에 천태산의 평전사(平田寺)[32]에 들어가 수행했다. 항상 자애로운 마음으로 대중들을 대했고, 늘 모국어로 말하며 지냈으며, 항상 앉아서 수행하고 결코 자리에 눕지 않았다. 목욕물을 준비하고 차 끓일 때 장작나무 속에서 굼벵이가 꿈틀거리는 것을 보면 먼 곳에 갖다 놓아주었다. 절의 여러 전각을 청소하고 주방에서 요리하는 일을 할 때는 자신은 늘 음식 찌꺼기로 공양하고, 좋지 않은 음식이 있으면 모아 놓았다가 자신이 먹었다. 또한 스님의 입는 옷은 헝겊을 주어다가 더덕더덕 기어 입으므로 적잖이 무거운 옷이었는데 스님은 매년 초여름부터 늦가을까지 해가 기울어 저녁 때가 되면 가슴과 배 장딴지

31 김동현(2022)『고려시대 나한상 연구』홍익대 석사논문, p.159.
32 平田寺—福田寺(東晉)—壽昌寺(985)—萬年寺(1104)

> 를 일부러 드러내 놓아 주린 모기, 등에 등 여러 벌레들에게까지 자애를 베풀었다. 어느 땐 곤충들이 깨물고 쏘아서 피가 흥건하게 흐를 정도였다. 이같은 보시행을 40여 년 간 거의 그친 적이 없었다고 한다. 언제나 손님들을 만나면 오로지 "이이(伊伊)!" 두어 마디만 할 뿐이었다. 중국말은 거의 통하지 않지만, 그 사람의 뜻을 알아차려 조금도 벗어나는 일을 하지 않았다. 스님의 모습은 정수리에 머리털이 드리우고 흰 눈썹 또한 더부룩하게 보였지만, 신이한 행적도 많았다. 어느 때는 몸에서 감적색(紺赤色) 사리가 나와 구슬 같았는데 사람들이 간혹 구하면 모두에게 나눠 줬다. 그는 938년(晋 天福3) 10월 10일 스님 방에서 입적했다. 이 때가 80여 세. 화장을 했는데 사리가 셀 수 없을 정도로 많이 나오고 혹 어떤 이는 큰 뼈를 얻기도 했다.[33]

이같은 행적을 가진 도육스님을 『송고승전』의 편자인 찬녕(贊寧: 919~1001)이 935년에 천태산 석량(石梁)에 있는 방광사(方廣寺)에 찾아간 적이 있는데, 그 때 도육스님을 만나 함께 지낸 적이 있었다. 아마도 그 때 그는 도육스님으로부터 강한 인상을 받았던 것 같다. 그 때의 경험을 『송고승전』에 다음과 같이 적어놓았다.

---

33 『宋高僧伝』 巻 23, 晉天台山平田寺道育傳: 釋道育。新羅國人也。本國姓氏未所詳練。自唐景福壬子歲來游於天台。遲回而掛錫於平田寺眾堂中。慈愛接物。然終不舍島夷。言音。恆持一缽受食。食訖略經行。而常坐脅不著席。日中灑掃殿廊料理常住得殘羡之食。雖色惡氣變收貯於器齋時自食與僧供湢浴煎茶。遇薪木中蠢蠢乃置之遠地。護生偏切。所服皆大布納。其重難荷。每至夏首秋末。日昳乃裸露胸背[月*坒]腨雲。飼蚊蚋虻蛭雜色蟲。螫嚙至於血流於地。如是行之四十餘載未嘗少廢。凡對晤賓客止雲伊伊二字。殊不通華語。然其會認人意且無差脫。頂發垂白眉亦尨焉。身出紺赤色舍利。有如珠顆。人或求之隨意皆獲。至晉天福三年戊戌歲十月十日。終於僧堂中。揣其年八十餘耳。寺僧[臼/丌]上山後焚之。灰中得舍利不可勝數。或有得巨骨者。

그림 5 천태산 방광사 석교

> 일찍이 입적하기 3년 전에는 석량(石梁)에 가회와 도육 스님이 함께 머문 적이 있었다. 보통 나한들에게 공양드리는 큰 재가 있는 날에도 도육은 식사를 하지 않았다. 그런데 사람들이 보니 도육이 나한들을 맞아들이는 모습이 보였다고 한다. 그때 사람들이 도육에게 "스님은 왜 전각 안에 들어가서 공양을 받지 않으십니까?"하고 물으니, 그냥 "이이(伊伊)"라고 하고 가 버리는 것이었다.[34]

이 부분의 기록은 매우 중요하다. 신라승려 도육은 천태산 석교 방광사에서 큰 재가 있는 날 나한을 맞이했다. 앞의 기록에서 보듯이 그는 오랫동안 평전사에서 항상 목욕물을 준비하고 차를 끓이는 일을 담당했다. 그러므로 그는 차를 달이는 일은 능숙하다고 할 수 있다. 이러한 그가 석교에서 나한들을 맞이하였다는 것은 그가 직접 나한공차의

34 『宋高僧伝』 卷 23, 晉天台山平田寺道育傳: 後唐清泰二年曾游石樑。回與育同宿堂內。時春煦亦燒榾柮柴以自熏灼。口中嘮嘮通夜不輟。或云。凡供養羅漢大齋日育則不食。人或見迎羅漢。時問何不去殿內受供。口雲伊伊去。

의례를 올렸다고 보아야 할 것이다. 이러한 점에서 신라의 도육스님은 한국인으로서 천태산 석교에서 최초로 나한공차를 행한 사람으로 기억될 만하다.

이같이 천태산으로 유학 간 한국의 승려들이 석교에서 나한공차를 올리듯이 그들이 귀국하면서 자연스럽게 천태산의 나한신앙과 더불어 나한공차도 전래하였을 가능성이 높다. 불교미술사가 정명희에 의하면 우리나라에도 나한공차가 전해졌다고 보았다. 그리하여 그것에 대해 다음과 같이 서술했다.

> 고려의 나한재 역시 나한을 봉청해 공양을 올리고, 여기에 반승(飯僧)이 수반되는 대규모의 의례였다. 그 내용과 절차는 『법원주림(法苑珠林)』 등에서 확인할 수 있다. 향을 피우고 나한을 청해 자리를 마련하고 목욕을 권하며 차와 음식을 올리는 법 등이 상세한데, 살아있는 성승(聖僧)에게 하는 것과 똑같은 공양법으로 진행해야 했다.[35]

그러나 현재 나한공차에 대한 흔적이 뚜렷하게 남아있지 않다. 현재 행하여지고 있는 의례 가운데 나한청(羅漢請)이 있다. 그 내용을 보면 먼저, 「보례진언(普禮眞言)」「제가 이제 한 몸에서 다 함 없는 몸을 내어 두루 계신 나한님께 일일이 절합니다(我今一身中 卽現無盡身 遍在羅漢前 一一無數禮)」라고 읽는 것에서 시작된다. 『천수경(千手經)』을 독송한 연후에 「거불(擧佛)」을 하는데, 내용이 「나무 일대교주 석가모니불

35 정명희(2019) 「고려시대 신앙의례와 불교회화 시론(試論)」 『美術史學研究』(第302號), 미술사학회, p.54.

그림 6 나한을 위해 찻잎을 갈아 말차를 만들고, 차를 화로로 끓일 준비하는 모습
〈남송의 임정규(林庭珪)・주계상(周季常) 작품 오백나한도/ 일본대덕사 소장〉

(南無 一代教主 釋迦牟尼佛) 남무 좌우보처 양대보살(南無 左右補處 兩大菩薩) 남무 16대 아라한성중(南無 十六大 阿羅漢聖衆)」라고 하여 석가모니와 좌우보처 보살, 그리고 16나한을 부르는 것이다. 그런 다음 16나한에 대한 설명이 있다. 그 내용을 소개하면 다음과 같다.

우러러 생각하옵건데, 십육나한님들은 석존입멸하신 뒤로부터 미륵이 하생하시기 전까지 열반에 들지 않으시고 오래도록 말세에 계시면서 그 덕화가 삼천대천세계에 두루 하신 몸을 백억 국토에 나뉘신다 하셨습니다. 때로는 높은 산 푸른 물에서 공의 도리를 관하면서 도를 즐기시고 때로는 큰 나라 작은 고을에서 중생을 위하여 이익을 주시옵니다. 공양

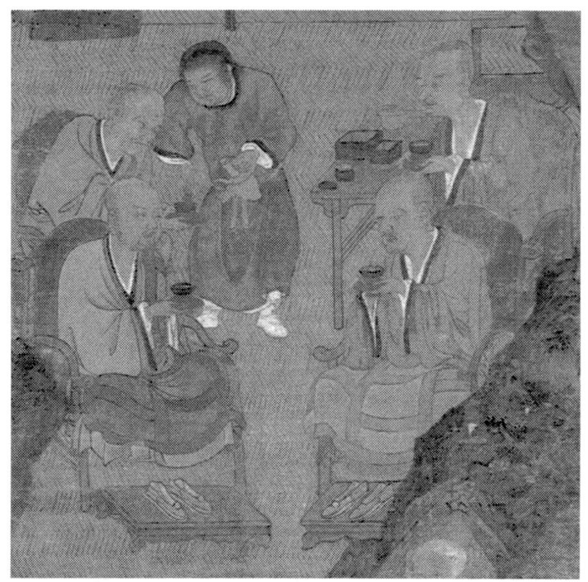

그림 7 나한에게 차를 접대하는 모습〈남송의 임정규(林庭珪) · 주계상(周季常) 작품 오백나한도/ 일본대덕사 소장〉

을 올리면 반드시 감응이 계시고 구하는 바가 있으면 모두 이루어 주신다 하였사옵니다.[36]

이상의 내용에서 보듯이 16나한은 석가모니 입멸한 후 미륵이 하생하기 까지 중생을 구하는데, 공양을 올리면 감응을 하고 구하는 바가 있으면 모두 이루어 준다고 했다. 마치 이 부분은 나한에게 차를 바치면 차 사발 안에 꽃을 피워 감응을 이루는 나한공차를 연상케 하고도 남음이 있다.

---

36 仰惟 十六聖衆者 牟尼滅後 慈氏生前 不就泥洹 長居末世 化遍三千之世界 身分百億之塵區 或在於 綠水青山 觀空樂道 或在於 千邦萬國 濟物利生 若伸供養之儀 必借感通之念 有求皆遂 無願不從.

그리고 16나한 청사(請詞)－향화청－가영(歌詠)－헌좌진언(獻座眞言)－정법계 진언을 거쳐「이제 감로의 차를 받들어 증명 전에 올리오니 간절한 마음을 살피시사 자비를 드리우사 감응하여 주옵소서(今將甘露茶 奉獻證明前 鑑察虔懇心 願垂哀納受 願垂哀納受 願垂慈悲哀納受)」[37]라는 내용의 헌다약게(獻茶藥偈)를 읽는다. 그리고 사다라니－예참－보공양진언－대원성취진언－보궐진언－보회향진언－정근 및 탄백－축원이라는 절차에 의해 진행된다. 또 임혜봉에 의하면 다음과 같은 16나한에게 올리는 헌다게가 있다고 한다.[38]

我今持此一椀茶　제가 이제 한 잔의 차를 가지고
變成無盡甘露味　더할 수 없는 감로의 맛으로 만들어
奉獻十六羅漢衆　십육나한님들께 봉헌하나니
不捨慈悲哀納受　버리지 말고 대자대비한 마음으로 받아주소서.[39]

이처럼 나한을 초청하여 차를 올리는 의식과 헌다게가 지금까지도 남아 진행되고 있다. 이러한 것들이 중국의 천태산에서 전래되었는지는 확실하지 않다. 그러나 그럴 개연성을 엿볼 수 있는 자료가 몇 가지 남아있다. 첫째는 사찰에서 나한을 모시는 전각은 응진전, 오백전, 독성각, 천태각이라고도 한다는 점이다. 이러한 일련의 명칭 가운데, 천태각이라는 것이 있으며, 그 안에 모셔져 있는 나한을「천태 나반존자」라 한다. 또 나반존자를 독성이라고도 하는데, 조선말기에 조성된 성

37 임혜봉(2005)『한국의 불교 茶詩』민족사, p.24에서 재인용.
38 임혜봉(2005), 앞의 책, pp.24-25.
39 임혜봉(2005), 앞의 책, pp.24-25에서 재인용.

주사 삼성각 「독성도」의 화면 향우측 상단에 「천태산상나반존자(天台山上那畔尊者)」라고 적혀 있다. 천태산에 계시는 나반존자라는 뜻이다.

그 뿐만 아니다. 천태독성에게 차를 올리는 다게도 있다. 그 내용을 소개하면 다음과 같다.

| | |
|---|---|
| 以此淸淨香雲味 | 이 맑고 깨끗한 향과 맛으로써 |
| 奉獻天台大法會 | 천태대법회에 봉헌하오니 |
| 鑑此檀那虔懇心 | 이 단나의 경건하고 간절한 마음을 살피시어 |
| 願垂慈悲哀納受 | 간절히 원하오니 대자대비하신 마음으로 받아들여주소서.[40] |

이상의 다게의 내용에서 보듯이 천태독성을 모신 자리를 천태대법회라고 하고 있다. 이처럼 우리의 나한 신앙의 원류와 의식이 천태산에서 비롯된 것임을 반증하는 자료로서 볼 수 있다.

둘째 그럴 가능성이 유호인(兪好仁: 1445~1494)의 「유송도록(遊松都錄)」에서 찾을 수 있다. 유호인은 1477년(성종8) 어느 날 개경에 있는 복령사를 방문하여 16나한을 본 적이 있다. 그 때 그는 다음과 같은 글을 썼다.

복령사(福靈寺)[41]에 들어가니 그윽하고 고요하여 마음에 들며 전(殿)에

40 임혜봉(2005), 앞의 책, p.26에서 재인용.

41 개성시 송악산(松嶽山)에 있었던 삼국시대 신라 시기의 사찰. 창건연대 및 창건자는 미상이나 『동국여지승람』에 기록된 박은(朴誾)의 시를 통해서 볼 때 신라시대에 창건되었고, 서천축국(西天竺國)에서 왔다는 불상이 있었음을 알 수 있다. 고려시대에는 숙종 때부터, 특히 고종 이후에 왕실의 보호를 받으면서 발전하였다. 숙종은 1100년(숙종 5) 8월에 이 절로 행차하였고, 고종은 1245년(고종 32)부

> 16나한(羅漢)의 소상이 있는데, 제작(制作)이 절묘하여 천태산에서 단식(斷食)하고 있는 형상과 흡사하다.[42]

여기서 보듯이 유호인은 복령사의 16나한상을 보았다. 그리고는 그 모습이 천태산에서 단식수행하고 있는 형상과 흡사하다고 했다. 다시 말해 당시 사찰에는 천태산을 배경으로 수행하는 16나한상이 적지 않았음을 보여주는 자료라 할 수 있다. 이같이 우리의 나한신앙은 천태산과 관계가 깊다.

셋째, 천태종 승려가 나한도를 보수하는 기록이 일찍부터 있었다는 점이다. 그 대표적인 예가 고려의 문인 임춘(林椿: 1149~1182)의 「묘광사십육성중회상기(妙光寺十六聖衆繪象記)」인데, 그 중에서 관련된 부분을 소개하면 다음과 같다.

> 천태상인(天台上人) 중에 계현(契玄)이라는 이가 주(州)의 묘광사(妙光寺)에 거처하였다. 내가 주(州)에 온 지 3년 만에 우연히 찾아가서 그를 만났는데, 오래된 전각 한곳에 성중(聖衆)의 회상(繪像)을 모신 곳이 있는데 단정하고 엄숙하여 실물과 흡사하게 보였다. 나는 절하고 바라보며 묻기

---

터 그가 죽은 1259년까지 매년 건성사(乾聖寺)와 함께 이 절에 행차하였다. 원종 또한 즉위 초부터 1268년(원종 9)까지 매년 이 절에 행차하였는데, 고종이나 원종이 주로 3월과 9월에 이 절에 행차한 것으로 되어 있어 왕실과 관련된 인물의 원당이 있었을 가능성이 크다. 그 뒤에도 충렬왕이 5번, 충숙왕이 2번, 충목왕이 1번, 공민왕이 5번 행차하였다. 이 중 충렬왕과 공민왕은 주로 공주와 함께 행차하였으며, 특히 공민왕은 1353년 4월과 9월에 공주와 더불어 불공을 드리기도 하였다. 폐사연대는 미상이나 『신증동국여지승람』에 기록되어 있는 조선 중기까지는 존립하였던 것을 알 수 있으며, 이 절에 관한 김극기(金克己) · 조위(曹偉) · 박은의 시가 전하고 있다.

42 『속동문선』(제21권) / 녹(錄)/ 「遊松都錄」.

를, "이것은 옛날의 걸작품이요, 오늘날 화공(畵工)이 모사하여 그린 것이 아닌 듯한데 어떻게 하여 당신의 방에 모시게 되었습니까?" 하니, 상인이 말하기를, "지난번에 어떤 중이 서울에서 함(函) 하나를 지고 와서 이 절에 두고 갔는데, 그 뒤에 그가 간 곳을 알 수 없고 그의 이름과 나이도 기억할 수 없게 되었습니다. 전하는 말에는 이 화상이 중국에서 우리나라에 들어와서 궁중에 모셨던 것이 세상에 흘러나와서 여기까지 오게 된 것이라 하는데, 오랜 세월을 지나는 동안 먼지가 묻고 좀이 먹어서 채색이 흐려지고 모양이 훼손되어 흐릿해져서 알아볼 수 없게 되었기에 내가 이 절을 맡아서 받들면서 처음으로 펴보고 한탄스러운 마음이 없을 수 없었습니다. 이에 믿음과 정성을 내어 특별히 그림 그리는 사람을 구하여 수선하고 보충하여 완전히 새롭게 하여 옛 모습을 다시 찾게 된 것입니다. 일이 다 끝난 다음에 아울러 깃발[幢幡]이며 책상을 마련하였고, 작은 종(鍾)과 반자(盤子)를 주조하기도 하고 나발(螺鈸)·기명(器皿) 등 불화를 모시기에 필요한 모든 기구를 이 절간 안에 받들어 두어 영원히 공양에 충당하게 하였으며, 또 약간씩 저축한 것을 가지고 해마다 봄 가을에 경건히 재연(齋筵)을 베풀어 이것으로 일정한 형식을 삼게 하였습니다. 이러한 좋은 인연으로 해서 우리 성상 폐하께서 모든 하늘의 보호하심을 받으시어 수명이 연장되시며, 국가의 기반이 영원 무궁해져서 변경(邊境)에 걱정이 없어져서 문관은 안일하며 무관은 쾌락을 누리고, 백성과 물건이 모두 평안하여 사시(四時)에 화기가 넘치며, 만리 밖에까지 문화가 교류되어 형언할 수 없는 태평을 얻기를 축원할 것입니다. 위에서 나를 보호하시는 은혜에 만 분의 1이나마 보답하기를 바랄 뿐입니다." 하였다.[43]

---

43 林椿의 「妙光寺十六聖衆繪象記」: 有天台上人契玄其名者。居州之妙光蘭若。

이 글에서 보듯이 묘광사에는 중국에서 전래된 16나한도가 있었는데, 이것이 너무나 오래되어 형태를 알아 볼 수 없을 정도로 훼손된 것을 안타까워 하다가 화공을 구해 정성스럽게 보수하여 옛 모습을 되찾았다는 내용이 서술되어있다. 그런데 이러한 보수 작업을 감행한 자가 천태상인 계현이다. 여기서 천태상인이란 천태종 승려이다. 이처럼 천태종은 나한신앙과 불가분의 관계에 있다.

넷째, 천태종과 나한과의 관계를 알 수 있는 또 하나의 자료는 이규보(李奎報: 1168~1241)의 의왕사(醫王寺)에 처음 창건된 「아라한전기(阿羅漢殿記)」이다. 그것과 관련된 부분만을 소개하면 다음과 같다.

> 이제 경사(京師)에서 몇 보(步) 떨어진 지점에 의왕사(醫王寺)라는 옛절이 있는데, 천태 노숙(天台老宿)인 혜발(惠拔)이 여기에 와서 거처하면서 낡은 것을 모두 수리하여 다시 새롭게 되었으니, 옛날 의왕사의 모습이 아니었다. 종문 상장 대선사(宗門上匠大禪師)인 각공(覺公)이 와서 놀면서 바야흐로 자씨전(慈氏殿)에 예불하려다가 오백 존상(五百尊像)이 흩어져서 먼지에 파묻히고 단청이 희미해진 것을 보고 발공(拔公)을 불렀다.

---

余至州三年。偶抵謁之。見一古殿。有聖衆繪像。端嚴逼眞。余拜瞻而問曰。此古盤礴之筆。非若今之畫工摸擬而爲者。胡爲於子之室乎。上人之言曰。先是有衲子。自京輦負一函而來。置此寺後。竟不知所之。其名氏與歲月則失焉。傳者以爲是像。自中夏至我朝。嘗安于大內。而流傳出於人間。乃至此也。多歷炎冷。塵昏蠹食。丹雘漫滅。形像缺毁。隱隱不可識矣。及貧道之管香火於玆宇也。始發而視之。不能無慨然之意。乃發信誠。特募工修補。使完而新之。頓還舊觀。功旣畢。兼備幢幡几案。或鑄小鍾。盤子螺鈸器皿凡百莊嚴之具。奉安于玆宇之內。永充供養。仍以衣鉢之儲。當每年春秋。虔設齋筵。以爲恒範。用此勝利因緣。祝我聖上陛下。受諸天覆護。壽籙增延。邦基有永。邊鄙無虞。文恬武嬉。民物擧安。調玉燭於四時。混車書於萬里。而得無象之大平矣。庶幾報在上者。庇己之恩於萬一耳。

> 그들은 함께 먼지를 떨어내면서 같이 울음을 터뜨리고, 존용(尊容)을 우러러 모시는 일에 마음을 같이하였다. 그들은 함께 유일(遺逸)된 것을 찾고서 그 찾아내지 못한 것을 헤아리니 대범 27탱화(幀畫)였다. 발공이 선사(禪師)에게 말하기를, "존상(尊像)이 여기에서 여러 해 동안 먼지에 파묻혀 있는 것을 여기에 상주하는 저희들로서 오히려 발견하지 못하였는데, 선사께서 비로소 발견하였으니, 이것은 어찌 기다림이 있어서 그렇게 됨이 아니리까?"하였다. 선사도 또한 한참 동안 한숨을 쉬었으며, 얼마 후에 화공을 모집하여 그려서 그 찾아내지 못했던 것을 보충하였다.[44]

이 글은 앞서 묘광사에서 보았듯이 오래되어 낡은 나한상을 수리한 이야기이다. 좀 더 구체적으로 말한다면 이규보가 방문한 의왕사가 오래되고 쇠퇴하여 거의 폐사에 가까웠으나, 승려 혜발이 이곳으로 와서 거주하면서 절을 수리하고, 흩어져 먼지 속에 파묻혀 있는 오백나한상을 한 곳에 모으고, 깨끗이 수리 보수하였다는 내용이다. 이같은 일을 한 혜발을 이규보는 천태노숙이라 했다. 즉, 천태종 원로라는 의미이다. 이처럼 천태종 승려들이 16나한도 및 오백나한상을 보수하였다는 것은 그만큼 천태종과 나한신앙은 두터운 관계에 있음을 보여주는 것이라 할 수 있다. 이같이 본다면 비록 기록은 없으나, 우리나라에도 송

44 이규보『동국이상국전집』(제24권) / 기(記).
今夫距京師若干步。有古殘寺。曰醫王。天台老宿惠拔來居之。悉修廢更新。非復舊醫王也。宗門上匠大禪師覺公來遊。方禮慈氏殿。見五百尊像散頓陬隙。黴侵塵蝕。丹靑漫暗。遂召拔公。相與拂拭。異眼而同泣。仰弔尊容。四手而一心。共尋遺逸。課其所未得。則凡二十有七幀也。拔公謂禪師曰。尊像之在此。歷祀爲塵埃所蔽。雖常住如吾輩者。猶不得而見之。至禪師始見而發之。此豈無待而然耶。禪師亦噓戲良久。尋募工繪畫。補其所未得者。

나라 때 중국 천태산의 나한공차의 의례가 전래되었을 것으로 추정되고도 남음이 있다.

그러나 차백희는 전해지지 않은 것 같다. 그렇다고 차백희(茶百戲)에 대해서 전혀 몰랐던 것은 아니다. 1809년 서유구의 형수인 빙허각 이씨의 『규합총서』에 차백희가 다음과 같이 소개되어있다.

> 설부(說浮)에 이르기를 차가 당(唐)에서 이르러 비로소 성하여 근세 차를 끓이매 달리 묘결이 있어 물형을 이루는 것이 있느니 새, 짐승, 벌레, 물고기, 꽃, 풀의 무리가 공교히 섬세한 구름 같으나 다만 경각에 흩어져 없어지니 이것이 차의 변화이므로 차백희(茶百戲)라 한다. 차이름은 옥선고(玉蟬考), 만감후(晩甘後), 냉면초(冷面草), 고구사(苦口師)라 한다.

이처럼 빙허각 이씨(憑虛閣 李氏: 1759~1824)는 차백희에 대해서 정확히 알고 있었다. 그러나 이것이 빙허각 이씨가 살았던 조선후기에는 없었다. 이미 그 시기는 말차시기가 아니다. 음다문화도 널리 보급되어있지 않았을 뿐만 아니라, 차를 마시는 계층들도 말차가 아닌 찻잎을 우려내어 마시는 전차문화이었다. 그러므로 말차를 차선으로 격불함으로써 일어나는 거품 위에 그려내는 차백희는 있을 수 없었다.

## 5. 일본 승려의 나한공차

9세기의 엔친 이후 천태산에 순례하거나 유학하는 일본 승려들은 천태산 석교에서 나한 공차를 행하는 것이 하나의 관례가 되어 있었다.

북송 때 천태산으로 간 일본승려 죠진(成尋: 1011~1081)이 있었다. 그는 1072년(熙寧5) 5월 일본 천태종 승려로 천태산에 가서 국청사(國淸寺)와 첨례나한도장을 참배했다. 그가 쓴 『참천태오대산기(參天台五台山記)』에 의하면 1072년 5월 13일 일기에 다음과 같은 내용이 적혀있다.

> 우선 국청사(国淸寺) 내 칙나한원(勅羅漢院)에 들어가 16나한의 등신목상(等身木像)과 오백나한의 3척상(三尺像)이 있었는데, 나한상마다 앞에 다기가 놓여 있었다. 사주(寺主)가 인도하여 사람들로 하여금 한사람 한사람씩 향을 태우고 예배했다. 감격의 눈물이 그치지 않았다.[45]

이 날 그의 일행은 겨우 천태산 국청사에 도착했다. 산문에 도착을 하자 국청사 관계자들이 마중을 나왔고, 그들의 안내를 받아 나한원에 들어갔다. 그 때 그는 16나한과 500나한 각각 한 분 한 분 앞에 다기가 놓여져 있는 것을 목격했다. 이 날만 하더라도 죠진은 나한에게 차를 바치는 행위는 하지 않았다. 그러나 5월 19일의 일기에는 석교로 가서 나한에게 차를 바쳤다. 그에 대해 그는 다음과 같이 적었다.

> 진시(辰時)에 석교(石橋)로 가서 차를 가지고 나한에게 공양하자 516잔이며, 금강영진언(金剛鈴真言)으로 공양했다. 지사승(知事僧)이 놀라 찾아와 말하기를 차에 8개의 연화문이 생겨났고, 500여잔에 담겨진 차에

---

45 成尋『參天台五臺山記』(卷1) 5月 13日: 先入勅羅漢院、十六羅漢等身木像 · 五百羅漢三尺像、每前有茶器。以寺主為引導人、一々焼香礼拝、感涙無極。

> 는 꽃무늬가 출현했다고 한다. 지사승이 죠진에게 합장 예배하더니 "소승은 진실로 알게 되었습니다. 나한이 출현하여 죠진대사의 다공(茶供)을 받고 이같은 상서로움이 나타났다고 말했다. 죠진이 곧 직접 확인하였더니 지사가 말한대로 이었다. 감격의 눈물을 흘리고 함께 합장하고 내려왔다.[46]

이처럼 이 날은 그의 일행은 선태산 석교에 가서 나한에게 차를 바치고 「금강영진언」을 외웠다. 그러자 차에는 8개의 연화문이 생겨났고, 500여잔에 꽃무늬가 생겨났다고 했다. 이에 놀란 중국의 지사승이 합장하여 인사했고, 이에 감격하여 감격의 눈물을 흘렸다고 기술했다. 이처럼 그는 천태산에서 나한공차를 행하였던 것이다.

이러한 체험을 1168년 천태산을 순례한 에이사이(榮西: 1141~1215)도 했다. 그는 천태산 순례는 두 차례나 있었다. 1차 입송(入宋)은 1168년 4월이었고, 2차 입송은 1187년의 일이다. 1차 천태산 순례는 일본 승려 초겐(重源: 1121~1206)과 함께 했다. 그 증거로 『원형석서(元亨釋書)』(권14) 「단흥(檀興) 동대사(東大寺) 초겐(重源)」 장에 "1167년(仁安2)에 바다를 건너 송나라에 들어갔다. 마침 에이사이를 사명(四明)에서 만나 천태산에 올라서 증병봉(蒸餅峰)의 아라한에 예배하였다."는 기록을 들 수가 있다.[47] 그러므로 그의 나한공차는 1차 입송 때 이루어졌다고 할 수 있다.

---

46 成尋『參天台五臺山記』(卷1) 5月 19日: 辰時、参石橋、以茶供養羅漢五百十六坏、以鈴杵真言供養。知事僧驚来告、茶八葉蓮華文、五百餘坏有花文。知事僧合掌礼拝。小僧寔知、羅漢出現、受大師茶供、現霊瑞也者。即自見、如知事告。随喜之涙、与合掌俱下。

47 코칸 시렌 저, 정천구 역주(2010), 『원형석서』 p.690.

그림 8 에이사이 선사

여기에 대한 자료가 몇 가지 있는데, 그것에 대한 서술이 자료에 따라 조금씩 다르다. 먼저 에이사이에게 보낸 허암회창(虛庵懐敞)[48]의 서찰이다. 허암은 에이사이가 천동사(天童寺), 천태산(天台山)에 유학 시 그의 스승이었다. 그의 서찰에 의하면 일단 에이사이의 업적을 칭송하고는 「이미 석교에 이르러 향을 피우고 차를 달여 5백 아라한에게 예를 올렸다」고 했다. 그와 유사한 내용이 에이사이가 저술한 『흥선호국론(興禅護国論)』에서도 찾아 볼 수 있는데, 그 내용을 소개하면 다음과 같다.

> 건도무자년(乾道戊子, 1168)에 천태산에서 노닐 때는 산천국토의 수승함과 도장의 청승함이 뛰어남을 보고 커다란 환희를 느꼈다. 그리하여

48 송나라 임제종 황룡파(黄龍派)의 선백(禅伯). 황룡하(黄龍下) 8世. 출생년, 출생지 미상. 천동산(天童山)의 설암종근(雪庵従瑾)의 법맥을 잇고, 천태산 만년사의 주지가 되었다. 그리고 일본에서 유학간 에이사이에게 훈도를 하다. 1189년(淳熙16)에는 천동산(天童山) 경덕사(景德寺) 23대 주지가 되었다. 에이사이도 그를 따라 가서 수행하여 1191년(紹熙2)에 인가를 받아 法嗣가 되었다.

> 정재를 희사하고 학문에 정진하는 수행승들에게 공양을 하고, 석교(石橋)[49]를 지나 향을 피우고 차를 끓여서 세상에 거주하고 있는 오백명의 대나한(大羅漢)들께 예를 올렸다.[50]

이상에서 보듯이 에이사이는 천태산의 자연환경을 보고 놀라고 도량의 청결함을 보고 감동하여 정재를 희사하고 학문에 정진하는 수행승들에게 공양한 후 석교를 지나 오백나한에게 차를 올리며 예를 올렸다고 했다.

여기서 주목할 만한 사항은 에이사이가 오백나한에게 차를 바칠 때 모습을 「차를 달인다(茶を煎じて)」는 표현이다. 이는 우려내는 엄다법이 아닌 달여 내는 전다법(煎茶法 또는 煮茶法)이다.[51] 이 때 에이사이는 송대의 엄다법의 차문화를 익히지 못하였으며, 당시 일본사원에는 당나라식의 끽다문화가 정착해 있었는 것을 나타내는 것으로 보인다. 즉, 이 때 에이사이가 나한에게 올린 차는 일본식의 다법으로 한 것으로 볼 수 있기 때문이다.

그의 나한공차는 『원형석서』에서는 앞의 것과 조금 다르게 다음과 같이 서술되어있다.

---

49 이 석교 옆으로 45장(丈)의 폭포가 있고, 다리아래 깊이는 어느 정도인지 측량이 어렵다. 석교의 길이는 4장5자(尺), 폭은 겨우 5촌(寸), 게다가 다리에는 이끼가 끼어 미끄러지기 쉬워 건너기 어렵다고 한다. 古田紹欽(1994) 『栄西 興禅護国論 · 喫茶養生記 禅入門〈1〉』 講談社, p.219.

50 『興禅護国論』巻中「第五宗派血脈門」:乾道戊子歳, 遊天台、見山川国土勝妙、道場清浄殊特、生大歓喜。嘗施浄財、供十方学般若菩薩。已而至石橋、拈香煎茶、敬礼住世五百大阿羅漢. 藤田琢司編(2014) 『栄西禅師集』 禅文化研究所, p.533.

51 市川白弦 · 入矢義高 · 柳田聖山(1972) 「興禅護国論(第五門)」 『日本思想大系14 中世禅家の思想』 岩波書店 1972年, 54頁.

> 무자년(戊子, 1168)에 천태산에 올랐을 때였다. 석교를 휘감아 도는 청룡을 보았고, 증병봉에서는 나한의 감응이 있었다. 이로 말미암아 차를 올리는데, 잔 속에도 기이한 꽃이 어리었다. 다시 명주로 돌아가 아육왕산에 이르렀는데, 거기서는 사리에서 빛이 뻗어 나오는 것을 보았다.[52]

여기서는 앞에서 볼 수 없었던 장면이 서술되어있다. 이들은 천태산의 「석량비폭(石梁飛瀑)」의 석교에서 청룡을 보고, 생신(生身)의 아라한이 응현하는 것을 느꼈으며, 또 에이사이가 차를 올리자 신이로운 꽃이 다완에 나타났다고 했다. 이처럼 일본 승려들은 천태산의 석교에서 나한에게 차를 올리면 찻잔에 영이로운 서상이 나타나며, 이것이 오백나한의 감응이라고 공통적으로 서술하고 있다.

그 이후에도 천태산 석교를 방문하여 나한에게 차를 올리는 승려가 있었다. 1199년(慶元五) 5월 일본 승려 슌조(俊芿: 1166~1227)[53]가 상선을

52 『元亨釈書』: 戊子歲、上台山、見青龍於石橋、感羅漢於餅峰。因而供茶異花現盞中。又返明州詣阿育王山見舍利放光。코칸 시렌 저, 정천구 역주(2010), 앞의 책, p.99.

53 가마쿠라시대(鎌倉時代) 전기 승려. 출자에 대해서는 미상. 히고(肥後国) 아키다군(飽田郡) 출신. 자는 아선(我禅). 호는 불가기(不可棄). 칙호는 대흥정법국사(大興正法国師), 시호는 월륜대사(月輪大師). 진언종 천용사파(泉涌寺派)의 종조이다. 1184년(寿永3) 18세 때 출가삭발하고, 그 이듬해인 1185년(文治元)에 다자이후(大宰府) 관세음사(観世音寺)에서 구족계를 받았다. 1199년(正治元)에는 송나라로 건너가 경산(徑山)의 몽암원총(蒙庵元総)에게 선(禪)을, 사명산(四明山) 경복사(景福寺)의 여암료굉(如庵了宏)에게는 율(律)을, 북봉종인(北峰宗印)에게는 천태교학을 배웠다. 12년 이후인 1211년(建暦元)에 일본에 귀국하여 북경율(北京律)을 일으켰다. 그에게 귀의한 우쓰노미야 노부후사(宇都宮信房)가 선유사(仙遊寺)를 기증하자, 그 절의 이름을 천용사(泉涌寺)로 바꾸고 재흥하기 위한 권진(勧進)을 행하였다. 고도바산황(後鳥羽上皇)을 비롯한 천황・귀족・무사 등 많은 신자를 얻었고, 그들로 부터 희사를 모아 당우를 정비하여 어원사(御願寺)가 되었고, 그 이후 천용사는 율(律)・밀(密)・선(禅)・정토(浄土)의 사종겸학(四宗兼学)의 도량으로 번성했다. 슌조의 전기로는 가마쿠라시대에 성립한 『불가기법사전(不可棄法師伝)』이 있다. 또 슌조는 서예가로서도 이름을 날렸는데, 그는

그림 9 순조선사 좌상(일본 교토의 천용사(泉涌寺) 소장)

타고 바다를 건너 상주(常州) 강음군(江陰軍)에 도착한 직후, 당시 수도 항주를 경유하여 천태산을 찾았다. 그리고 석교(石橋)의 오백나한에게 차를 공양하고서 사명(四明)의 설두중암(雪竇中巖)으로 향했다.[54] 그도 다른 승려들처럼 나한공차를 통해 나한의 영이로운 체험을 하였는지는 기록이 없어 알 수 없다.

그러나 이덕무(李德懋: 1741~1793)의 『청장관전서(靑莊館全書)』(64권)의 「청령국지(蜻蛉國志)」에 의하면 그는 「1199년(寧宗. 慶元5) 천태산에 오르고 경산사(徑山寺)에서 선요(禪要)를 받았으며, 1211년(嘉定4) 환국할 때에 불경 2천 1백 3권과 당(唐) 나라의 선일대사(禪日大師)가 그린 18나

송나라풍의 필체를 일본에 전하였다고 한다. 그리고 그의 필적으로는 『천용사권연소(泉涌寺勸緣疏)』와 『부법상(附法狀)』이 있다. 이것들은 국보로서 천용사가 소장하고 있다.

54 定源(=王招國(2013)「南宋における俊芿の行歴」『国際仏教学大学院大学研究紀要』(第17号), 国際仏教学大学院大学, pp.208-209.

한상(十八羅漢像)을 가져갔다」[55]는 내용이 있다. 이처럼 그도 중국의 나한상을 일본에 전한 사람이었다. 이를 보아 그도 선교를 방문하였을 때 나한공차를 행하였을 가능성은 높다.

1225년(寶慶1)에는 도겐(道元: 1200~1253)[56]이 천태산 만년사(萬年寺)를 찾았다. 한국 연구자 최석환은 도겐이 나한에게 공차를 했으며, 이것이 일본나한공차의 원류가 되었다고 하였으나,[57] 그 때 그가 천태산 석교에서 나한들에게 차공양을 올렸는지는 확실한 기록이 없다. 그러나

55 李德懋의『青莊館全書』(64권)「蜻蛉國志」:俊芿。飽田郡人。入宋時。寧宗慶元五年。登天台受禪。要於徑山寺。嘉定四年。還國。齎來佛經。凡二千一百三卷。唐禪日大師所畵十八羅漢像。

56 가마쿠라 초기의 선승. 일본 조동종의 개조. 시호는 불성전동국사(仏性伝東国師), 승양대사(承陽大師), 위는 희현(希玄). 1200년(正治2) 교토 귀족 쿠가(久我) 집안 출신. 부모에 대해서는 정호가하지 않다. 3살 때 부친을 8살 때 모친을 잃은 그는 13세 되던 1213년 외숙부였던 히에이잔 승려 로겐(良顕)을 찾아가고, 이듬해 히에이잔 계단원에서 천태좌주 코엔(公円)을 스승으로 출가하여 도겐(道元)이라는 이름을 얻고, 천태종 소속의 관승(官僧)으로서 본격적인 천태교학을 수학한다. 그러던 중 그의 일생을 바꾼 커다란 의문에 봉착한다. 그것은 천태교학에서는 모든 중생이 본래부터 불성을 구족하고 있다고 하는데(천태본각사상), 왜 삼세제불은 발심하여 깨달음을 얻기 위한 수행을 했는가라는 것이었다. 즉, 수행과 깨달음에 대한 불교 근본의 물음이었던 것이다. 그는 그러한 의문을 풀기 위해 히에이잔의 여러 학승들을 찾지만 만족할 만한 답을 얻지 못하고, 원성사(園城寺)의 고인(公胤:1145~1216)을 찾는다. 고인은 그의 물음에 답하지 않고 중국으로 건너가 선을 배울 것을 권한다. 그러나 그의 입송은 곧바로 이루어지지 못하고, 일단 당시 에이사이(栄西)가 건립한 건인사(建仁寺)로 들어가 에이사이의 수제자 묘젠(明全)에게서 선을 배운다. 그 후 1223년 24세의 나이로 묘젠과 함께 드디어 송나라로 향하여 명주에 도착한다. 그리고 천동산(天童山), 육왕산(育王山) 등의 사찰들을 역방하며 견문을 넓히다가 1225년 5월부터 조동종 선사 천동여정(天童如淨)의 문하로 들어가 엄격한 선수행을 지도 받는다. 약 3년여의 수행 끝에 스승의 인가를 받고 1228년 일본으로 귀국한다. 귀국직후 도겐은 켄닌지에 머물며 천동여정으로부터 배운 선을 적극적으로 설파하는데, 이 시기 '좌선이야 말로 불법의 정문(正門)이요, 대안락의 법문(法門)'이라고 강조하고, 좌선의 방법이나 마음가짐 등을 밝힌『보권좌선의(普勸坐禪儀)』를 저술하기도 했다. 그의 주요 저서『정법안장(正法眼蔵)』은 후세의 불교철학자들에게 크게 영향을 끼쳤다.

57 최석환(2022)「파야 선사 이후 한국으로 이어진 천태산의 차맥」『파야 선사 이후 천태차맥의 재발견』〈제3회 천태지관차법전승학술대회자료집〉, p.23.

그림 10 도겐선사

그도 같은 경험을 하였을 것으로 보이는 간접적인 자료가 있다. 그것이 그가 쓴 「십육나한현서기(十六羅漢現瑞記)」이다. 그것에 의하면 1249년(寶治3) 정월 1일 길상산 영평사(永平寺)에서 16나한의 공양회를 가졌다. 이 때 목상과 화상의 나한 및 그 밖의 성상들이 방광을 일으키며, 공양을 받았다고 하면서, 대당에는 천태산에 오백나한이 있다면, 일본에는 이곳 산중 영평사에 있다고 했다. 이처럼 천태산의 나한공차는 일본 선종사원에 전래되어 활용되었음을 알 수 있다.

또 1252년에 송으로 건너갔던 무조 죠쇼(無象静照=法海禅師: 1234~1306)[58]

58 가마쿠라시대 임제종 승려. 법해파(法海派)의 개조. 가마쿠라 출신. 호조 토키요리(北条時頼)의 근친자(近親者)이다. 처음에는 동복사(東福寺)의 엔니(円爾)에게 배웠고, 1252년(建長4) 엔니의 추천으로 에 중국(宋)의 경산(徑山)으로 들어가 석계심월(石渓心月)에게 참하고, 그 법을 받고서 아육왕산의 지객이 되어 허당지우(虚堂知愚)에게 수시(隋侍)하다 1265년(文永2) 귀국하여 가마쿠라 건장사(建長寺)의 난계도융(蘭渓道隆)의 문하에 있었다. 그 후 야마시로(山城)의 불심사

는 1262년(景定3)에 석교에 올라 나한공차를 행하였다. 그리고는 다음과 같은 시를 남겼다.

其一

崎嶇得得爲煎茶　가파른 길을 오르며 차를 달이니,
五百聲聞出晩霞　오백 나한[59]이 저녁노을에 나타나누나.
三拜起來開夢眼　세 번 절하여 꿈속[60]에서 깨어나니,
方知法法總空花　비로소 모든 법이 빈 꽃[61]임을 아네.

其二

瀑飛雙澗雷聲急　폭포가 장엄한 쌍간(雙澗)[62]에 물소리가 우렁차
雲斂千峰金殿開　봉우리마다를 덮은 구름이 금빛 절처럼 피어나네
尊者家風只如是　존자[63]의 가르침이 다만 이와 같아서

---

(仏心寺), 가마쿠라에 용화산진제정사(龍華山真際精舍)를 창건하고, 소슈(相州)의 법원사(法源寺)에 주석했다. 1277년(建治3) 하카다(博多) 성복사(聖福寺)에 진산(晋山)하였고, 이 때 히타치(常陸)에 홍선사(興禅寺)를 개창했다. 가마쿠라로 돌아와 、진제암(真際庵)에 거처했고, 가마쿠라에 정지사(浄智寺)를 개창하고, 진제암은 이전하여 본암(本庵)으로 했다. 그리고 진제암 터에 가마쿠라 대경사(鎌倉大慶寺)를 열었다. 1289년(正応2) 단바(丹波)의 보림사(宝林寺)의 개산이 되었다. 1290년(正応3) 교토의 불심사(仏心寺), 1299년에는 사가모대경사(相模大慶寺)에 있다가 가마쿠라 정지사의 주지가 되었다. 1306년(嘉元4) 5월 정지사 진제암에서 입적했다.

59 聲聞: 범어로는 śrāvaka, 빠알리어는 sāvaka. 연각(緣覺) · 보살(菩薩)과 함께 삼승(三乘)이라고 한다.

60 夢眼: 꿈의 시각을 의미. 이는 상상이나 꿈속에서 보는 것을 가리키는 말임.

61 空花: 空華로도 표현함. 눈의 장애로 말미암아 생기는 허공의 꽃. 없는 것을 있는 것으로, 관념을 실재하는 객관 대상으로, 고유한 실체가 없는 것을 실체가 있는 것으로 보는 착각 · 환상 · 편견 등을 비유함.

62 天臺山의 한 절경의 지명. 清 건륭(乾隆)황제가 정해준 천대십경도(天臺十景圖) 가운데 석량비폭(石梁飛瀑)이 있음.

63 산스크리트어 āyuṣmat. 수행이 뛰어나고 덕이 높은 수행자를 일컫는 말. 변계량

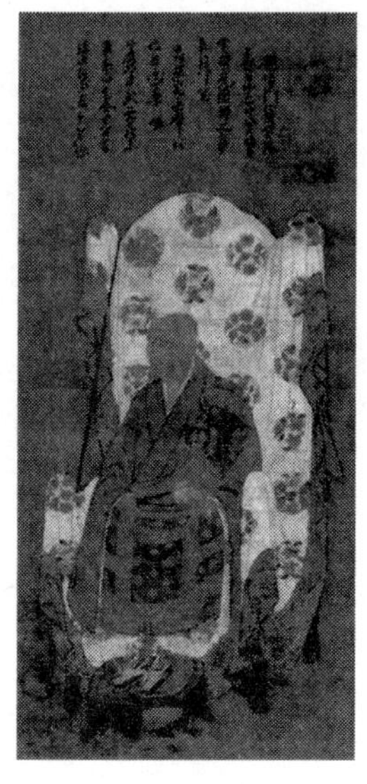

그림 11 孤峰覚明 진영(向嶽寺 소장)

何須賺我東海來　어찌 마침내 나를 속여 동해에서 오게 했구나

이 시를 지은 무조(無象)는 일본 동복사(東福寺)의 엔니(円爾)의 제자이다. 엔니 또한 송으로 건너가 여항의 경산사(徑山寺) 무준사범(無準師範)을 찾아가 유학한 경험이 있다. 무쇼도 스승이 유학한 경산사를 찾아가 그곳의 석계심월(石渓心月: ?~1255)문하에서 유학하여 그의 법을 계승하였다. 그러한 그가 천태산을 순례했다. 그리고 천태산 석교의 가파른 길을 올랐을 때 저녁이었다. 그 때 차를 달여 오백나한에게 차를 올리고, 3배를 올렸더니 모든 법이 공이라는 것을 깨달았다. 그 때 무쇼가 본 석교 밑으로 떨어지는 폭포수는 천둥소리와 같이 우렁찼고,

---

(卞季良)의 시 「登聖居山金神寺」에 「佛古稱尊者 山靈號聖居」라 읊은 구절이 있음.

그림 12 석량비폭(방광사의 석교 폭포)

봉우리마다 걸린 구름이 마치 금빛 절과 같이 펼쳐져 있었다. 이러한 것이 나한들의 가르침이 있어서 동쪽에 있는 일본에서 자신을 오게 하였다고 노래하였던 것이다.

그 후 고호 가쿠묘(孤峰覺明: 1271~1361)[64]도 1311년(応長1) 원나라로 건너가서 천태산 참배하고, 석교에서 오백나한 모두에게 헌다하고자 발

64 가마쿠라시대 후기에서 남북조시대(南北朝時代)에 걸쳐 활약한 임제종 승려. 속성은 다이라씨(平氏). 위(諱)는 각명(覚明). 도호(道号)는 고봉(孤峰). 무쓰(陸奥)의 아이즈(会津) 출신. 7세 때 출가. 히에잔(比叡山) 연력사(延暦寺)에서 수계하고 천태교학을 배웠다. 교외별전(教外別伝)의 선종(禅宗)이 있다는 것을 알고, 기이(紀伊)의 흥국사(興国寺)에서 입송 유학한 신치 가쿠신(心地覚心)에게 참선하였고, 그 후 데바(出羽)의 고려 출신 료젠 호묘(了然法明)、나스(那須) 운암사(雲岩寺)의 고호 켄니치(高峰顕日)、하카다(博多) 숭복사(崇福寺)의 난포 쇼메이(南浦紹明)에게 사사하며 본격적인 선종을 배웠다. 1311년(応長元)에 중국(원)에 건너가 천목산(天目山)의 중봉명본(中峰明本) · 고림청무(古林清茂) 등에게 참선을 한 후 귀국했다. 가마쿠라(鎌倉) 건장사(建長寺)의 난포 쇼메이 · 노토(能登) 영광사(永光寺)의 케잔 죠킨(瑩山紹瑾)에게 사사를 받은 후 이즈모(出雲)에 운수사(雲樹寺)를 열었다. 가마쿠라막부(鎌倉幕府)에 거병하여 호오키(伯耆) 센죠산(船上山)에 있던 고다이고천황(後醍醐天皇)과의 교류를 하였고, 1335년(建武2)에 국제국사(国済国師)라는 호와 천장운수흥성선사(天長雲樹興聖禅寺)라는 편액을 받았다. 그 후 교토(京都) 남선사(南禅寺)에 초청되었으나 거절하고, 기이(紀伊)로 가서 흥국사(興国寺)를 재흥하고, 다시 교토로 가서 묘광사(妙光寺)의 주지가 되었다. 1347년(正平2/貞和3) 남조(南朝)의 고무라가미천황(後村上天皇)에게 의발계법(衣鉢戒法)을 하고, 삼광국사(三光国師)라는 호를 받았다.

원하고, 400잔을 바쳤을 때에 서화(瑞花)를 감득하고, 석교를 건널 수 있었다고 한 바가 있다.[65] 이와 같이 나한공차는 천태산을 순례하는 일본승려들에게는 하나의 관례로 되어있었다.

## 6. 천태 나한공차의 의의

이상에서 보았듯이 천태산 석교의 나한공차는 오랜 역사를 지녔다. 그것의 발생지는 천태산 석교가 있는 방광사이었다. 그곳은 오백나한 신앙이 강한 곳이다. 일본 승려 엔친의 기록이 증명하듯이 그것의 발생은 당나라 때 시작되어 송나라 때 꽃을 피운 불교의례이다. 이곳에 고려와 일본의 승려들이 유학함으로써 천태의 나한공차는 자연스럽게 한국과 일본에 전래되었다.

하시모토 모토코(橋本素子)에 의하면 나한공차가 일본에서 행하여진 것은 11세기 이후라고 한다.[66] 그 계기가 된 것은 천태산을 순례하고 돌아온 초넨(奝然: 938~1016)이 중국에서 가지고 온 16나한회상이다. 아마도 그는 16나한회상과 함께 천태산에서 행하여지고 있는 나한공차를 전래하였던 것 같다. 그 증거로 『소우기(小右記)』에 의하면 그의 든든한 후원자이었던 후지와라 미치나가(藤原道長: 966~1028)[67]가 1019년

---

65 『孤峰和尙行實』(『續群書類從 第9輯下 傳部』).

66 橋本素子「やさしい茶の歷史(五)」, https://company.books-yagi.co.jp/archives/8099.

67 헤이안시대의 귀족이자 정치가. 그의 딸 4명이 천황과 혼인하였고, 천황 3명의 외조부로 당시 일본의 최고실권자였다. 헤이안시대의 섭관 중 가장 영화를 누렸던 인물이다.

(寬仁3) 6월 9일에 나한공차를 행하고 있기 때문이다.[68] 그러므로 일본의 나한공차는 천태산에서 유학(또는 순례)하고 귀국한 승려들에 의한 전래임에 틀림없다.

나한공차가 기록상으로 본격적으로 보이기 시작하는 것은 12세기부터이다. 그 첫 사례는 다이라노 노부노리(平信範: 1112~1187)의 일기 『병범기(兵範記)』의 1152년(仁平2) 10월 12일 조 기사이다. 그것에 의하면 장소는 헤이안쿄(平安京) 고양원(高陽院)이었다. 이 때 그곳은 도바(鳥羽: 1103~1156) 천황의 비인 후지와라노 야스코(藤原泰子: 1095~1156)의 저택이었다. 본체 중앙에 석가삼존의 그림을 걸고, 그것의 좌우에 나한상 그림을 걸었다. 그리고 그 앞에는 검게 옻칠한 단을 설치하고, 그 위에 찬물(饌物) 각 9선(膳), 모두 18선을 올렸다. 그 선(膳)에는 밥과 국 등과 함께 끓인 차(茶煎)가 있었다. 그리고 그 단 밑에는 다병(茶瓶) 하나와 두건이 놓여져 있었다. 이처럼 일본에서는 12세기에 접어들어 본격적으로 나한공차가 행해진 것으로 보인다.

그러나 한국의 경우 그것보다 훨씬 이전에 전래되었을 것으로 보인다. 왜냐하면 그것을 받아들일 수 있는 기반이 오래전에 형성되어있었기 때문이다. 나한신앙의 첫 기록은 『삼국유사』의 「가락국기(駕洛國記)」이다. 수로왕이 도읍을 정한 뒤 "산천이 빼어나서 가히 16나한이 살 만한 곳이다."라고 한 것이다. 통일신라 때에는 보천(寶川)이 오대산에서 수행할 때 북대(北臺)의 상왕산(象王山)에 석가여래와 함께 오백 대아라한이 나타났다고 하며, 그가 임종 전에 북대의 남쪽에 나한당(羅漢

68 山口啄実(2020) 「日本中世の羅漢信仰―その受容と伝播―」 『文学研究紀要』(65), 早稲田大学大学院文学研究科, pp.404-405.

堂)을 두어 원상석가(圓像釋迦)와 검은 바탕에 석가여래를 수반으로 오백나한을 그려 봉안했다는 기록이 있다.

고려 때는 923년(태조 6) 태조가 양(梁)나라에 보냈던 사신 윤질(尹質)이 오백나한상을 가지고 귀국하자 해주 숭산사(崇山寺)에 봉안하게 하였고, 그 뒤에  고려왕실에서는 나한재(羅漢齋)를 자주 베풀었다. 1053년(문종7) 9월에는 문종이 신광사(神光寺)에서, 1090년(선종 7)에는 선종이 삼각산 신혈사(神穴寺)에서 오백나한재를 베풀었고, 1098년(숙종 3)에는 숙종이 외제석원(外帝釋院)과 왕륜사(王輪寺)에서 나한재를, 이듬해 4월에는 보제사(普濟寺)에서 오백나한재를 베풀었다.

그 뿐만 아니라 그 뒤에도 나한재는 이어졌다. 1102년(숙종 7)에는 숭산 신호사(神護寺)에서 오백나한재를 베풀었고, 1166년(의종 20)에는 의종이 보제사 나한전에서 1만 등을 밝혔으며, 이듬해에는 금신굴(金身窟)에서 나한재를, 1169년(의종 23)에는 의종이 친히 축문을 써서 산호정(山呼亭)에서 나한재를 베풀었다. 그 이후 1173년(명종 3)에는 명종이 외제석원에서 나한재를 베풀었고, 1176년에는 왕륜사(3월)와 보제사(4월)에서 오백나한재를, 1177년에는 외제석원과 왕륜사에서 나한재를, 1178년에 3월에 보제사에서 오백나한재와 4월에 왕륜사에서 나한재를 베풀었다. 이처럼 한국의 나한신앙은 고대로부터 통일신라와 고려에 이르기 까지 성행하였다. 더구나 고려시대에는 특히 차문화가 발달해 있었다. 그러므로 사원에서 나한신앙과 함께 거듭되는 나한재의 공물로서 차가 빠질 수 없다.

이러한 환경을 가지고 있는 한국으로서는 실제로 많은 승려들이 천태산을 유학했다. 그뿐만 아니라 중국을 다녀온 대각국사는 고려 천태종의 개조가 되었다. 이러한 승려들의 활약으로 나한에게 차를 올리는 의례가 정착되었을 것이다. 그 결과가 오늘날까지도 행해지고 있는 나한의례로서 남아있다고 생각된다.

# 천태로 간 해동고승

## 1. 천태로 간 신라의 승려들

중국 절강 천태산 국청사에는 한국과 일본의 조사당 및 기념비가 많이 있다.

1995년 한국불교 천태종이 이곳에 우리나라에서는 처음으로 「중한천태종조사기념당」을 세우고(관음전 좌측), 「대각국사기념탑」과 「상월대사공덕비」 및 「중한천태종창덕비」를 세웠다. 그리고 전각에는 중앙에 천태지자대사, 우측으로 대각국사, 좌측으로 상월조사가 모셔져 있다. 이는 우리나라 법화천태사상이 이곳에서 시작되었음을 알려주는 상징물이라 할 수 있다.

이러한 데는 천태산으로 유학한 우리나라의 승려들이 많았다는 것도 의미하는 것이기도 하다. 그렇다면 이곳에 유학한 우리나라 승려에는 어떤 사람들이 있을까? 여기에 대해서는 이미 1장에서 삼국시대의 승려로서 백제의 현광, 고구려의 파약, 그리고 신라의 연광이 있다고 밝혔다. 국청사 조사당에 백제 현광과 의통 보운존자의 진영이 모셔져 있었다고 하나 지금은 보이지 않는다. 이번에는 그 이후 통일신라와 고려시대의 승려들을 중심으로 천태 유학승에 대해 살펴보기로 하자.

### (1) 무명의 승려들

태주(台州)에서 나온 향토지에 천태산 대자사(大慈寺)의 법조(法照: 747~821) 스님이 지었다는 「신라로 돌아가는 선사를 보내다(送禪師歸新羅)」라는 시가 있다. 여기서는 신라승이 어떤 사람인지 알 수 없다. 혹자는 이 시를 「신라로 돌아가는 무착선사를 보내다(送無著禪師歸新羅國)」

라고도 한다. 만일 그것이 사실이라면 신라승은 무착선사가 된다.

| | |
|---|---|
| 萬里歸鄕路 | 고향으로 가는 길은 만리나 먼데 |
| 隨緣不算程 | 인연 따라가며 일정 아니 따지네 |
| 尋山百衲弊 | 산 찾느라 가사 백 벌 모두 해졌고 |
| 過海一杯輕 | 바다를 건너가는 배는 가볍네 |
| 夜宿依山色 | 구름에 기대어서 밤에 잠자고 |
| 晨齋就水聲 | 물소리 듣고 새벽 재계하리라 |
| 何年持貝葉 | 어느 해에 패엽경을 몸에 지니고 |
| 却到漢家城 | 삼한 나라 성에 문득 도달하려나.[1] |

이 시의 주인공 무착선사는 아마도 8세기경 입당하여 동오(東吳)지역을 중심으로 구법한 승려이다. 개원 5년(717)에 중인도(中印度) 사문 선무외(善無畏)가 장안(長安) 보리원(菩提院)에서 『허공장보살능만제원최승심다라니구문지법(虛空藏菩薩能滿諸願最勝心陀羅尼求聞持法)』 1권을 번역하였는데, 무착이 이를 필수하였다고 전해진다. 그가 귀국할 때 정토종의 4조 법조(法照)가 송별하는 시를 지어 준 것이 이상의 시이다.[2] 이 시는 내용상으로 보아 무착선사가 천태산을 순례하고 귀국하였던 것 같다. 그 때 이별의 아쉬움을 노래한 것이다.

신라 유학승들 가운데 이름을 남긴 사람보다 남기지 않은 사람들이

1 『해동역사』(제50권) / 예문지(藝文志) 9/중국시1/ 우리나라 사람에게 주거나 화답한 시 및 우리나라로 나오는 사신을 전송한 시/한국고전 綜合 DB.

2 조영록(2007) 「도해 구법승의 강남 각지의 발자취」 『8~10세기 신라무역선단과 강남』 재단법인 해상왕장보고기념사업회, p.131.

더 많았을 것이다. 당나라 시인 양기(楊夔: ?~?)의 「천태산을 유람하러 가는 신라승려를 전송하다(送新羅僧遊天台)」는 시에서 나타나는 신라승려도 그러한 사람이었다. 양기는 신라승을 다음과 같이 묘사했다.

| | |
|---|---|
| 一甁離日外 | 병 하나 차고 멀리 떠나가면서 |
| 行指赤城中 | 적성을 가리키며 길을 가누나. |
| 去自重雲下 | 갈 적에는 겹친 구름 속에서 가고 |
| 來從積水東 | 올 적에는 푸른 바다 동쪽에서 왔네 |
| 攀蘿躋石徑 | 덩굴 잡고 돌길을 올라갈 거고 |
| 挂席憩松風 | 돛 올린 채 솔바람을 맞으며 쉬리 |
| 回首鷄林道 | 머리 돌려 계림 가는 길 바라보면 |
| 唯應夢相通 | 오로지 꿈에서나 서로 통하리.[3] |

이 시는 『전당서』(권763)에 수록된 시이다. 이 시에서 보듯이 양기가 만난 신라승은 허리에 병 하나를 찬 모양이다. 그는 천태산으로 가기 위해 적성이 있는 곳을 손을 가리키며 길을 떠났다. 적성은 천태산 남쪽에 있는 산이다. 그곳에 도착하면 천태산은 거의 다다르게 된다. 신라승은 그곳을 통해 천태산으로 갔던 것이다.

또 장적(張籍: 768~830)[4]이 남긴 시 중 「해동의 중에게 주다(贈海東僧)」

---

3 『해동역사』(제50권) / 예문지(藝文志) 9/중국시1/ 우리나라 사람에게 주거나 화답한 시 및 우리나라로 나오는 사신을 전송한 시/한국고전 綜合 DB.

4 자(字)는 문창(文昌)으로 소주인(蘇州人)이다. 한유(韓愈)의 후원으로 정원(貞元) 15년(799)에 진사가 되어, 태상시태축(太常寺太祝), 비서랑(秘書郞), 국자박사(國子博士) 등에 제수되었다. 당시 '장수부(張水部) 또는 장사업(張司業)이라 칭하였는데, 악부시에 뛰어나 왕건(王建)과 함께 장왕악부(張王樂府)라고 칭하

라는 시에서도 신라승려들이 나타난다.

別家行萬里　　집 떠나 만 리나 먼 중국 와서는
自說過扶餘　　부여 나라 지나왔다 말을 하누나.
學得中州語　　중국 나라 말 배워서 할 수가 있고
能爲外國書　　외방 나라 글씨까지 쓸 수가 있네.
與醫收海藻　　의원들과 함께 바다 풀 채집하고
持咒取龍魚　　외뿔소 뿔 가지고서 용어를 잡네.
更問同來伴　　내 다시금 묻노니 함께 온 이들
天台幾處居　　천태산 몇몇 곳에 살고 있는가.[5]

장적이 만난 신라승은 중국어도 능숙했다. 신라에서 출발하여 부여를 지나 중국으로 갔다. 그는 천태산에 유학을 하였는데, 이 시의 마지막 부분에서 보듯이 그와 함께 천태산에서 유학하는 신라승들이 한 두 명이 아니었던 것 같다. 이처럼 천태산은 다수의 신라승려들이 유학했던 곳이었다.

### (2) 법융(法融) · 이응(理應) · 순영(純英)

법융(法融) · 이응(理應) · 순영(純英) 이 세 스님은 『불조통기(佛祖統紀)』(제7권)에 「좌계존자현랑(左溪尊者玄朗)」조에 「신라전도자 법융 · 리응 · 순영(新羅傳道者 法融 理應 純英)」이라는 구절이 있다. 즉, 천태종 5

기까지 하였다.

5 『해동역사』(제50권) / 예문지(藝文志) 9/중국시1/ 우리나라 사람에게 주거나 화답한 시 및 우리나라로 나오는 사신을 전송한 시/한국고전 綜合 DB.

조 좌계현랑(左溪玄朗: 673~754)[6]의 제자라는 것이다.

담수(曇秀)[7]의 『인천보감(人天寶鑑)』에 의하면 좌계현랑은 오상(烏傷) 사람으로 천궁사(天宮寺) 혜위(慧威)법사에게 불법을 배워 종지를 얻고 바위산 골짜기에 숨어 살았는데, 원숭이가 열매를 따가지고 와서 발우에 바치기도 하고 날아가던 새가 와서 법문을 듣기도 하였다. 비구에게 필요한 열 여덟 가지 물건만을 가지고 12두타(十二頭陀)를 행하면서 30년을 이렇게 살았으며, 세세한 수행과 몸가짐까지도 모두 계율을 따랐다. 이화(李華: 당나라 문인)는 스님에 대해 이렇게 말하였다.

"누구에게 선법을 전해 준 적도 없고 세상에 모습을 보이지도 않았으며, 계율을 청정히 지켜 흠이 없었고 외모에 신경 쓰지 않았다. 경을 강의

6 현랑은 현재 절강성 의오(義烏) 출신. 속성은 부(傅)씨. 모친 갈(葛)씨가 양이 끄는 수레를 타고 허공을 나는 꿈을 꾼 뒤 태기가 있었고, 오신채와 고기를 일체 금했다. 그는 20세 때 동양현(東陽縣)의 청태사(淸泰寺)에 머물며 광주(光州)의 도안(道岸)율사에게 구족계를 받고 율의를 익히고 돌아왔다. 그 이후 회계산(會稽山) 묘희사(妙喜寺)의 인종(印宗)선사, 동양현 천궁사(天宮寺)의 혜위(慧威)에게 교설을 배웠다. 그는 세속과 교유하기를 싫어하여 무주 포양(浦陽)의 깊은 산 좌계암(左溪巖)에 거처를 마련하여 지냈다. 당 현종의 개원16년(728), 무주 자사 왕정용(王正容)이 현랑에게 수차례 설법을 청하여 마지못해 잠시 산을 내려와 성 아래 머물렀으나 곧 병을 핑계 삼아 되돌아왔다. 그는 주로 『법화경』을 강의했다. 그가 입적한 후 한 승려가 사리를 감추어 두었다가 973년에 천태산 동남쪽에 탑을 다시 세워 안치하였다.

7 복주(福州) 복청(福淸) 사람으로 대혜종고(大慧宗?, 1089~1163)·불조덕광(佛照德光, 1121~1203)·절옹여염(浙翁如琰, 1151~1225)·언계광문(偃溪廣聞, 1189~1263)으로 내려오는 양기파의 한 맥을 잇는 인물이다. 스님은 원래 유학을 익히다가 발심 출가하였고, 경산사(徑山寺)에서 서기소임을 본 일이 있으며, 가정(嘉定, 1208~1224) 연간에는 보령사(保寧寺)에 머물다가 1263년 경산사로 돌아왔다. 태주(台州) 임해(臨海) 사람으로 속성은 진씨(陳氏)다. 어려서 경산사(徑山寺)에 출가하여 소경율사(昭慶律寺)에서 구족계를 받고 임제종 양기파 축원묘도(竺元妙道, 1257~1345) 스님의 법을 이었다. 세상에 나가기를 싫어하여 행각과 안거로 일관한 삶을 살았다. 홍무 7년(1374)에는 일본의 초청에 응하라는 나라의 명을 사양하고 천동사로 돌아가서 이때 『산암잡록』을 집필하였다.

해도 대중이 많기를 기대하지 않았으며, 고단한 줄 모르고 학인을 지도했다. 구석진 집에 살면서 두 가지 반찬 있는 밥을 먹지 않았다. 경전을 공부할 때 말고는 밤에 등불을 켜지 않았고, 낮에도 부처님 상호를 우러러 예불할 때 말고는 한 발짝도 쓸데없이 걷지 않았다. 가사 한 벌로 40년을 지냈고 깔방석 한 장을 죽을 때까지 갈지 않았다. 이익 때문에는 한마디도 법문한 적이 없고, 터럭만큼도 불법을 위한다는 명목으로 재물을 받은 일이 없는 분이다."라고 했다.

그러나 같은 책인 『불조통기』(卷第五十)에서도 앞의 것과 약간 다른 기술이 보인다. 즉, 「권50」에 조대제(晁待制)가 쓴 『인왕반야경소(仁王般若經疏)』의 서문이 수록되어있는데, 그것에는 「형계의 때에 신라에서 온 학승이 있었는데 법융 · 리응 · 순영(荊溪之世，有新羅來學者，曰法融、理應、純英)」이라고 되어있기 때문이다.

이를 토대로 조선후기 역사학자 한치윤(韓致奫: 1765~1814)은 그가 지은 『해동역사(海東繹史)』에서 천태산 불교와 우리의 관계를 이렇게 정의했다.

조열지(晁說之)의 『반야경소(般若經疏)』 서문에 이르기를, "진(陳)나라에서 수(隋)나라로 넘어오는 사이에 천태산의 지자대사가 멀리 용수(龍樹)에게 연원(淵源)을 대어 하나의 대교(大教)를 세웠는데, 아홉 번 전하여 형계(荊溪)에 이르렀고, 형계가 다시 전하여 신라에 이르러서 법융(法融), 이응(理應), 순영(純英)에게 전하였다. 그러므로 이 가르침이 일본에 전파되어 해외에서 성하여졌다."하였다.[8]

그림 1 지자육신탑에 봉안된 형계담연
(荊溪湛然: 711-782)

이 글은 『석문정통(釋門正統)』을 그대로 인용한 것이다. 그가 이 글을 통하여 우리에게 전하고자 한 것은 천태지자가 정립한 천태불교가 9조인 형계존자(荊溪尊者) 담연(湛然)을 통해 신라의 법융, 이응, 순영에게 전해졌으며, 그것이 다시 일본에도 전파되어 천태불교가 해외에서도 성행하게 되었다고 했다. 즉, 이들의 스승은 형계담연(荊溪湛然: 711~782)으로 보고 있는 것이다.

그 이후 경성제국대학에서 조선의 사상사를 강의했던 다카하시 도오루(高橋亨: 1878~1967)는 당 현종 때 천태 6조 형계담연의 제자에 신라인 법융, 이응, 순영이 있었다고 했다.[9] 조선후기 불교학자 이능화(李能和: 1869~1943)도 「신라의 법융선사는 형계대사의 제자로서 천태종지를 깨달아 이응에게 전하고, 이응은 다시 순영에게 전하였다」고 했다.[10]

---

8 『해동역사』(32권), 「釋志」.

9 權純哲(2018) 「【資料翻刻】 高橋亨京城帝国大学講義—朝鮮思想史概説(下)」 『崎玉大學紀要』(53卷第2號), 崎玉大學, p.119에서 재인용.

10 이능화(2020) 『조선불교의 종파원류』 온이퍼브.

그림 2 천태산의 당천태교주형계존자담연대사지탑(唐天台教主荊溪尊者湛然大師之塔)

이처럼 그는 내용을 더욱 세분화하여 법융이 형계담연에게 배운 천태 교의를 이응에게 전했고, 이응이 그것을 순영에게 전하였다고 설명했다.

형계대사는 지금 절강 의흥 형계(荊溪)의 척(戚)씨 가문 출신이다. 그는 좌계암 현랑의 제자이다. 그는 만년에 천태산 국청사를 주석처로 삼았다. 큰 베로 옷을 삼고 상 하나에 거처하면서 몸소 제자들을 일깨우고 늙도록 쉬는 일이 없었다. 큰 전쟁이 나거나 기근이 들어 생활이 곤궁할 때에도 강의를 쉬지 않으니 그를 따르는 학도들이 더욱 번성하였다.

당 덕종 3년 2월 5일, 천태산의 불롱도량(佛瀧道場)에 머물고 있을 때 몸에 병세가 나타났다. 담연은 제자들을 둘러보며 말하였다. "도(道)는 정해진 장소가 없고 성(性)은 본체가 없으니 살거나 죽는 것은 그 뜻이 하나이다. 내가 이 산에 의지하였지만 오늘 저녁에 과보가 다할 것이니 그대들과 도를 논하면서 이별하고 싶구나. 무릇 한 생각에 상이 없는 것을 공(空)이라 하고 갖춰지지 않은 법이 없는 것을 가(假)라고 하며 같지도 않고 다르지도 않음을 중(中)이라 한다. 이러한 진리가 범부에 있으면 깨달음의 세 가지 원인[三因佛性]이라 하고, 성인에게 있으면 삼덕(三德)이라 한다. 불을 태우면 처음과 끝이 한 모양이고 바다를 건너면 얕은 강과 깊은 강이 다르게 흐른다. 자신에게 이익이 되고 대중들을 이롭게 하는 일이 오직 여기에 있으니 이곳에 뜻을 두라."는 말을 마치고는 안석에 기대어 편안히 입적하니 춘추는 72세 법랍은 34년이다. 문인들이 오열하며 담연의 전신(全身)을 받들어 지자대사 묘지의 서남쪽 모퉁이에 탑을 세웠다. 훗날 송대의 천태종 승려인 계충(繼忠: 1012~1082)이 제자를 시켜 이 탑을 청소하게 하였으나 수풀이 우거져 찾을 수가 없었다. 예전의 기록에 의지하여 겨우 찾아내었는데 감실은 텅 비어 있고 오직 유향(乳香) 한 덩어리만 있었다. 꿈에 산신이 나타나 "예전에 천신들이 많은 사람들을 보내 유해를 가지고 갔으니 의심하지 말라"고 했다. 이에 계충은 옛 터에 다시 석탑을 세워 이를 기록하였다고 한다. 담연이 입적하고 1백여 년이 흐른 뒤 오월(吳越)의 왕은 그에게 원통존자(圓通尊者)라고 시호를 내렸지만 일반적으로는 형계존자 혹은 묘락(妙樂)대사라고 부른다.[11]

조선의 이능화와 일본의 다카하시 도오루는 법융 · 이응 · 순영이

11 최기표(2011) 「형계존자(荊溪尊者) 담연(湛然)」 『금강신문』, 2011.03.18., https://www.ggbn.co.kr.

이같은 형계담연의 제자라 해석했다. 이처럼 이들의 스승은 좌계현랑 혹은 형계담연이라는 두 개의 설이 존재한다.

이들은 730년(성덕왕 29)에 귀국한 것으로 알려져 있다. 그 이후 이들은 신라에서 중국에서 익힌 천태교법(天台敎法)을 전하는데 힘썼을 것이다. 그런데 이들 중 이응과 순영에 대한 흔적을 찾기가 힘들다. 그나마 기록에 남아 있는 것은 법융이다. 그는 의상(義湘)-상원(相元)-신림(神琳)-법융으로 이어지는 계보에서 보듯이 그는 의상의 문손으로 자리매김되어있다. 그리고 그는 의상의『화엄일승법계도(華嚴一乘法界圖)』에 대한 주석서『법계도기(法界圖記)』를 저술한 것으로 알려져 있다.

### (3) 혜철(慧哲: 785~861)

혜철은 통일신라의 구산선문 중 동리산파의 개조인 승려이다. 경주 출신이며, 속성은 박씨(朴氏)이다. 자는 체공(體空)이며 호는 혜철(慧徹)이다. 또 법명은 혜철이며, 동리화상(桐裏和尙)이라고도 한다.

그의 행적은 최하(崔賀)가 찬한「무주동리산대안사적인선사비송병서(武州桐裏山大安寺寂忍禪師碑頌幷序)」에 자세히 나와 있다. 원래 이것은 전남 곡성 태안사에 건립된 그의 탑에 새겨진 것이었는데, 현존하지 않고, 다행히 비의 전문이 구례 화엄사에 필사본이 남아있어 내용을 파악할 수 있다. 그것에 의하면 그는 785년(원성왕 1)에 출생했다. 비문에 의하면 그의 태몽과 어린 시절에 대해 다음과 같이 서술되어 있다.

> 선사를 임신하였을 무렵에 그 어머니가 꿈을 꾸었는데, 한 서역 승려가 있어 모습과 태도가 엄숙하고 단정하며 승복을 입고 향로를 가지고

> 서서히 와서 침상에 앉았다. 어머니가 의아하고 이상하게 여겨 이 때문에 깨어 말하기를 "반드시 법을 지니는 아들을 얻으리니 마땅히 국사(國師)가 될 것이다"라고 하였다. 선사는 강보에 쌓여 있던 시절부터 행동거지가 보통 사람과 다름이 있어서, 떠들고 노는 가운데 가도 떠들지 아니하고 고요한 곳에 이르면 스스로 정숙하였으며, 누린내 비린내를 맡으면 피를 토하고 도살하는 것을 보면 마음이 상하였다. 앉을 때는 결가부좌를 하고 남에게 예를 표할 때는 합장하고 절에 가서 불상을 돌면서 범패를 불러 스님을 본받으니 전생의 업에 그윽하게 부합함을 단연코 알 수 있었다.[12]

이러한 신이로움을 보인 선사는 15세에 출가하였으며, 30세에 당나라에 유학하여 중국에서 선종승려로 명성을 떨치던 서당지장(西堂智藏: 735~814)[13]에게서 수학하였다. 『경덕전등록(景德傳燈錄)』(제9권)에 지장의 법통을 전수받은 네 명 가운데 세 명이 신라인으로서 계림의 도의

---

12 「武州桐裏山大安寺寂忍禪師碑頌幷序」: 一樽與身相親之人也娠禪師之初母氏得夢有一胡僧儀形肅雅衣法服執香爐徐　徐行來坐寢榻母氏訝而復異因玆而覺曰必得持法之子當爲國師矣禪師自襁褓　已來凡有擧措異於常流至如喧戲之中不喧安靜之處自靜觸羶腥則嘔血見屠殺　則傷情遇坐結跏禮人合掌尋寺繞佛唱梵學僧冥符宿業斷可知之矣年當志學出.

13 중국 당나라 시대의 승려. 위앙종과 임제종에서 8대 조사로 섬긴 마조도일의 제자이다. 강서성(江西省) 남강부 출신. 8살에 출가, 13살에는 임천(臨川) 서리산(西裏山)에서 마조도일을 시봉하였다. 7년 뒤에 마조도일의 법을 전해받았다. 서당지장은 기골이 장대하고 비범하였다. 마조도일이 보화사에서 홍주 개원사로 옮겨간 뒤에도, 서당지장은 보화사에 남아 법을 펼치다가 80세에 입적하였다. 당나라 황제 헌종이 '대선교(大宣教)'를 하사하고, 8년 뒤에 당나라 목종이 다시 호를 '대각(大覺)'이라고 하사하고, 탑명도 '대보광(大寶光)'이라고 하사였다. '옥석탑(玉石塔)'이라고도 부른다. 그의 법을 받은 제자는 도의 · 홍척 · 혜철이다. 도의(道義)국사가 개산한 산문은 가지산문으로 현 조계종의 종조에 해당한다. 홍척(洪陟)은 실상산문(남원 실상사), 혜철(惠哲)은 동리산문(곡성 태안사)이다.

선사(道義禪師), 신라국의 홍직선사(洪直禪師)와 혜선사(慧禪師)라고 하였는데, 이 중 '혜선사'가 혜철(慧徹)일 것으로 보인다.

그의 탑비에는 그가 지장을 만나서 "소생은 외국에서 태어나 천지간에 길을 물어 중국이 멀다 아니하고 찾아와서 배우기를 청합니다. 다만 훗날 무설지설(無說之說)과 무법지법(無法之法)이 바다 밖(신라)에 유포되면 그것으로 다행이겠습니다"고 말했다고 기록되어 있다.

그는 뜻이 굳고 품성이 영명하여 지장을 만나는 즉시 심인(心印)을 전수받았다. 지장이 입적하자 공공산(龔公山)을 떠나 중국의 명산대찰을 두루 순례하다가, 서주(西州) 부사사(浮沙寺)에 자리 잡고 3년 동안 대장경을 열람한 다음 839년(문성왕 1)에 귀국하였다. 그 때 만백성과 군왕이 그의 귀국을 반기는 상황을 태안사(太安寺) 비문에서는 "당시 옥 같은 사람이 가버려 산과 골짜기에 사람이 없더니 오늘 그 구슬이 돌아오니 하천과 들은 보배를 얻었다. 부처님의 오묘한 뜻과 달마의 원만한 종지가 다 여기에 있도다. 비유컨대 공자께서 위나라에서 노나라로 돌아옴이라"[14]하였다.

귀국 후 무주 관내의 쌍봉난야(雙峰蘭若)에서 하안거에 들었다. 이때 그는 기우제를 올려달라는 주사(州司)의 요청을 받고 무주 관내 들에 단비를 내리게 하였다. 그 뒤 곡성 남쪽 동리산(桐裏山) 승지(勝地)에 대안사(大安寺: 태안사)를 짓고 머물렀는데, 문성왕이 자주 서신을 내려 위문하면서 살생을 금하는 동(幢)을 세우도록 허락하면서 나라를 다스리는 긴요한 방책을 묻기도 하였다. 861년에 입적하자 왕이 적인(寂忍)

---

14 「武州桐裏山大安寺寂忍禪師碑頌幷序」: 當時璧去山谷無人今日珠還川原得寶能仁妙旨達摩圓宗盡在此矣譬諸夫子自衛反魯也

이라는 시호를 내렸다. 탑명은 「조륜청정(照輪清淨)」으로서 872년에 세워졌으며, 1963년 태안사 적인선사탑이 보물로 지정되었다. 문도(門徒)로는 풍수도참설로 유명한 도선(道詵), 여선사(如禪師)와 광자대사(廣慈大師) 등 수백 명이 있어 가풍을 크게 일으켜 선문 9산 중의 동리산문을 형성, 개창조가 되었다.[15]

이러한 행적을 가진 선사는 중국에서도 신이로움을 보였다. 비문에 의하면 「선사가 처음 당나라에 갈 때 죄인의 무리와 함께 같은 배로 취성군(取城郡)에 도착하자 군감(郡監)이 이를 알고 칼을 씌워 가두고 추궁하였다. 선사는 흑백을 말하지 않고 또한 같이 하옥되었는데, 군감이 사실을 갖추어 아뢰고 교를 받아 30여 명을 목 베었다. 마침내 순서가 선사에게 이르자 선사는 얼굴이 온화하여 죄인 같지 않았고 스스로 형장에 나아가자 감사가 차마 바로 죽이라고 하지 못하였다. 곧 다시 명령이 있어 석방되니 오직 선사만이 죽음을 면하였다. 이처럼 선적의 쓰임[寂用]이 생각하기도 힘들고 얻기도 어려웠다. 하늘의 운행을 돌려 해를 붙잡고 땅을 줄여 산을 옮겼다. 선사는 또한 장애에 걸림이 없었으나 뛰어난 덕을 감추고 세속에 섞여 살며 명성을 드러내려 하지 않았

---

15 朝鮮總督府編(1976). 崔賀의 「大安寺 寂忍禪師照輪清淨塔碑」『朝鮮金石總覽』(卷上), 亞細亞文化社, pp.118-119: "遂於武州管內 雙峰蘭若結夏 時遭陽亢 山枯川渴 不獨不雨 亦無片雲 州司懇求於禪師 師入靜室 爇名香上感下祈 小間甘澤微微而下 當州內原濕 滂沱既而大有…嘗住天台山國淸寺 預知有禍 拂衣而去 人莫知其由 不久擧寺染疾 死者十數…谷城郡東南有山 曰此桐裏 中有舍 名曰大安 其寺也 千峰掩映 一水澄流 路逈絶而塵侶到稀 境幽邃而僧徒住靜 龍神呈之瑞異 蟲蛇遁其毒形 松暗雲深 夏凉冬燠 斯三韓勝地也 禪師擁錫來遊 乃有縣車之意 爰開敎化之場 用納資稟之客漸頓雲集於四禪之室 賢愚景附於八定之門 縱有波旬之儻梵志之徒 安得不歸於正見 悟吠堯之非 斯乃復羅浮之古 作曹溪之今也哉 文聖大王聞之 謂現多身於象末 頻賜書慰問 兼所住寺四外 許立禁殺之幢 仍遣使問理國之要 禪師上封事若干條 皆時政之急務 王甚嘉焉 其裨益朝廷 王侯致禮 亦不可勝言也".

다」[16]고 했다.

이러한 그가 천태산 국청사에 머무를 때도 신이로움이 일어났다. 즉, 그 때 선사는 화가 있을 것을 미리 알고 옷을 털고 떠났는데, 사람들이 그 까닭을 알지 못하였으나 오래지 않아 온 절에 전염병이 돌아 죽은 자가 십여 명이었다고 서술하고 있다. 여기서 보듯이 그는 중국에 체재하는 동안 천태산 국청사를 찾았다.

### (4) 신라원과 오공(悟空)

#### 1) 신라원

국청사 경내에는 신라원(新羅園)이 있었다. 『천태산전지(天台山全志)』(권6 寺院條)에 "절 앞에 신라원이 있는데 당대 신라승 오공(悟空)이 지은 것"이라 했고, 『천태산풍물지』에는 여기에 주를 달아 "국청사 앞에 신라원이 있었는데, 당나라 때 신라승이 지은 것이다. 신라원은 오봉산록의 만공지(萬工池) 옆에 있었으나 지금은 그 터만 남아있다."고 했다.[17] 이처럼 국청사에는 신라원이 있었다. 아마도 이곳은 천태산을 찾는 신라 승려들이 머무는 장소이었을 것이다

#### 2) 오공(悟空: 912~964)

오공은 신라말에 태어나 고려 초 그의 나이 29세 때 바다를 건너 국

16 「武州桐裏山大安寺寂忍禪師碑頌幷序」: 入唐初與罪徒同舡到取城郡郡監知之枷禁推得欵禪師不言黑白亦同下獄監具申奏准敎斬三十餘人訖次當禪師師顏容怡悅不似罪人自就刑所監不忍便殺尋有後命而幷釋放唯禪師獨免如此寂用不可思不可得也其回天駐日縮地移山禪師亦不病諸盖以和光同塵不欲有聲矣

17 조영록 『입당구법승의 해양불교설화』 p.62.

청사에 가서 7년간 유학을 하고 귀국한 스님이다. 또『가정적성지(嘉定赤城志)』(권14, 사원 황암현)에는 밭 84무(畝), 땅 6무, 산18무를 소유한 제법 큰 사찰 오공원(悟空院)이 있었다. 또『가정적성지』(권2),「황암현조(黃岩縣條)」에「"신라방은 현 동쪽 1리에 있고 옛 志에 5대(五代) 때 신라사람들이 이곳에 살았으므로 이름하였다"고 했다. 이옹(李邕: 674~746)의 기록에서 '이른바 하늘이 내린 명운에 따라 사찰의 이름을 지었다(应运题寺)'라고 한 것이 이것이다. 당나라 회창연간(會昌年間: 841~846)에 폐사되었다가 851년(大中5)에 중건되었다.……절 앞에 신라원이 있는데 당대 신라승 오공이 터를 잡은 곳이었다.」고 되어있다.[18]

여기서 말하는 황암현(黃岩縣)은 지금의 황암시(黃岩市) 성내(城內)의 백수항(柏樹巷) 일대라고 추정되는데, 이곳에 신라인들의 집단거주지 신라방이 있었다.[19] 필경 오공스님이 국청사에서 구법한 뒤 황암의 신라방에 이르는 길목에 오공원을 세워 상주한 바로 그 스님이라고 본다.『가정적성지』(권28, 선원)에 의하면 오공원은 황암현 동산진(東山鎮)에 있는 선원이다. 후진 천복 6년(941)에 건립되어 1066년에 사액된 사찰이다.

이 동산진은 689년(武后 영창 원) 이후 해상교통로의 중요한 길목으로 부각되었다. 태주에서 명주로 거쳐 신라(고려)로 가는 항해선상의 요충지였던 것이다.『가정적성지』(권20)에는 "현의 동쪽 240리에 위치한다."고 되어 있어 앞의 내용과 거리상 다소 차이가 나지만, 모두 "산위

---

18 아세아해양사학회(2007)『장보고 대사의 활동과 그 시대에 관한 문화사적 연구』, 재단법인 해상왕장보고기념사업회, p.285에서 재인용.

19 林士民(1993)「唐 · 吳越時期浙東與朝鮮半島的通商貿易和文化交流之研究」『고 · 중세시대의 한중문화교류사』, 문화체육부, p.57.

에 바다를 바라다보면 큰 돌이 솟아있어 고려로 가는 배는 반드시 이것을 보고 길잡이로 삼았다."고 하고 있다. 오공원과 신라방, 그리고 신라(고려)에 이르는 교통망을 고려한다면 동진산 오공원과 국청사 신라원을 세운 스님은 같은 사람일 것으로 보인다.

## 2. 천태로 간 고려 승려들

### (1) 제관(諦觀: ?~970)

고려전기 『천태사교의』를 저술한 승려이다. 제관(諦觀)이라고도 한다. 자세한 생애는 전하지 않으나, 우리나라의 천태학(天台學)을 중국에 전한 고승이며, 『천태사교의(天台四敎儀)』를 저술하여 그 이름을 중국·일본 등에 떨쳤다.

『불조통기(佛祖統紀)』(권10)에 그의 전기가 일부 전하고 있다. 그것에 의하면 오월국의 5대 왕인 충의왕(忠懿王) 전홍숙(錢弘俶: 929~988)은 특히 신심이 돈독하였는데 어느 날 6조 혜능(慧能)의 제자 영가현각(永嘉玄覺: 665~713)[20]이 저술한 『선종영가집(禪宗永嘉集)』을 읽다가 "사주지혹

20 중국 당나라의 승려. 천태지관(天台止觀)으로 혼자 암자에서 선을 수행한 상태에서, 남종선의 육조 혜능과 대화 한 번으로 깨달음을 인가받고 하산한 일숙각 일화가 유명하다. 절강성 온주(溫州) 영가(永嘉) 출신으로, 본성은 대(戴), 자는 명도이다. 호는 일숙각, 시호는 무상 대사, 진각 대사이다. 8세에 출가. 삼장(경율론)을 두루 탐구하였고, 천태지관(天台止觀)과 『유마경』으로 수행하여 높은 경지를 얻었다. 주로 용흥사에 머물렀다. 스승없이 깊은 암자에서 홀로 선관을 수행하였는데, 도반 현책(玄策)이 선을 홀로 닦으면 안된다고 하여 남종선의 육조대사인 혜능을 찾아가 제자가 되었다. 후에, 용흥사 별원에서 사망하였다. 주된 저서로는 『선종영가집(禪宗永嘉集)』 등이 있다.

(四住地惑)을 제거하는 것은 사교(四教)가 똑같으나 무명주지의 번뇌를 조복시키는 데는 삼장교가 열등하다"는 구절이 이해되지 않아 오월국의 국사로 모시고 있는 천태덕소(德韶: 891~972)[21]에게 질문하였다. 덕소는 천태 교학에 관심이 많기는 하였어도 본분이 법안종의 제2조로 추앙되는 선사였다. 그러므로 "천태산 국청사에 의적법사가 있는데 교법을 잘 홍포하고 있으니 반드시 이 말을 풀이할 수 있을 것입니다"하며 답변을 천태종의 정광의적(淨光義寂: 919~987)[22]에게 양보하였다.[23]

오월왕이 다시 의적을 불러 이 구절을 물으니 의적은 이 뜻에 대해

---

21 속성은 진(陳)씨. 절강성 처주부(處州府) 진운현(縉雲縣) 출신. 15세에 출가. 18세에 비구계를 받고는 투자(投子), 용아(龍牙), 소산(踈山) 등 5명의 선지식을 찾아다녔으나 얻은 바가 없고 임주(臨州)의 법안(法眼) 화상의 회상에 갔지만 법문을 문답하는데 싫증이 나서 다만 대중을 따라다니었다. 하루는 화상의 상당(上堂) 설법에 어떤 스님이 묻기를「어떤 것이 조계의 한 방울 물입니까?」하는데, 법안화상이 대답하기를「이것이 곧 조계의 한방울 물이니라」하는 데서, 한쪽 구석에 앉아 듣고 있던 그가 크게 깨치고 법안의 법을 이었다. 그 뒤에 천태산에 올라가 지자대사의 유적이 모두 허물어진 것을 다시 수십개소 이룩해 놓았다. 고려의 충의왕(忠懿王)에게 사람을 보내어 천태종의 서적을 빌려다가 다시 중국에 펴기도 하였다. 송태조 개보(開寶) 5년에 82세로 입적하였다. 그의 법을 이은 제자가 백여 명이나 되었고 그 가운데 보문희변(普門希辯)에게서 고려의 혜홍(慧洪)선사가 나왔다.

22 천태종의 제15조. 나계(螺溪)에 머물렀으므로 나계의적이라고도 불리며, 오월왕에게 정광대사(淨光大師)라는 시호를 받았다. 절강성 온주(溫州)의 영가(永嘉) 출신. 속성은 호(胡)씨, 자는 상조(常照)라 하였다. 15세에 온주의 개원사로 들어가 사미가 되었고, 그곳에서『법화경』을 배웠다. 19세에 구족계를 받고 회계산(會稽山)에 가서『사분율』에 의거하여 계율을 익혔다. 그 후 천태산 국청사로 가서 청송(清竦)의 제자가 되어 천태의 지관수행론을 익히는 한편 지관을 수행했다. 그는 오월국(吳越國)의 충의왕에게 천태교학에 관한 서적이 중국 내에는 거의 없으니 해외에서 구해줄 것을 요청하였다. 이에 충의왕은 사신들을 일본과 고려에 보내니 이들이 많은 책들을 구하여 돌아왔다. 이 때 고려의 제관(諦觀)이 서적들을 지니고 중국에 와서 의적 문하에 머물며『천태사교의』를 저술한 것은 잘 알려진 일이다. 이로 인해 천태의 교학은 다시 중흥의 기틀이 세워지게 되었다. 의적에게 법을 전해 받은 제자는 1백여 명을 헤아리고 외국에서 온 이가 10명인데, 그 중에는 고려승려 의통(義通)・제관(諦觀)・지종(智宗)도 포함되어 있다.

23 최기표(2011)「제관법사(諦觀法師)」『금강신문』, 2011.07.15., https://www.ggbn.co.kr.

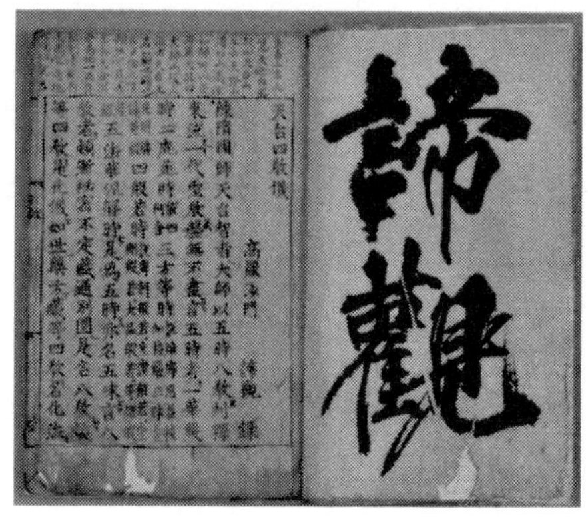


그림 3 고려 제관의 천태사교의

간략히 설명하면서 "이는 지자대사의 「법화현의」에 나오는 내용이지만 안사의 난과 회창 폐불 등을 거치면서 책들이 훼손되고 흩어져서 중국에는 거의 없습니다. 지금은 오직 해동 고려만 불법이 융성하여 온전한 책은 그곳에 있습니다"하고 아뢰었다. 예전부터 천태학의 서적 수집을 위해 노력하던 의적은 이번 일을 계기로 천태 교학의 부흥을 도모할 것을 덕소와 상의하였고, 덕소는 오월왕에게 해외에서 책을 구해올 것을 간언하였다. 이에 오월왕이 50종의 폐백과 편지를 지참한 사신을 고려에 파견하여 천태종의 책을 구하였고 이에 대한 응답으로 제관이 중국에 파견된 것이다.

960년(광종11) 제관은 광종의 명을 받고 중국으로 건너가 국청사의 의적을 방문하고 가지고 온 천태학 전적을 기증했다.[24] 그 때 광종은 "교승(敎乘) 가운데 『지론소(智論疏)』, 『인왕소(仁王疏)』, 『화엄골목(華嚴骨目)』, 『오백문론(五百門論)』은 가지고 가지 말라."고 하였으며, 또 중

24 최동순(2015) 「高麗 諦觀이 중국불교에 끼친 영향」 『한국불교사연구』(제8호), 한국불교사학회, p.124.

국에 가서 스승을 구한 다음 어려운 질문을 던져 대답하지 못하면 곧 책들을 거두어 가지고 올 것을 당부하였다.

그 후 제관은 고려로 돌아오지 않고 나계사(螺溪寺)에 남아 10여 년 동안 함께 천태학을 연구하였다. 그 때 자신의 유일한 저술인 『천태사교의』를 지었으나, 상자에 감추어 두고 누구에게도 말하지 않았다. 어느 날 제관은 앉은 채 죽었으며, 끝내 귀국하지 못했다. 죽은 뒤 그가 쓰던 상자에서 빛이 났으므로 사람들이 이상히 여겨 열어 보니 두 권짜리 『천태사교의(天台四敎儀)』만 들어 있었다고 한다.

그가 천태종의 서적을 중국에 전함으로써 중국의 천태종은 활성화되었다. 이를 두고 희수소담(希叟紹曇)[25]의 『오가정종찬(五家正宗贊)』에 다음과 같은 이야기가 생겨났다.

> 천태종에 의적(義寂)이라는 분이 있었는데 그가 곧 나계(螺溪)스님이다. 나계스님은 여러 차례 말하였다. "지자(智者: 538~597)대사의 가르침이 오랜 세월에 많이 유실되어 걱정이었는데 오늘날 신라에는 천태 교본(敎本)이 잘 갖춰져 있습니다. 스님의 자비가 아니고서는 누가 가져올 수 있겠습니까?" 스님은 왕에게 아뢰어 바다 건너 신라에 사신을 파견하여 교본을 모두 베껴오게 하였는데 지금까지도 그 교본이 세상에 널리 전해오고 있다.

---

25 중국 임제종 양기파(楊岐派) 스님으로, 무준 사범(無準師範)스님의 법제자이며 서촉(西蜀)출신이다. 그는 1249년에서 1275년 까지 약 30년 간 강남의 불롱선사(佛隴禪寺)를 비롯하여 법화선사(法華禪寺, 자성선사(資聖禪寺), 숭경선사(崇慶禪寺) 등에 주석하면서 많은 법문을 하였다. 한편 일본승려들과도 교분이 있어서 편지 등이 많이 남아 있다. 스님의 법문은 『희수화상어록(希叟和尙語錄)』 1권 및 동 광록(廣錄) 7권으로 전한다.

이렇게 서술한 다음 「남악의 천태교종이 없어질까 염려하여/ 신라국을 찾아가 교본을 베껴오고/ 석가와 미륵의 몸과 옷의 짧고 긴 것을 논하여/ 흥교승(興敎僧)을 피 토하게 하였도다」라는 찬을 적었다. 이처럼 고려에서 들어간 천태종의 전적이 어느덧 세월이 흘러 신라로 바뀌어있는 것이다.

### (2) 진관석초(眞觀釋超 : 912~964)

석초는 940년 항주 용책사(龍冊寺) 효영(曉榮)의 문하로 들어가 선을 익히고 정종 6년(946)에 귀국한 선승이다.[26] 그가 중국에 유학하고 있을 때 용화일면선사라고 불리었다. 석초가 유학한 용책사는 영조의 동문 경청도부와 영명연수의 스승 취암영삼이 주석한 사찰로서 그 때 도부는 이미 작고하였으나 영조와 취암은 아직도 노장으로 만년을 보내고 있었다. 석초가 중국으로 건너간 것은 의통이 천태산 덕소문하로 들어가고, 영명연수가 천태산에서 덕소와 인연을 맺은 때 보다 약 6·7년 빠른 시기였다.[27]

### (3) 보운의통(寶雲義通 : 927~988)

천태종 제16조이다. 그의 행적에 대해서는 『불조통기』에 자세히 나와 있다. 그것에 의하면 그는 자가 유원(惟遠)이며, 고려인이며, 속가의 성씨가 윤씨(尹氏)이다. 상호가 특이하여 머리에는 육계가 있으며, 미

26 김용선(1996) 「高麗 前期의 法眼宗과 智宗」 『강원불교사연구』, 도서출판 소화, p.100.

27 조영록외 2인(2004) 『장보고 선단과 해양불교』, 재단법인해상왕장보고기념사업회, pp.234-235.

호가 커서 펴면 5·6촌이나 되었다. 어려서 구산원(龜山院)의 석종(釋宗)을 스승으로 모셔 구족계를 받은 후 『화엄경』과 『기신론』을 배웠으며, 나라 사람들에게 숭앙을 받았으며, 천복연간(天福)에 구법을 위해 중국에 유학을 떠났다고 했다.[28] 그가 처음으로 찾아간 스승은 천태덕소(天台德韶: 891~972)이었다. 이 상황을 『불조통기』에는 이렇게 적고 있다.

> 천태산으로 가서 운거사(雲居寺)에 주석하고 있던 덕소(德韶) 국사를 찾아가 문득 계오(契悟)하였다. (그 후) 나계(螺溪)를 알현하여 일심삼관(一心三觀)의 뜻을 듣게 되자 바로 탄식하기를 "원돈(圓頓)의 학문이 철두철미하도다"라고 하고 드디어 머물러 배웠다.[29]

이 내용에 따르면 당시 덕소선사가 천태산 운거사에 주석하고 있었고, 고려의 젊은 승려 보운은 그를 찾아가 제자가 되었다. 운거사의 위치에 대해 약간의 논쟁이 있다. 중국의 진경부(陳景富)는 지금의 화정사(華頂寺) 자리로 보고 있으나, 한국의 조영록 등은 『보운진조집(寶雲振祖集)』의 「태주나계정광법사전(台州螺溪淨光法師傳)」에 「불롱지측(佛壟之側)」이라고 되어있는 점에 의거하여 오늘날 수선사(修善寺) 부근이라고 추정했다.[30]

당시 덕소는 법안문익(法眼文益: 885~958)[31]의 수문 제자로서 스승과

---

28 『불조통기』(8), 「祖寶雲尊者義通」.

29 『불조통기』(8), 「祖寶雲尊者義通」.

30 조영록 외 2명(2004) 『장보고 선단과 해양불교』 재단법인해상왕장보고기념사업회, p.257.

31 당나라의 승려. 절강성(浙江省) 여항현(餘杭) 출신. 속성은 노(魯)씨, 법명은 문익이다. 7세 때 전위(全偉) 선사에게 출가하였고, 당대의 율사인 희각(希覺) 율사의

떨어져 천태산으로 들어가 법안선의 수행과 그 전파에 열중하고 있을 때였다. 그는 선승으로서 도가 높았을 뿐 아니라 충의왕이 즉위하자 국사로 영입되어 내외에 명성을 더욱 떨치게 되었다. 이러한 소문이 고려에 들리자 고려 왕족 출신의 촉망 받는 청년 승려로서 유학의 꿈을 갖게 하였을 것이다. 조영록 등은 보운을 덕소에게 소개한 사람으로 도봉산 혜거(慧炬) 혹은 고달산 찬유(璨幽)와 같은 선승일 것으로 추측했다.[32]

이와 같이 고려의 보운은 덕소에게 학문을 배웠으나, 그 이후에는 나계의적(螺溪義寂: 919~987)의 문하에 들어가 공부를 했다. 이 때 많은 제자 가운데 단연 두각을 나타내었다.「의적전」에 "전법제자 백여명

---

문하에서 율을 익혔다. 나한계침(羅漢桂琛)을 만나 깨침을 얻고는 선법을 이어받은 뒤 중국 오가칠종(五家七宗)의 하나로서 맨 마지막으로 형성된 법안종을 창시하고 종풍을 떨쳤다. 당시 선종이 형식화해가는 세태를 보고『종문십관론(宗門十觀論)』을 지어 선사상을 실천할 것을 주장했으며, 특히 선과 교를 융합하는 데 노력하다가 958년 74세의 나이로 입적하였는데, 문익에 대한 이야기는『송고승전』과『전등록』에 전해짐. 문익은 당시 선승들 사이에서「오백인의 선지식」이라는 애칭을 얻었다. 이는 법문할 때나 기거할 때나 항상 오백명의 선승들의 문익을 옹호하였기 때문에 붙여진 별명이다. 간혹 기록에는 청량문익이라 하는데, 이는 문익이 금릉의 청량원에서 살았던 적이 있기 때문이다. 문익이 나한계침을 만나 깨달음을 얻고 그의 나한법을 잇게 되는 사연은 다음과 같다. 문익은 젊은 시절 도반과 전국을 행각할 때 갑자기 폭설을 만나 지장원으로 들어가 화롯가에 앉아 불을 쬐면서 몸을 녹이고 있는데, 암자의 주인인 나한선사는 문익이 인물인줄 알고 차를 마시며 여러 가지 불법의 대의를 논의하였다. 문익은 특히 화엄사상과 유식사상에 조예가 깊은 학승이었다. 다음날 날씨가 맑아져 문익이 암자를 떠나 다시 행학하려고 할 때, 나한은 뜰 앞의 돌을 가리키며 물었다. "그대는 어제「삼계는 오직 마음이며, 만법은 오직 인식에 있다(三界唯心, 萬法唯識)」고 말했는데, 지금 이 돌은 그대의 마음 안에 있는가? 아니면 밖에 있는가?" 문익이 자신있게 말했다. "마음 밖에 법이 없으니, 그 돌은 마음 안에 있지요." "모든게 마음에 달려다는 말이렸다."하고는 나한이 혀를 끌끌 차며 말했다. "속에다 바윗덩어리를 넣고 다니니 무겁겠구만." 이 한마디에 말문이 막힌 문익은 나한선사를 스승으로 모시고 불법을 탐구하여, 나한의 법을 계승하게 되었다.

32 조영록 외 2명(2004)『장보고 선단과 해양불교』재단법인해상왕장보고기념사업회, p.257.

가운데 외국인이 10명 있었는데 의통이 실로 으뜸의 제자요, 징욱(澄彧)과 보상(寶翔)이 그 다음이었다."[33]하였으며, 「충의왕전」에서는 천태종의 정통 계승에 대하여 "나계는 이를 보운에게 전해 주고, 보운은 이를 사명(四明)에게 전하니 법지(法智) 대사가 드디어 중흥하게 된 것이다."[34]라고 하여 천태종의 정통을 이어갔다고 한다.

공부를 마치고 귀국하여 자신의 뜻을 펴려고 했다. 그리하여 행장을 꾸려 귀국길에 올라 배를 타기 위해 사명(四明)에 도착했다. 그 때 그곳의 군수 전유치(錢惟治)의 간곡한 귀국 만류 요청을 뿌리치지 못하고 중국에 머물렀다. 그러자 고승휘(顧承徽)가 자신의 저택을 전교원(傳敎院)이라 하고, 그곳에 의통이 머물기를 청하였다. 의통은 이를 받아들여 전교원에 머물면서 널리 대중들에게 법을 전하였다. 그 후 송 태종이 보운선원(寶雲禪院)이라는 사액(賜額)을 내려 주었다. 보운존자라는 의통의 호는 여기서 비롯되었다. 그는 988년(端拱1) 10월 21일, 세수 62세로 입적했고, 그의 뼈와 사리를 수습하여 아육왕사(阿育王寺) 북서쪽 모퉁이에 장사하였다.

의통은 평소 사람들을 부를 때 늘 '고향사람(鄕人)'이라고 하였다. 누가 그 이유를 물으니 "나는 정토를 고향으로 삼는데 모든 사람들이 응당 그곳에 왕생할 것이니 모두 내 고향사람인 것이다"하고 답하였다. 이후 수제자 지례가 중심이 된 산가파(山家派)의 문도들은 서로 '고향사람'이라고 부르는 것이 상례가 되었다.

현재 지자육신탑이 있는 천태산의 진각사(眞覺寺)의 전각 안에는 천

---

33 『불조통기』(8) 「淨光尊者義寂」.

34 『불조통기』(8) 「淨光尊者義寂」.

그림 4 천태산 지자육신탑에 봉안된 보운의통 진영

태종의 17위 조사상(祖師像)이 모셔져 있는데, 그 중 한 분이 보운의통이라 한다. 그 모습이 짙은 눈썹에 당당한 풍채의 모습이다. 이처럼 그는 사후 천태산을 지키는 고승이 되었다.

### (4) 원공국사(圓空國師) 지종(智宗: 930~1018)

원공국사도 천태산에서 수행한 바가 있다. 그의 행적은 강원도 원주(原州)의 「거돈사지원공국사탑비(居頓寺址 圓空國師塔碑)」에 상세히 서술되어있다. 그것에 의하면 속성은 전주 이씨, 자(字)는 신칙(神則)이며, 8세에 사나사(舍那寺)에 머물고 있던 인도승(印度僧) 홍범삼장(弘梵三藏)에게 출가했다. 홍범삼장이 인도로 돌아가자 광화사(廣化寺) 경철(景哲)에게 수업하여 946년(정종1) 영통사(靈通寺) 관단(官檀)에서 구족계를 받았다. 953년(광종4) 희양산(曦陽山)의 형초선사(逈超禪師) 밑에서 수행하였고, 954년 승과에 합격하였다.

959년 고려 광종 때 그는 오월국(吳越國)으로 들어가 먼저 영명사(永明寺) 영명연수(永明延壽: 904~975)[35]를 찾아갔다. 그 때의 상황을 비문에서는 다음과 같이 서술했다.

> 연수선사가 묻기를, "법(法)을 구하러 왔는가, 일을 보러 왔는가?"하고 물었다. 스님께서 대답하기를, "법(法)을 구하러 왔습니다."하니 연수선사가 말하기를, "법(法)은 본래 둘이 없어서 모래 수와 같이 많은 세계에 두루하거늘 어찌 수고로움을 무릅쓰고 바다를 건너 여기까지 왔는가?" 스님이 대답하기를, "이미 모래 수와 같이 많은 세계에 가득하다면 여기까지 찾아온들 무슨 상관이 있습니까."라 하였다.[36]

이 때 연수스님은 크게 반가워하며, 마음으로 눈을 크게 뜨고 마치 황두(黃頭)를 만난 것과 같이 우대하였다. 이 때부터 연수의 제자가 되어 법안종[37]을 전수 받았다. 부지런히 정진하여 하루아침에 확찰대오

---

35 법안종 3세. 절강성 임안부(臨安府) 여항(餘杭) 출신. 31세에 취암영삼(翠巖令參)을 스승으로 출가하였고, 이후 천태덕소(天台德韶)를 만나 절강성 국청사에 머물며 법화참법을 닦았다. 이로부터 연수는 일생을 참선하며 염불할 것을 서원하였다. 이후 명주(明州) 설두산(雪竇山)에 머물 때는 매일 아미타불을 염하고, 행도발원(行道發願) 등 108종의 불사를 행하였다. 960년 항주 영은산 신사, 961년 사주(師州) 영명(永明) 정자사(淨慈寺) 등에 머문 뒤, 다시 천태산에 들어가 수많은 사람들에게 계를 주었다. 975년 세납 72세, 법랍 42세로 입적하였다. 이후 황제로부터 지각선사(智覺禪師) 시호를 받았다. 연수의 저서로는 『만선동귀집(萬善同歸集)』과 『종경록(宗鏡錄)』 등이 있다.특히 고려에 미친 영향이 적지 않다. 고려 광종(949~975 재위)이 연수의 『만선동귀집』을 읽고 감동을 받아 36명의 승려를 송나라에 유학 보냈다. 유학에서 다녀온 승려들 중 일부는 대각국사 의천이 종파를 통합할 때, 중심세력이 되기도 하였다.

36 「居頓寺址圓空國師塔碑」: 永明寺壽禪師壽問曰爲法來耶爲事來耶師云爲法來曰法無有二而遍沙界何勞過海來校勘到這裏師曰旣遍沙界何妨過來

37 법안종은 법안문익 스님이 창시. 그 이후 천태덕소, 영명연수에게 법이 전해졌다. 왕건의 셋째아들이자 4대 왕인 고려 광종이 법안종 3대 조사인 영명연수 스님을

그림 5 원주 거돈사지 원공국사탑비(좌)와 원공국사 승묘탑(우)

(廓徹大悟)하였다. 그 후 그는 그곳을 떠나 천태산 국청사로 향했다. 그에 대해 비문에서는 다음과 같이 서술했다.

> 준풍(峻豊) 2년에 다음 목적지를 향해 가다가 국청사(國淸寺)에 이르러 지성으로 정광대사(淨光大師)를 친견하였는데, 정광스님 역시 연탑(連榻)에 내려와 반가이 맞이하였다.[38]

---

사모하여 학승 36명을 중국에 유학시켰다. 그 중 원공국사 지종이 영명연수로 부터 법을 받아 고려에 전했다. 중국에서는 법안종이 쇠퇴하여 임제종에 흡수되었으나, 고려에서는 크게 발달한다. 당시 법안종 승려로서 중국에 유학하고 돌아온 사람들로는 도봉 혜거국사, 적연국사 영준, 진관국사 석초 등이 있다.

38 「居頓寺址圓空國師塔碑」: 旣而睡見本國有寶塔楕天自繫繩挽之塔隨力俯仰又申感故證眞大師曰汝能得意胡莫詠歸耶乃謂動在隨緣濟無臭載若悟式微之戒遄迴不係之

여기서 보듯이 그가 국청사에 간 것이 961년이다. 그리고 정광(=義寂: 919~987)[39]대사가 나계(螺溪)에 전교원(傳敎院)을 건립하여 천태교학 연구에 열성을 다하고 있었기 때문에 지종은 그를 따라 전교원으로 옮겨 약 7년간 천태교의를 배웠다.[40] 그 결과 그는 968년 전교원(傳敎院)에서 '대정혜론'과 '법화경(法華經)'을 강의하여 명성을 떨쳤다. 그러던 어느 날 그는 귀국할 수 있는 계기가 발생한다. 그것에 대해 비문은 다음과 같이 설명했다.

> 얼마 후 꿈을 꾸었는데, 본국(本國)에 보탑(寶塔)이 공중에 높이 솟아 있어 밧줄에 매달려 당기는 대로 부앙(俯仰)하였다. 또 증진대사(證眞大師)가 꿈에 나타나 말하기를, "너는 능히 소기(所期)의 목적을 성취하였거늘 어찌 본국으로 돌아가지 않는가. 움직임에 있어서는 인연을 따라 순리대로 살아가고 부도덕하게 생활하여 냄새나는 오명(惡名)을 남기는 일이 없도록 최선을 다하도록 하라. 만약 식미(式微)의 경계를 깨달았으면 곧 불계(不係)의 길을 돌이키도록 하라."하였다.[41]

이같은 꿈을 꾸고 귀국길에 올라 고려로 돌아왔다. 그러자 사람들은 원공국사(圓空國師)를 보고 높은 자리에 있을 재목이라고 칭송이 자자하였다. 그리고 광종(光宗)은 마치 구마라습이 진(秦)나라로 가고, 마등법

39 중국 천태종의 제15조. 나계(螺溪)에 머물렀으므로 흔히 나계 의적이라고 불린다. 오월왕에게 정광 대사(淨光大師)라는 시호를 받았다. 그의 제자에는 지종 이외에도 앞에서 본 고려의 의통과 제관이 있다.

40 조영록 외 2명(2004), 앞의 책, p.236.

41 「居頓寺圓空國師勝妙塔碑」, 주21와 같음.

사가 한(漢)나라에 들어오는 것과 같이 여겨 현인(賢人)을 우대하는 뜻을 더욱 두텁게 하고, 선인(善人)을 권장하는 인(仁)을 보다 돈독히 하였다. 처음으로 대사(大師)의 법계(法階)를 서사(署賜)하고 청하여 금광선원(金光禪院)에 주석하게 하였다. 말년에는 중대사(重大師)의 법계를 첨가하고 마납가사(磨衲袈裟)를 헌증하였다. 그로부터 대중들의 첨앙(瞻仰)한 바가 되었을 뿐 아니라 점점 많은 중생을 구제하기 시작하였다고 비문은 설명하고 있다. 그 이후 1018년(현종9) 산중으로 돌아가 원주 현계산 거돈사에 머물면서 법안을 제자들에게 부촉하고 앉은 채로 입적하니 선사의 나이 89살 때였다.[42] 왕은 원공(圓空)이라고 시호를 하사하였다.

이상의 행적에서 보듯이 지종대사는 중국의 법안종과 천태종을 아우르는 학문적 기반을 가지고 있었다. 이것이 고려에 전수하였음은 두말할 나위가 없다. 그의 공적을 기리는 「거돈사 원공국사승묘탑」은 현재 국립중앙박물관(용산)에 있고, 그의 묘비는 원주시 부론면 정산리에 「원주 거돈사지 원공국사탑비(居頓寺址 圓空國師塔碑)」가 있다.

### (5) 대각국사(大覺國師) 의천(義天: 1055～1101)

의천은 고려 문종의 넷째 아들이다. 모후 인예(仁睿)태후가 황룡이 품안에 들어오는 태몽을 꾸고 잉태하여 을미년(1055) 9월 28일에 태어났다. 1065년 5월에 경덕(景德)국사를 스승으로 화엄종 영통사(靈通寺)에 출가하고, 그해 10월에 불일사(佛日寺)에서 구족계를 받았다.

그는 중국의 진수정원(晋水淨源: 1011~1088)[43] 법사가 혜행을 겸비한 뛰

42 「居頓寺圓空國師勝妙塔碑」, 주21와 같음.

43 북송대의 화엄승으로서, 진강(晉江: 현재 복건성 泉州府)출신. 자는 백장(伯長), 속성은 양(楊)씨이다. 구족계를 받은 후 오대산의 승천(承遷)과 횡해명담(橫海明

어난 고승임을 알고 편지를 왕래한 끝에 중국으로 건너가 항주에 있는 정원의 문하에 들어가 공부를 했다. 당시 항주의 상천축사에는 천태종 승려로서 이름을 떨치던 자변종간(慈辯從諫)[44]이 있었다. 종간을 만나

---

潭)에게 배운 후, 장수자선(長水子璿)을 사사하여 능엄(楞嚴)·원각(圓覺)·기신론(起信論)의 강의를 들었다. 후에 항주의 혜인사(慧因寺)에 주석하였는데, 이때 고려의 의천이 와서 정원의 가르침을 받게 된다. 그 후 의천과 정원의 교류는 점점 깊어졌는데, 의천과 주고받았던 서한이 지금도 많이 남아있다. 정원은 징관(澄觀)·종밀(宗密) 이후 쇠퇴해가던 중국 화엄교학을 부흥시킨 '중흥교주(中興教主)'라고 할 수 있는데, 그는 의천을 통해서 중국에서 산일(散逸)되었던 화엄전적을 많이 수집하였으며, 화엄종의 조통설(祖統說)을 수립했다. 현재 알려지고 있는 두순(杜順)→지엄(智儼)→법장(法藏)→징관(澄觀)→종밀(宗密)의 화엄오조설(華嚴五祖說)을 확립한 것도 정원이며, 그 앞에 마명(馬鳴)과 용수(龍樹)를 둔 칠조설(七祖說)을 주장한 것도 정원이다. 나아가 그는 수집한 화엄전적을 가지고 '현수경장(賢首經藏)'을 간행하여 각지에 배포하였으며, 현수교(賢首教)라고 하는 명칭을 표명하였다. 그의 사상적 특징은 징관·종밀의 교학에 의거하면서 『대승기신론(大乘起信論)』적 일심의 입장에서 화엄을 해석하는 것이었다. 화엄관계의 저술로는『화엄보현행원수증의(華嚴普賢行願修證儀)』·『화엄망진환원관과(華嚴妄塵還源觀科)』·『화엄망진환원관소초보해(華嚴妄盡還源觀疏鈔補解)』 등이 있다.

44 절강 처주(處州) 송양(松陽)의 모(毛)씨 집안 출신. 자는 정부(正夫). 일찍 정인사(淨因寺)의 유찬(惟琛)에게 출가하여 행자 생활을 하며 여러 경전을 배웠다. 19세 때 승과에 합격하여 구족계를 받았다. 항주의 상천축사(上天竺寺)로 가서 변재원정(辯才元淨)에게 법을 배웠다. 그 후 원정은 종간을 윤주(潤州) 금산사(金山寺)에 주석하고 있던 남병 범진(南屏梵臻)에게 보내어 배우게 했다. 종간은 희녕연간(1068~1077)에 명경사(明慶寺), 정주사(淨住寺) 등에서 법을 전하다가 원풍연간(1078~1085)에 그의 고향 처주의 수성사(壽聖寺)로 옮겨 3년을 보낸 후 다시 홍교사를 거쳐 정주사로 거처를 옮겼고, 1086년에는 상천축사 주지가 되었고, 조정으로 부터 자변(慈辯)이라는 시호를 받았다. 이 때 고려 의천이 수도인 변경에 갔다가 귀국하는 길에 항주에 들러 지사 포종맹의 안내로 종간을 만났다. 의천을 맞이한 종간은 천태의 교관을 상세히 전수해 주고 증표로서 손향로와 여의(如意)를 주었다. 종간에게 천태 교관의 핵심을 전수 받은 의천은 천태산의 지자대사탑에 가서 "항주 자변 법사에게 교관을 전수 받았으니 본국에 돌아가면 대사의 가피를 입어 널리 펼 수 있게 되기를 바랍니다"하는 내용의 발원문을 지었던 것이다. 만년에는 고향 처주의 수성사로 퇴거했다. 그 때 거계 택경(車溪擇卿), 보명 여정(普明如靖) 등 10여 명의 제자들이 안부를 물으러 찾아 왔다. 종간은 그들을 쳐다보다가 갑자기 말하였다. "수고스럽게 이렇게 멀리까지 왔는가. 다시 만날 기약이 없으니 차라리 수레를 타고 가는 것이 나으리라"며 목욕재계하고 새 옷으로 갈아입은 뒤 법좌에 올라 결연한 목소리로 법을 설하니 감격하여 울지 않는 이가 없었다. 설법을 마친 종간은 지필묵을 가져오게 하여 게송을 썼다. "나고 죽음, 나타남과 사라짐은 본래 실체가 없는 것 / 75년 하고망상을 피다가 뼈를 바꾸었네 / 손 놓고 곤륜산이 상을 다녔지만 / 종래 비로자나의 거처에서 움직인 바 없구나." 이렇게 임종게를 쓴 붓을 놓

그림 6 천태산 지자육신탑전

천태 교관을 전수받기도 했다.

1086년 4월 의천은 정원법사와 하직인사를 하고, 항주를 떠나 천태산에 올랐다. 이곳 불롱에 있는 지자대사의 육신탑을 찾아 참배했다. 이곳은 천태지자대사(天台智者大師)가 생전에 자신의 사후 이곳에 묻히고 싶다는 유언을 남겼다. 그리하여 사후 그의 유언을 따라 이곳에 매장되었다.

사람들은 이곳에 지자대사의 「육신탑(肉身塔)」이 있기 때문에 「지자탑원(智者塔院)」이라 불렀다. 일본 천태종 개조 사이초(最澄)는 이곳을 찾아 「일본국구법제문(日本国求法斎文)」을 읽고 사은(謝恩)의 법요를 행했다. 그로부터 약 50년후 일본의 엔친(円珍)도, 270년 후의 죠진(成尋)도 이곳에서 감격의 눈물을 흘리면서 대사상을 배알하고 독경예배(読

고 앉은 채 입적하니 송 휘종 대관(大觀) 3년(1109) 12월 27일의 일이다.

経礼拜)를 했다고 일기에 남아있다. 이러한 의미에서 지자탑원은 승려들에게 특별한 의미를 지니는 것이었다. 대각국사 의천도 이곳을 찾았다. 그리고는 다음과 같은 맹세를 했다.

> 저 의천은 머리 조아려 귀명(歸命)하며 천태교주(天台教主)이신 지자(智者)대사께 아룁니다. 일찍이 들으니 대사께서는 오시팔교(五時八教)[45]로 동쪽에 유통된 부처님 일대의 가르침을 판정하고 해석하여 다 망라하지 않음이 없으셨습니다. 그러니 후세에 불법을 배우는 이들이 어떻게 이로부터 비롯하지 않을 수 있겠습니까? 그래서 우리 조사이신 화엄소주(華嚴疏主)[46]께서는 "현수오교(賢首五教)[47]는 천태와 크게 같다."[48]고 말씀하셨습니다. 가만히 생각건대 우리나라에도 옛날에 제관(諦觀: ?~970)이라는 이름의 법사가 있어, 대사의 교관을 강연하여 나라 밖에 유통시켰으나, 전하여 익힘이 혹은 떨어지더니 지금은 없어졌습니다. 저 의천은 감정이 북받쳐 몸을 잊고 스승을 찾아 도를 물었습니다. 지금은 이미 전

45 천태종의 교판. 부처님 일대의 설법을 『법화경』을 설하기 까지의 단계로 나누어 다섯 가지 시(時)와 여덟 가지 교(教)로 설명한 것을 말한다. 5시란 부처님 50년간의 설법을 시간적으로 판단하여 다섯 가지로 구분한 것인데, 최초 화엄시(華嚴時)로부터 아함시(阿含時)·방등시(方等時)·반야시(般若時)를 거쳐 최종 법화열반시(法華涅槃時)로 구분하는 것이다. 8교란 가르침을 교화하는 형식에 따라 구분한 화의사교(化儀四教)와 교리의 내용에 따라 구분한 화법사교(化法四教)로 나뉜다. 화의사교란 돈교(頓教)·점교(漸教)·비밀교(秘密教)·부정교(不定教)이며, 화법사교란 장교(藏教)·통교(通教)·별교(別教)·원교(圓教)이다.

46 중국 화엄종의 제4조 징관. 의천이 가장 많은 영향을 받은 화엄사상가.『화엄경소(華嚴經疏)』60권,『수소연의초(隨疏演義鈔)』90권을 지어 이후 80화엄 이해의 바탕을 이루었으므로 화엄소주라고 불렀다.

47 소승(小乘)·대승시교(大乘始教)·종교(終教)·돈교(頓教)·원교(圓教)의 오교(五教).

48 징관의 『大方廣佛華嚴經疏』(권2/大35): "교에 다섯 가지가 있으니 현수가 세운 것인데 자세하게는 따로 별장이 있다. 천태와 크게 같은데 다만 돈교를 더했다(教類有五, 即賢首所立, 廣有別章. 大同天台, 但加頓教)." p.512/ b15-16.

그림 7 지자육신탑

> 당(錢塘)[49]의 자변(慈辯: ?~1108)대사의 강석 아래에서 교관을 이어 받아 그 대략을 거칠게 알았습니다. 다른 날 고국에 돌아가면 목숨을 다하여 크게 드날려, 대사께서 중생을 위해 가르침을 베푸신 노고의 덕에 보답하고자, 이에 맹세합니다.[50]

이렇게 맹세한 그는 귀국했고 그의 맹세는 지켜졌다. 그는 천태산의 본산에 큰 화재가 일어나 공사가 중단되었다. 몇 년 뒤에 인예 태후와 선종이 세상을 떠나자, 문벌귀족인 인주 이씨 세력이 후원하는 법

---

49 지금의 절강성 항주 지역.

50 『대각국사문집』(권14): 大宋天台塔下親叅發願疏右某, 稽首歸命, 白于天台教主智者大師曰. 甞聞大師, 以五時八教, 判釋東流一代聖言, 罄無不盡. 而後世學佛者, 何莫由斯也? 故吾祖花嚴疏主云, "賢首五教, 大同天台." 竊念本國, 昔有人師, 厥名諦觀, 講演大師教觀, 流通海外, 傳習或墜, 今也即無. 某發憤忘身, 尋師問道. 今已錢塘慈辯大師講下, 承稟教觀, 粗知大略. 他日還鄉, 盡命弘揚, 以報大師, 爲物設教, 劬勞之德, 此其誓也.

그림 8 순천 선암사 대각 국사 진영

상종이 불교계를 주도하게 되면서, 의천은 멀리 해인사(海印寺)로 내려가야 했다. 이듬해 숙종(肅宗)이 즉위한 뒤에 의천은 흥왕사로 돌아왔고, 국청사는 1097년(숙종 2)에 완공되었다. 이 때 의천은 천태종을 개창하고, 국청사의 초대 주지가 되어 천태 교학을 강의하였다. 그 때의 상황을 김부식은 「개성영통사 대각국사비(開城靈通寺 大覺國師碑)」에서 다음과 같이 서술했다.

> 1097년(丁丑年) 5월 국청사에 주지하고 처음으로 천태교학을 강설하였다. 천태교(天台敎)는 과거에 이미 우리나라에 전해졌지만, 중간에 없어졌다. 국사가 전당(錢塘)에 가서 도를 묻고 불롱(佛隴)에 가서 맹서를 세운 이래, 천태교학을 떨쳐 일으킬 것을 생각하여 하루도 이를 마음속에서 잊은 적이 없다. 인예태후(仁睿太后)가 이 소식을 듣고 기뻐하여 이 절을 세우기 시작하였고, 숙종(肅宗)이 즉위하여 그 불사의 공덕을 이루었다.[51]

51 金富軾의 「開城靈通寺 大覺國師碑」: "丁丑夏五月 住持國淸寺 初講天台敎 是敎舊

이렇게 일갈하고 문을 열자 순식간에 그의 문하에 구름과 같이 선종 각 파의 승려 천여 명이 모여들었다. 이어서 천태종에서도 승과(僧科)로 승려를 선발했다. 그로 말미암아 고려 불교계는 교종의 화엄종과 법상종, 선종의 천태종과 조계종의 4대 교단 체제가 되었다. 이와 같이 의천은 고려 천태종의 개조가 되었다.

## 3. 오늘날의 천태산과 한국불교

중국 천태산은 우리의 불교와 밀접한 관련을 가지고 있었다. 고대에는 백제의 현광, 고구려의 파약, 신라의 연광이 천태산을 유학했고, 그 이후 통일신라 때에는 도육, 법융, 이응, 순영, 혜철, 오공이 있었고, 고려 때에는 제관, 석초, 의통, 지종, 의천이 있었다. 이들 중에는 파약, 도육, 오공, 의통과 같이 돌아오지 않은 사람들도 있다. 그 중 의통은 중국 천태종 16조가 되었고, 대각국사 의천은 고려 천태종의 개조가 되었다. 이것만 보더라도 우리의 불교에 중국 천태불교가 얼마나 큰 영향을 끼쳤는지를 알 수 있다.

한국에는 천태산이라는 산이 충북과 경남에 있다. 그리고 국청사라는 불교사원도 황해, 부산, 경기, 제주 등 4군데나 있다. 이것 또한 중국 천태산이 얼마나 우리에게 영향을 끼쳤는지를 보여주는 좋은 사례라 할 수 있다. 한편 한국의 차상 조기원씨가 천태현 창산(蒼山)의 10여년

---

己東漸而中廢 師自問道於錢塘 立盟於佛隴 思有以振起之 未曾一日忘於心 仁睿太后聞而悅之 經始此寺 肅祖繼之 以畢厥功"/李知冠(1986)『校勘譯註 歷代高僧碑文』(高麗篇3), 伽山佛教文化研究院, p.123에서 재인용.

그림 9 중한천태종조사기념당

간 버려져 있던 차밭 60여 만평이 낙찰을 받은 적이 있다. 이처럼 이미 천태산은 한국에 가까이 다가와 있다.

2011년 5월 한국의 천태종이 한중조사기념당을 국청사 안에 건립하고, 그 안에 천태지자대사, 대각국사 의천, 상월원각스님이 모셨다. 그리고 「대각국사기념탑」과 「상월대사공덕비」, 「중한천태종창덕비」를 세웠다. 이기운교수에 따르면 「고려 대각국사 장구 유허비」에 다음과 같은 내용이 새겨져 있다 한다.

> 나라 버리고 임금자리 버린 일 석가모니와 같네. 옛 큰 스님 두루 찾고 마침내 지자대사 가르치심이었도다. 해동으로 돌아오니 온 나라 우러러 귀의 하였네. 천태산 높고 높아 스님과 함께 우뚝하고, 천태묘법의 맑은 물이 스님과 더불어 깊고 잔잔하도다. 그 종지 무엇인가 삼관이 한 마음이요. 그 가르침 어떠한가 사교(四敎)를 한 옷깃에 감싸네. 지금 돌에 새긴 것은 미래와 지금에 전하기 위함일세.[52]

---

52 이기운(2007) 「천태사상의 전승」 『금강신문』, 2007.07.13.: 국역은 『天台山과 韓

이러한 기념사업은 일본보다 늦은 감이 있지만 그나마 다행한 일이라 생각한다. 그러나 이것만으로는 부족하다. 조사기념당에는 이름에 걸맞게 조사들만이 들어갈 수 있다.

그러나 조사가 되지 못했지만, 천태불교에 이바지한 사람들은 이상에서 보았듯이 다수의 인물들이 존재한다. 이들도 빠뜨리지 않고 기념하는 사업이 진행되어야 한다. 그러면서 이들이 해동에 귀국하여 이들의 활약상에 대한 연구가 함께 진행되어야 진정한 의미의 기념사업이 될 것이다.

國의 天台宗』에서 재인용, https://www.ggbn.co.kr.

# 천태로 간 일본의 승려

## 1. 천태로 간 헤이안의 승려들

고대 일본 승려들에게 중국 유학지 중 가장 인기가 높은 곳은 남방의 천태산과 북방의 오대산이었다. 일본을 대표하는 당송시대의 유학승 구카이(空海), 사이초(最澄), 엔닌(円仁), 엔친(円珍), 죠진(成尋), 초겐(重源) 등이 그 대표적인 인물이다. 이들 중 천태산을 찾은 일본승려들을 살펴보기로 하자. 특히 이들은 천태의 차문화를 일본에 전래한 인물들도 적지 않아, 일본차문화의 기원을 이해하는데도 도움이 된다. 따라서 본장에서는 천태산을 찾은 일본 승려들을 시대별로 살펴보기로 하자.

### (1) 사이초(最澄: 767~822)

기록상 일본승려로서 최초로 천태산으로 간 사람은 사이초이었다. 사이초는 804년(延暦22) 4월 견당사(遣唐使) 일행과 함께 배를 타고 나니와(難波)를 출발했으나 폭풍우를 만나 1년간 규슈(九州)에 머물렀다. 그 이듬해인 805년 7월 히젠(肥前国) 다노우라(田浦=長崎県平戸市)를 출발했다. 이들이 탄 배가 거친 파도를 만나 1개월 가량 표류하다 9월 1일 명주(明州=寧波)에 도착했다. 함께 출발한 4척 중 2척은 조난을 당했고, 구카이가 탄 배도 남쪽으로 떠내려갔다.

중국에 상륙한 사이초는 천태종의 성지인 천태산을 향했다. 그는 태주(台州)에 도착하여 그곳에서 천태산 수선사(修禪寺) 좌주(座主)인 도수(道邃)[1]를 만났다. 도수는 사이초에게 천태교학의 서적을 빌려주었

1 당나라 천태종의 승려. 일설에는 천태종의 제7조로 되고 있다. 속성은 왕씨. 시호는 흥도존자(興道尊者). 또 지관화상(止観和尚)이라고도 함. 원래는 당나라의 현관(顕官)이었으나, 관직을 그만두고 출가했다. 대력연간(大暦年間:766~779)에

그림 1 사이초(最澄) 진영. 일본 효고현(兵庫県) 가사이시(加西市) 일승사(一乘寺) 소장

고, 서사(書写)의 편의도 제공했다. 그 이후 그는 천태산으로 들어가 불롱사(仏隴寺)[2] 좌주 행만화상(行滿和尚)에게서 천태교학을 배웠고, 선림사(禅林寺)의 소연선사(翛然禅師)에게는 좌선을 배웠다.

천태산에서 법을 받은 사이초는 다시 태주로 가서 도수로부터 천태교학과 대승보살계(大乗菩薩戒)를 받았다. 그 후 그는 월주(越州: 현재 紹興)로 가서 그곳 영암사(靈巖寺)의 순효아자리(順曉阿闍梨)로부터 당시 유행했던 밀교도 전수받았다. 그리고 805년 귀국을 했다. 여기서 보더라도 그가 절강지역에서 머물렀던 시기는 1년 정도밖에 되지 않았

---

제6조 담연(湛然)의 제자가 되어 5년 동안 연찬에 힘써 드디어 천태법문의 필요하다는 것을 절감했다. 그 이후 강남지방에서 강설(講說)의 여행을 계속하여 796년(貞元12)에 천태산으로 들어가 9년 동안 대중승(大衆僧)의 화도(化導)에 노력했다. 9년후 804년(貞元20)에 임해(臨海) 용흥사(龍興寺)로 옮겼다. 그 다음해 이곳에서 사이초가 천태법문을 받았다.

2 천태산 불롱봉에 있던 천태종 사원. 불립사(仏立寺) · 수선사(修善寺)라고도 함. 천태종 근본도장의 하나로서 국청사와 더불어 불롱도량이라 불림. 사이초는 입당하여 불롱사의 行滿 좌주에게 법을 받았다.

그림 2 중국 절강 태주 용흥사(龍興寺)에 도착한 일본 천태종 개조 사이초(最澄) 동상

다. 그러므로 바쁜 일정을 보냈다.

특히 그는 천태의 차문화를 접할 기회가 많았다. 그가 불롱사에서 수행하고 있었을 당시 천태산은 유명한 차 생산지이기도 했다. 그러므로 차밭도 여기저기 많이 조성되어 있었다. 그리고 그의 스승이었던 행만[3]은 불롱사 아래 지자탑원(智者塔院)에서 차의 의례를 관장하는 「다두(茶頭)」를 맡고 있었다.

이것을 보더라도 당시 천태 사원에서는 헌다(献茶)와 공다(供茶) 등에 관한 규정이 확립되어 있었다. 따라서 유학승이었던 사이초가 찻잎과 음다를 비롯한 차의례 등에 관심을 가지지 않을 수 없었을 것이다. 805년 봄 태주자사(台州刺史) 육순(陸淳)은 귀국하는 사이초를 위해 송

3 당나라 승려. 담연의 제자. 천태산 불롱사(仏隴寺)의 좌주. 伝教大師 사이초에게 천태법문을 전했다.

별회를 열었다. 그 때 승려는 음주가 금지되어 있었기에 술대신 차가 나왔다.[4]

사이초가 훗날 저술한 『현계론연기(顕戒論縁起)』에 당시 태주사마(台川司馬) 오의서(吳顗叙)가 쓴 「일본으로 돌아가는 사이초상인을 보내며(送最澄上人還日本国序)」를 인용하였는데, 그것에 「삼월 초순, 날씨가 좋을 때, 새 차를 우려 여행을 떠나는 이를 전송하며, 봄바람을 마주하고 먼 길을 떠나는 이를 보냈다(三月初吉, 遷方景濃, 酌新茗餞行, 対春風以送遠)」는 내용이 있다.[5] 이처럼 그는 당시 차와 만나는 일이 많았다.

사이초가 귀국할 때 다수의 불교경전 뿐만 아니라 차씨를 비롯한 차문화를 일본에 전래했다. 그가 불교의례에 차를 이용한 대표적인 사례로는 11월에 행하는 「히에상월회(比叡霜月会)」를 들 수가 있다. 헤이안(平安) 중기의 시인이자 학자인 미나모토 타메요리(源為憲: ?~1011)의 『삼보회사(三宝絵詞)』에 의하면 798년(延暦17)에 중국에서 돌아온 그가 히에잔(比叡山)에서 천태대사 지의를 기리며 매년 11월 21일이 되면 강당에 많은 승려들을 불러 모아 『법화경』을 강설하고 5일 동안 행하는 법회를 열었다. 그리고 천태대사의 기일인 11월 24일에는 지의의 「영응도(霊応図)」[6]를 걸고, 그 앞에 차와 과자를 올렸다.[7] 이처럼 그는 불교의

---

4 徐静波(2011)「中国におけるお茶文化の展開とその日本への初期伝来」『京都大学生涯教育学・図書館情報学研究』(10), p.158.

5 戸崎哲彦(2018)「最澄と陸淳(上)—『台州相送詩』と『顕戒論縁起』」『島根大学法文学部紀要. 言語文化学科編』(45호), 島根大学学術情報リポジトリ, p.6에서 재인용.

6 천태지의에 관련된 이야기를 그림으로 그린 것. 이는 사이초가 천태산 국청사(國淸寺) 소장의 「천태영응도(天台靈應圖)」라는 회화의 모본을 입수하여 일본으로 가져간 것으로 알려져 있다.

7 「仏教儀礼と茶－仙薬からはじまった－」茶道資料館, 2017.

례에 차를 이용했다. 이 의례는 지금도 일본 천태종에서는 행하고 있다 한다.

한편 그가 가지고 간 차씨는 오늘날 시가현(滋賀県) 오쓰시(大津市) 사카모토(坂本町) 히요시신사(日吉神社)의 주변에 심었다고 전해진다. 이것이 일본에서 가장 오래된 차나무이며, 그곳의 히요시 다원(日吉茶園)이 일본 최초의 다원이라 했다. 이것이 사실이라면 일본 최초의 차는 중국 천태산에서 시작된다고 할 수 있다.

### (2) 구카이(空海: 774~835)

차문화 연구가인 박영환은 당나라 원화(元和) 원년(806년)에는 일본에서 온 홍법대사 구카이가 천태산에 불법을 구하러 왔다가 일본으로 돌아가는 길에 적잖은 양의 천태산 차씨를 가지고 귀국하여 일본각지에 심었다고 소개한 바 있다.[8] 그러나 이것은 잘못이다. 그가 천태산에 들렀다는 기록은 어디에도 없다.

804년 8월 10일 구카이가 탄 배가 표류를 하여 복주(福州) 장계현(長渓県) 적안진(赤岸鎮)에 표착했다. 그곳을 떠나 같은 해 11월 23일 장안으로 들어가 805년(永貞元) 2월 서명사(西明寺)에서 머물렀다. 그리고 장안의 예천사(醴泉寺)의 인도승 반야삼장(般若三蔵)으로부터 범어(梵語)로 된 경본(経本)과 신역경전(新訳経典)을 받았다. 5월이 되자 그는 밀교의 제7조인 청룡사(青龍寺)의 혜과(恵果)를 찾아가 약 반년 동안 밀교를 배웠다. 805년 12월 15일, 혜과가 60세의 나이로 입적하자, 806년 3월 장안을 출발하여 4월에는 월주(越州)에 도착하여 그곳에서 약 4개월 머

8 박영환(2009) 「중국차문화기행(28) | 운무차(雲霧茶)②」 『불교저널』, 2009.06.23.

그림 3 고야산(高野山) 금강봉사(金剛峰寺)의 홍법대사좌상(公開的弘法大師座像)

물렀다. 그리고 8월 명주를 출발하여 귀국 길에 올랐다.

이러한 그의 중국에서 보낸 행적을 보면 천태산과 크게 관계가 없다. 그러므로 그가 천태산의 차씨를 일본에 전래했다는 견해는 납득이 되지 않는다. 기록상으로도 그가 차를 전래했다는 사료는 그다지 많지 않다. 기록에 처음으로 등장하는 것은 1833년(天保4) 학령화상(學霊和尚)이 편찬한『홍법대사연보(弘法大師年譜)』이다. 이것에 의하면「대사가 입당하여 귀국할 때 차를 가지고 돌아와 사가천황에게 바쳤다」고 되어 있다.

이것이 사실이라면 그는 803년(延暦23)에 입당하여 유학하고 806년(大同元)에 귀국할 때 중국의 차를 가져가 일본에 전래한 것이 된다. 그러나 그러한 기록들이『홍법대사연보』의 편찬시기 보다 앞선 자료에서는 발견되지 않고, 또 연보가 구카이의 활약한 시기보다 1천여년 뒤의 것이어서, 이것 또한 역사적 사실로 쉽게 받아들여지지 않는다. 즉, 민간전승에 가까운 것이다.

### (3) 엔사이(円載: ?~877)

엔사이는 헤이안 전기의 일본 천태종 승려이다. 그는 오늘날 나라(奈良) 출신으로 어릴 때부터 천태종의 개조 사이초에게 사사를 받은 만년의 직계제자이다. 그는 838년(承和5) 엔닌(円仁)과 함께 제17차 견당사선을 타고, 당으로 들어가 천태산으로 갔다. 그 때 그는 일본 천태좌주 엔초(円澄: 772~837)의 천태종의(天台宗義)에 관한 「의문(疑問)50조(条)」를 가지고 있었다. 이것은 일본 히에잔(比叡山) 천태 승려들의 법문상(法門上) 의문을 모은 것이었다. 이 문제를 중국 천태산을 대표하는 학승 광수(広修)와 유견(維蠲)으로부터 얻은 「당결(唐決)」을 얻어 제자인 인호(仁好)에 맡겨 일본으로 보냈다. 그리고 쇼토쿠태자(聖德太子)의 『법화경의소(法華経義疏)』과 인명황후(仁明天皇: 808~850)에게 부탁받은 납가사(衲袈裟)를 천태산에 봉납했다. 그리고 유학승으로서 유견의 문하에서 수행을 했다.

그러나 그 후 불행이 그를 기다리고 있었다. 「회창폐불(會昌廢佛)」이었다. 도교에 빠진 무종(武宗: 814~846)은 불교를 비롯해  기독교, 조로아스타교, 마니교 등 도교 이외의 종교를 탄압했다. 그리하여 당시 장안에 있던 엔닌도 환속조치가 되어 추방되어 귀국하기 위해 2년간 각지를 유랑생활 해야 했다. 전국 사원이 파괴가 되고, 승려 260,500명이 강제 환속되어 절에서 쫓겨났다. 이러한 처지는 천태산에서도 예외가 아니었다. 외국승려 엔사이도 그 때 환속되었다. 그 이후 입당한 지증대사 엔친(智証大師円珍)은 엔사이가 천태산 부근 마을에서 환속조치당한 여인과 함께 밭을 갈고 누에를 키우며 함께 살고 있었다고 전하고 있다.

또 그 때 악행도 서슴치 않고 저질렀다고 엔친의 『행력초(行歷抄)』에서는 서술하고 있다. 즉, 그것에 의하면 엔사이가 신라(神羅: 新羅의 오기로 보임) 승려를 고용하여 독약으로 엔슈(円修)를 살해하려고 하였으나 실패로 끝났다고 하며, 또 숙소에서 악언도 퍼부었으며, 엔친이 하는 일을 방해했다는 등의 내용이 적혀있다.[9] 여기에 대해 「회창폐불」의 심각함을 모르고 생활하는 사비유학승 · 엔친이 국비유학승인 엔사이에 대해 질투심으로 「파계악행」으로서 서술하였을 가능성도 있다는 견해가 있다. 그에 대한 진실은 아직도 알 수 없다.

그러나 법난이 종식되자, 다시 엔사이는 구법활동을 벌인다. 우선 엔친을 안내하여 천태산에서 장안으로 가서 청량사(淸涼寺)의 법전(法全)에게서 금강계(金剛界)와 태장계(胎藏界)의 관정(灌頂)을 받았다. 엔친이 귀국한 후 864년(貞観6) 5월에 입당한 신뇨호신노(真如法親王=高岳親王: 799~865)[10]와 슈에이(宗叡: 809~884)[11]가 장안에 도착하자, 당시 재당생활 30여년이 되는 엔사이가 장안의 서명사(西明寺)로 안내했다. 그리고

9 辻善之助(1944) 『日本仏教史』 岩波書店, pp.350-351.

10 平城天皇(774-824)의 3남. 桓武天皇의 손자. 쿠스코(薬子)의 사건으로 황태자에서 폐위 당함. 그 후 출가하여 진여(真如)라 함. 입당하여 천축을 향해갔다고 하나 행방불명이 됨. 가마쿠라시대의 설화집 『찬집초(撰集抄)』에 의하면 그는 석가모니에 대한 추모의 정이 깊어 불적 순례를 하여 인도까지 가고자 했다. 그러나도중에 호랑이에게 습격당하여 횡사했다고 되어있다.

11 헤이안시대 전기의 진언종 승려. 속성은 小谷氏. 교토 출신. 入唐八家(最澄 · 空海 · 常暁 · 円行 · 円仁 · 恵運 · 円珍 · 宗叡) 중의 한사람. 14세 때 히이잔(比叡山)에 들어가 載鎮에게 師事 받아 출가. 그 후 홍복사(興福寺)의 義演에게서 법상교학을, 연력사(延暦寺)의 義真에게는 천태밀교를, 円珍에게는 금강계 · 태장계 양부를, 実慧에게는 진언밀교를 배웠으며, 선림사(禅林寺)의 真紹에게는 관정(灌頂)을 받았다. 862년(貞観4) 真如法親王과 더불어 당으로 건너가 오대산 · 천태산을 순례하고, 汴州의 玄慶, 長安의 法全 등에게 밀교를 배우고, 865년(貞観7)에 귀국했다. 869년(貞観11)에 権律師, 879년(元慶3)에 승정(僧正)으로 임명되었고, 동대사 별당 · 동사(東寺)의 장자도 역임했다. 清和天皇의 귀의를 받아 천황이 출가할 때 계사(戒師)를 맡았다.

그들의 구법활동을 적극 도왔다. 또 황제인 선종(宣宗)에게 초빙되어 강설을 하고 자의(紫衣)를 받는 등 대활약을 했다.

이같이 입당한 후 39년이 지난 877년(乾符4)에 70세된 노구의 몸으로 귀국하고자 지금까지 모은 수천권의 불교서적와 유교서적을 가지고 이연효(李延孝)의 배를 타고 일본으로 향했다. 그러나 불행하게도 풍랑을 만나 배가 난파되어 그만 조난사를 당하고 말았다.

### (4) 천태산을 가지 못한 엔닌(円仁: 794~864)

한편 엔사이와 함께 입당한 엔닌은 어떻게 되었을까? 그보다 먼저 그의 신상에 대해 살펴보면 그는 시모(下野国=栃木県) 쓰가군(都賀郡) 출신이다. 속가의 성씨는 미부(壬生), 이름이 엔닌(円仁)이며, 시호가 자각대사(慈覚大師)이다. 9살 때 쓰가군 대자사(大慈寺)의 고승 광지(広智)의 제자가 되었고, 15세 때 천태종의 개조 · 사이초의 제자가 되었다. 813년(弘仁4) 관시(官試)에 급제하였으며, 그 이듬해 814년(弘仁5)에 득도했다. 그리고 816년(弘仁7) 동대사(東大寺)에서 구족계를 받았다. 817년(弘仁8) 사이초의 동국순석(東国巡錫)에 동행하였고, 스승으로부터 전법관정(伝法灌頂)과 원돈보살대계(円頓菩薩大戒)를 받았다. 사이초가 입적한 후 그는 12년간 히에잔에 들어가 수행하기 시작했다. 그러나 산내의 승려들로부터 포교 요청을 고사할 수 없어 828년(天長5) 중도에 하산하여 동북지방을 비롯한 각지로 돌아다니며 포교했다. 그리고 833년(天長10)부터는 몸이 불편해 요코가와(横川)에서 조용히 머물렀다.

비교적 그의 입당 유학은 다른 사람들에 비해 늦은 편이었다. 그의 나이 42세가 되던 835년(承和2) 천태산으로 가서 교학의 의문을 해결하기 위해 단기유학의 입당청익승(入唐請益僧)에 선발되었다. 견당사의 일원으로서 2년 연속 상륙하는데 실패했다. 838년(承和5) 3회째 도전으로 견당사와 더불어 7월 양주(揚州=江蘇省) 해릉현(海陵県)에 상륙하여 개원사(開元寺)로 갔다. 견당사는 후지와라 쓰나쓰구(藤原常嗣: 796~840)[12]이었고, 동행자는 엔교(円行: 799~852)[13], 죠교(常暁: ?~867)[14] 등이었다.

그러나 당나라는 그를 천태산 여행 허가를 해주지 않고, 오히려 귀국을 명했다. 그 이듬해 그는 도승(従僧) 2명, 종자(従者) 1명과 더불어 법을 어기고 잔류했으며, 신라상인 장보고(張宝高: ?~841)에 의탁하여 등주(登州)의 적산법화원(赤山法華院)으로 갔다. 840년(開成5) 오대산으

---

12 헤이안시대(平安時代)의 귀족. 관위는 従三位 · 参議。834년(天長11) 견당대사(遣唐大使)로 임명. 836년(承和3), 837년(承和4) 2회 도항하나 실패. 838년(承和5) 3회째 도항하여 어렵게 중국에 가서 839년(承和6) 장안에서 문종(文宗)을 배알한 후, 신라선(新羅船)을 수배하여 8월에 귀국했다. 이것이 일본 최후의 견당사이었다.

13 일본 헤이안시대의 진언종 승려. 교토 출신. 入唐八家(最澄 · 空海 · 常暁 · 円行 · 円仁 · 恵運 · 円珍 · 宗叡)중의 한 사람. 처음에는 원흥사(元興寺)의 歳栄에게 사사받아 화엄종 승려로서 득도 수계했다. 823년(弘仁14) 空海로부터 금강계 · 태장계 양부의 大法을 받았고, 또 고린(杲隣)에게서 관정을 받았다. 実恵의 推挙에 의해 入唐請益僧이 되어 838년(承和5) 円仁 · 円載 · 常暁 등과 함께 당으로 건너가 청룡사(青龍寺)의 義真에게서 법을 받았다. 839년(承和6)에 귀국하여 「청래목록(請来目録)」을 바쳤다. 그 후 칙명으로 야마시로의 영암사(霊巌寺)를 창건하고, 또 天王寺의 초대 별당에 임명되었다. 그리고 하리마(播磨国)의 태산사(太山寺)를 창건하기도 했다.

14 헤이안시대 전기의 승려. 출자는 미상. 小栗栖律師 · 入唐根本大師라고도 함. 入唐八家 중의 한 사람. 원래 원흥사의 豊安에게 삼론(中論 · 十二論 · 百論)의 교학을 배웠으나, 훗날 空海로부터 관정을 받았다. 838년(承和5) 삼론의 유학승으로서 당으로 갔다. 揚州에서 元照에게 삼론의 교학을, 文祭에게 밀교와 대원수법(大元帥法: 怨敵 · 逆臣의 調伏, 국가안태를 비는 진언밀교의 법)을 배우고, 839년(承和6) 일본에 귀국했다. 840년(承和7) 山城国 우지(宇治)의 법림사(法琳寺)에 大元帥明王像을 안치하고 修法院으로 하는 것을 인가받았다. 그리고 궁중의 상녕전(常寧殿)에서 대원수법을 처음으로 행하기도 했다. 이후 대원수법은 後七日御修法에 준하는 취급을 받게 되었다. 864년(貞観6) 権律師로 임명되었다.

로 순례를 떠났고, 소경중(蕭慶中)에게서 선과 염불삼매법을 배우고, 대화엄사(大華厳寺)에서 지원(志遠)과 현감(玄鑑)으로부터 천태종의를 배운 다음, 장안의 자성사(資聖寺)로 갔다.

841년 대흥선사(大興善寺)의 원정(元政), 청룡사(青龍寺)의 의진(義真), 현법사(玄法寺)의 법전(法全) 등으로부터 금강, 태장의 비오(秘奥), 의궤(儀軌)를 배웠다. 그 밖에도 보월삼장(宝月三蔵)에게는 실담(悉曇=梵語学)을, 예천사(醴泉寺)의 종영(宗穎)으로부터는 천태를 배웠고, 대안국사(大安国寺)의 양간(良侃) 그리고 정영사(浄影寺)의 유근(惟謹)으로부터 도비법을 배운 것으로 알려져 있다. 이처럼 그는 입당 후 9년 가량 중국에 머물면서 천태교학과 밀교를 배웠다.

842년(会昌2)부터 시작된 대규모 불교탄압에 직면하자 그는 도사의 복장을 하고 장안을 탈출했다. 845년(会昌5) 일시적으로 환속하여 신라인들의 도움을 받아 상선을 타고 귀국길에 올라 847년(承和14)에 다자이후(大宰府)에 도착했다. 그 때 경전 559권, 양부만다라, 사리, 법구 등을 가지고 돌아갔다. 그 이후 연력사(延暦寺)의 3대 좌주가 되었고, 천태종 산문파의 개조가 되었다. 그는 기신(義真: 781~833), 엔초(円澄: 772~837), 코죠(光定: 779~858) 등을 이어 명실공히 일본 천태종을 대성시킨 인물로 평가되고 있다. 입적 후 866년(貞観8) 자각대사로 추증되었다. 이러한 그가 갈망하던 천태산을 가지 못했던 것이다.

### (5) 엔친(円珍: 814~891)

엔친(円珍)은 일본 제5대 천태 좌주이며, 시호는 지증대사(智証大師)이다. 천태종 사문종(寺門派)의 종조이며, 보호(宝号)는 「남무대사지혜

그림 4 지증대사 엔친(젠쓰지시(善通寺市)의 금창사(金倉寺)) 소장

금강(南無大師智慧金剛)」이다. 그는 853년에 입당하여 858년에 귀국했다. 저서로는 『행력초(行歴抄)』가 있다. 그것에는 앞에서 언급하였듯이 엔사이를 혹평하고 있다. 8명의 대표적인 당나라 유학승(入唐八家: 最澄, 空海, 常暁, 円行, 円仁, 恵運, 円珍, 宗叡)의 한 사람이다.

그는 814년(弘仁5) 사누키(讃岐国=香川県) 가나구라(金倉郷)에서 태어났으며, 다도군(多度郡) 히로다(弘田郷)의 호족 사에키(佐伯)씨 출신이다. 속성은 와케(和気). 자는 엔친(遠塵)이며, 구카이(空海=弘法大師)의 조카(또는 질녀의 아들)에 해당한다. 어릴 때부터 경전을 접했고, 15세 때 히에잔에 올라가 연력사의 기신(義真)을 스승으로 출가했으며, 12년간 농산행(籠山行)에 들어갔다.

846년(承和13) 연력사의 학두(学頭)가 되다. 853년(仁寿3) 신라상인의 배로 입당했다. 도중에 폭풍우를 만나 대만에 표착한 후 같은 해 8월에 복주(福州)의 연강현(連江県)에 상륙했다. 당시 19대 황제 · 선종(宣宗)은 불교를 보호하였기에 무사히 천태산에 갈 수 있었다. 그 때 그는 천태산 화정봉에서 차밭을 보고 「젊은 대나무가 검게 돋아나 있고 차나무는 숲을 이루고 있다(若竹黤黮, 茶樹成林)」라고 표현했다.

당시 당에서는 손님이 오면 차를 내는 습관이 있었다. 그러므로 그도 입당하여 차를 마셨을 것이다. 직접 차밭을 보았다 하더라도 중요한 재배와 제다에 어느 정도 세밀하게 관찰하고 익혔는지는 알 수 없다.

그는 천태산 국청사에서 수행했다. 그리고 선림사(禅林寺)를 거쳐 청룡사(青竜寺)에 가서 3대법(金剛界 · 胎蔵界 · 蘇悉地)을 전수받았다. 이 때의 스승은 혜과(恵果: 746~805)의 손상좌인 당밀교의 대가 법전(法全)[15]이었다.

858년(天安2) 중국 상인의 배를 타고 귀국했다. 귀국 후 잠시 금창사(金倉寺)에서 살았으며, 그 이후 히에잔의 산왕원(山王院)에 주석하였으며, 859년(貞観元) 원성사(園城寺=三井寺)의 장리(長吏=別当)을 맡아 그곳을 전법관정(伝法灌頂)의 도량으로 만들었다. 그리고 868년(貞観10) 연력사 제5대 좌주가 되었다. 891년(寛平3) 10월 29일 향년 78세로 입적했다. 삼정사에는 엔친이 감득했다는 「황부동(黄不動)」, 「신라명신상(新羅明神像)」 등 미술품과 더불어 그가 직접 썼다는 문서가 다수 남아 있다.

15 당나라 진언종 승려. 청룡사(青竜寺)의 義操, 法潤에게서 금강계, 태장계의 大法을 받고, 현법사(玄法寺)에 살며, 그 후에 청용사(青竜寺)로 옮겼다. 일본에서 입당한 宗叡, 円仁, 円珍, 遍明 등은 모두 法全에게서 밀교를 수법(受法)했다. 저서로는『현법사의궤(玄法寺儀軌)』,『청룡사의궤(青竜寺儀軌)』등이 있다.

### (6) 초넨(奝然: 938~1016)[16]

동대사(東大寺)의 삼론종(三論宗) 승려이며, 989년(永祚元)부터 3년간 동대사 별당(別堂)을 역임한 승려이다. 동대사의 칸리(観理: 894~974)[17]에게 삼론교학을 석산사(石山寺)의 겐고(元杲: 914~995)[18]에게 진언밀교를 배웠다. 일찍부터 입송에 뜻을 두었고, 982년(天元5) 44세가 된 초넨은 조정에 입송을 요청했다. 그 때 그는「저는 평범하고 우둔하나, 분수를 잘 알고 있습니다. 만일 송나라 사람들이 먼 길을 떠나 온 순례의 목적을 묻는다면 저는 "일본의 무재무행(無才無行)의 삼류 승려가 수행하기 위해 온 것이지 결코 구법을 위한 것이 아니다."고 대답하겠습니다. 그

---

16 헤이안시대(平安時代) 중기 동대사(東大寺) 삼론종(三論宗) 승려. 속성은 후지와라씨(藤原氏). 교토 출신. 법제대사(法済大師)라고도 함. 동대사의 칸리(観理)에게 삼론교학을, 오우미(近江) 석산사(石山寺)의 겐고(元杲)에게 진언밀교를 배웠다. 983년(永観元) 중국(宋)에 건너가 천태산을 순례한 후, 변경(汴京)을 거쳐 오대산을 순례했다. 송 태종(太宗)으로 부터 대사호(大師号)와 신인대장경(新印大蔵経) 등을 받고 귀국 길에 올랐다. 도중에 인도의 우전왕(優填王)이 조성했다는 석가여래입상을 모각하고, 태내(胎内)에 그 유래기를 넣고, 986년(寛和2)에 귀국했다. 987년(寛和3) 석가상을 교토 상품연대사(上品蓮台寺)에 안치했다. 같은 해 그는 법교(法橋)에 임명되었고, 989년(永祚元)부터 3년간 동대사 별당을 역임했다. 그 후 초넨이 가지고 간 석가여래입상은 그가 송으로 가기 전에 가람 건립을 발원한 아타고산(愛宕山)의 청량사(清凉寺)가 건립되자, 그곳에 봉안되었다. 초넨이 송태종에게 헌상한『왕대연기(王年代紀)』가『송사(宋史)』일본전(日本伝)에 수록되어있다. 또『신당서(新唐書)』일본전도 사료명은 명시되어있지 않으나, 아마도『왕대연기』를 참조한 것으로 보인다.

17 일본 헤이안시대의 승려. 흥복사(興福寺)에서 출가하여 법상종을 배우고, 진언종 제호사(醍醐寺)의 延敒에게 삼론과 진언을 배웠다. 제호사의 좌주(座主)가 되었고, 応和의 宗論에서는 연력사(延暦寺)의 余慶과 토론을 벌였다. 968년(安和元) 大僧都, 그 이듬해 동대사의 별당으로 임명되었다. 통칭은 동남원대승도(東南院大僧都). 저서로는『유식장(唯識章)』과『삼론방언의(三論方言義)』등이 있다.

18 일본 헤이안시대 진언종 승려. 권학원(勧学院)에서 수학한 후 제호사(醍醐寺)의 元方에게 사사받고 출가, 또 一定·明珍 등에게 수학함. 淳祐·寛空에게 관정(灌頂)을 받고, 968년(安和元)에 内供奉十禅師·東宮護持僧이 되었다. 981년(天元4) 権律師, 983년(天元6) 権大僧都가 되었다. 기우법(祈雨法)을 수행하면 영험이 있었다고 한다. 주요저서로는『具支灌頂儀式』, 自伝으로는「元杲大僧都自伝」(続群書類従所収)이 있다.

러면 일본의 치욕이 되지 않을 것입니다」라고 말했다. 즉, 그는 구카이와 사이초와 같은 고승이 되고자 하는 야심이 없다고 한 것이다. 이에 조정은 그의 도항을 특례로서 묵인하기로 했다.

그 이듬해 983년(永観元) 8월 1일 45세의 나이로 제자 가인(嘉因)·세이산(盛算: 932~1015)들과 함께 송나라 상선을 타고 규슈(九州)를 출발했다. 17일 후 배는 중국의 태주(台州)에 도착했고, 9월에 천태산을 순례했다. 그 후 소주(蘇州)·양주(楊州) 등을 거쳐 12월에 송나라 수도 개봉(開封)에 도착했다.

초넨은 개인자격으로 송나라에 갔으나, 송 태종은 국빈으로서 대우하고 황궁에서 접견했다. 그 때 초넨은 일본의 『직원령(職員令)』과 『일본연대기(日本年代記)』 그리고 중국의 고전인 호화본 『효경(孝経)』을 헌상했다. 태종은 초넨의 오대산 순례에 편의를 봐주었고, 국가가 승려들에게 부여하는 최고의 영예인 「자의(紫衣)」와 「법제대사(法済大師)」라는 칭호와 함께 새롭게 간경한 『대장경(大蔵経)』(5047권)을 하사했다.

그는 986년(寛和2) 7월에 송나라 상선을 타고 귀국했다. 이미 그의 나이는 48세였다. 『백련초(百練抄)』에 의하면 「2월 11일 입당한 초넨이 귀국했다. 그 때 가지고 온 석가상, 16나한회상, 접본 일체경을 연대사(蓮臺寺)에 두었다(二月十一月, 入唐僧奝然歸朝 隨身第三傳釋迦像, 十六羅漢繪像, 幷摺本一切經, 到蓮臺寺)」라고 기록되어있다. 즉, 그는 송태종에게 받은 대장경만 가지고 간 것이 아니었다. 석가상과 16나한회상도 가지고 갔다. 그 중 석가상은 그가 귀국하던 해 인도의 우전왕(優填王)이 조성했다는 석가여래입상을 모각(模刻)하여 태내(胎内)에 그 유래기 등을 넣고서 가지고 갔으며, 987년에 그것을 교토(京都)의 상품연대사(上品

그림 5 청량사의 석가여래입상

蓮台寺)에 안치했다. 그 후 그것은 아타고산(愛宕山)에 청량사(清凉寺)가 건립되자, 그곳으로 옮겨져 오늘에 이르고 있다.

### (7) 니치엔(日延:?~?)

니치엔은 헤이안시대(平安時代: 794~1185) 중기의 천태종 승려이다. 오늘날 사가현(佐賀県) 출신이며, 곤릿시(権律師)[19] 닌칸(仁観)의 제자이다. 일본은 견당사(遣唐使)의 폐지에 의해 승려들은 중국의 천태산으로 갈 수가 없었다. 그러다가 당말 중국 천태산에서 일본 연력사(延暦寺)에 중국에서 산실된 천태교적(天台教籍)이 있다면 서사하여 보내달라는 요청이 있었다. 이에 니치엔이 953년(天暦7) 오월국(呉越国)으로 들

19 율사는 승정(僧正)·승도(僧都)의 아래에 위치하며, 승니(僧尼)를 통령하는 관직이다. 5위(五位)의 전상인(殿上人)에 상당하는 승관(僧官). 곤(権)이란 부관(副官)이라는 의미이며, 승관체제에서 가장 하위에 있는 승관이다.

어가 서적을 천태산에 전달했다. 그는 또 오월왕인 전홍숙(錢弘俶: 929~988)[20]으로부터 자의(紫衣)를 하사받았을 뿐만 아니라 가천대(司天台=천문대)에서 배우는 특별 허가를 받아 957년(天德元) 일본에 없는 신역법(新暦法)의 부천력(符天暦)과 내전(内典)·외전(外典) 약 1천여 권을 가지고 귀국했다. 그 중에는 도선(道詵)의 『왕생서방정토서응산전(往生西方浄土瑞応刪伝)』이 있으며, 이것이 요시시게노 야스타네(慶滋保胤: 933~1002)[21]의 『일본왕생극락기(日本往生極楽記)』에 크게 영향을 끼쳤다. 그 후 야스타네의 저서는 겐신(源信)의 『왕생요집(往生要集)』과 더불어 천태산으로 보내졌다. 이처럼 그를 계기로 중국과 천태산과의 교류가 이

20 10국 오월의 제5대 마지막 왕. 문목왕(文穆王) 전원권(銭元瓘)의 9남. 원래 전씨 일족은 독실한 불교신자이었다. 전홍숙은 천태덕소(天台德韶)를 국사로 초빙하여 보살계를 받았고, 영명연수(永明延寿)를 영명사(永明寺)에 초빙했다. 그리고 아육왕탑(阿育王塔:일명 전홍숙탑)을 만들어 각지에 봉납하기도 하고, 공율사(空律寺)·영지사(霊芝寺)·영은사(霊隠寺)·천광왕사(千光王寺) 등을 창건했다. 그리고 대륙에 산일散逸)된 천태경전(天台経典)을 구하기 위해 고려와 일본에 의뢰하기도 했다. 또 자식들을 승려로 출가시키는 등 불교진흥에 노력을 기울였다.

21 헤이안시대 중기의 귀족, 문인, 유학자. 부친은 가모노 타다유키(賀茂忠行). 관위는 종5위하(従五位下)·대내기(大内記). 가학(家学)이었던 음양도(陰陽道)를 버리고 기전도(紀伝道)를 택하고, 성씨도 가모(賀茂)를 버리고 요시시게(慶滋)로 바꾸었다. 젊었을 때부터 불교에 대한 신앙심이 강해 아들이 성인식을 치르자, 986년(寛和2)에 출가하여 히에잔(比叡山)의 요코가와(横川)에 살았다. 또 같은 해 염불결사『25삼매회(二十五三昧会)』의 결성에도 참여했다. 법명은 처음에는 심각(心覚)이라 하다가 나중에는 적심(寂心)으로 바꾸었고, 내심입도(内記入道)라고도 불렸다. 여러지역을 편력한 후 낙동여의사(洛東如意寺=如意輪寺)에서 입적했다. 후지와라노 미치나가(藤原道長)에게 계를 준 적도 있어서 까 죽었을 때 미치나가가 그를 공양하기 위해 오에노 마사히라(大江匡衡:952-1012)에게 풍송문(諷誦文)을 작성케했다는 이야기가 유명하다. 제자로는 적조(寂照. 속명 : 大江定基)가 있다. 주요저서로는『지정기(池亭記)』,『일본왕생극락기(日本往生極楽記)』등이 있다. 그 중『일본왕생극락기』는 일본에서 왕생을 이룬 인물들의 전기를 모은 것이기 때문에 훗날 왕생전과 설화집에 큰 영향을 주었다. 그리고 그의 한시는『본조문수(本朝文粋)』및『화한낭영집(和漢朗詠集)』에 실려져 있고, 그의 와가(和歌)는『습유화가집(拾遺和歌集)』에 수록되어있다.

루어진 것은 사실이나, 그가 천태에 갔을 때 어떤 차를 마시고 차문화를 경험하였는지에 대해서는 기록상으로는 확인이 불가능하다.

### (8) 죠진(成尋: 1011~1081)

죠진은 헤이안 중기의 승려로 부친은 후지와라씨(藤原氏), 모친은 미나모토씨(源氏)이다. 교토 대운사(大雲寺)의 별당과 연력사(延暦寺)의 아사리(阿闍梨), 관백(關白)인 후지와라노 요리미치(藤原賴通:992~1074)의 호법승을 역임한 후 1072년 60세의 나이로 중국으로 건너갔다. 그 때 천태산과 오대산 등지를 순례하며 쓴 일기가 『참천태오대산기(參天台五臺山記)』(8권)이다. 『참천태오태산기』는 북송 때의 사회, 문화에 대한 전반적인 내용들을 상세히 기술하고 있어 엔닌의 『입당구법순례행기(入唐求法巡礼行記)』와 함께 북송의 불교사정을 아는데 매우 중요한 자료로서 평가되고 있다.

그것에 의하면 죠진은 송나라 사람 손충(孫忠)의 배를 타고 제자 7명과 함께 입송했다. 1072년 5월 4일 항주를 출발해 전당강(錢塘江)을 건너 서흥진(西興鎮)에 이르렀고, 그곳에서 절동운하(浙東運河)로 들어가 월주(越州)를 지나 조아강(曹娥江)을 거슬러 올라가 섬현(剡縣)에 도착하여 그곳에서 육로로 천태산 국청사에 도착했다. 그 때가 5월 13일이었다.[22]

천태산에 도착한 죠진 일행은 국청사을 참배하고, 화정봉(華頂峰)에 올라 차나무가 번성해 있는 것을 보고 감동했다. 그리고 가는 곳마다

22 高橋弘臣(2005)「成尋天台山　五台山巡礼と宋朝の対応」『四国遍路と世界の巡礼―人的移動・交流とその社会史的アプローチ―研究成果報告書』 愛媛大学, p.54.

차의 접대를 받았다. 이들은 순례객이었기 때문에 오랫동안 천태산에 머물지 않았다. 그들은 8월 6일 다시 국청사를 떠났기 때문에 천태산의 체재는 불과 3개월도 되지 않았다.

실제로 그의 일기인 『참천태오대산기』에는 200개소 이상이나 「茶」라는 말이 등장한다.[23] 그만큼 그는 중국인의 음다문화에 관심이 높았음을 보여준다. 본서에서는 그가 천태산에서 머무는 기간 동안 차를 체험한 기록을 중심으로 살펴보기로 하자. 그 내용들을 주제별로 정리하면 그의 차 체험은 다음과 같다.

첫째, 차는 손님 접대에 필요한 음료수이었다. 이 부분에 대한 기록이 가장 많다. 그가 처음으로 중국에서 음다 경험한 것으로 보이는 기록은 1072년 4월 26일이다. 그는 다음과 같이 적었다.

> 천태산에 가는 이유를 적은 신청서를 제출했다. 회랑에서 차를 내라는 명이 있었다. 곧 회랑을 향해 차를 마셨다. 그리고 도독(都督) 안을 따라 새롭게 다원(茶院)으로 가서 은화반(銀花盤)에 담긴 향탕(香湯)을 주었기에 마셨다.[24]

이것은 관가에서 차대접 받는 사례이다. 이 날 죠진은 항주부(杭州府)에 가서 천태산에 순례가기 위해 신청서를 제출하였을 때 관가에서 그에게 차를 대접하였을 뿐만 아니라, 다원에 안내를 받아 은화반에 담

23 吉原浩人(2024)「中國天台山と古代日本の茶文化」『제2회 통도사 국체차문화학술대회 자료집－중국 천태산과 한중일 고대 차문화－』 영축총림 통도사, p.92.

24 成尋 『參天台五臺山記』(卷1) 4月 26日: 献参天台山由申文。于廊可点茶由有命。即向廊喫茶。次從都督内、以新去茶院、銀花盤送香湯、飲了。

긴 향탕도 접대 받았다. 그 이후 5월 20일(권1)에도 관청에 가서 관리로부터 차대접을 받았다. 그것에 대해 이 날의 일기에는 다음과 같이 적었다.

> 사시(巳時)에 사주(寺主)와 함께 천태현(天台県)의 관청에 갔다. 국청해원(国清廨院)에서 차를 대접받았다. … (중략) … 그리고 관아에 들어가자 대수가 맞아주었고, 함께 정자의 의자에 앉았더니 항주의 공문서를 보여주었다. 통역인 진영(陳詠)을 통해 말을 서로 주고 받았다. 태수가 차와 약을 주었다.[25]

이 날도 천태현의 관청에서 태수로부터 차대접을 받았다. 한편 사찰에서 차대접을 받은 사례는 4월 29일에 다음과 같은 내용을 들 수가 있다.

> 흥교사(興教寺)에서 낮의 재식(斎食)이 끝나고 숙소로 돌아와 휴식을 취했다. 대교주(大教主)의 노승이 차를 마시자는 청이 와서 함께 차를 마셨다. … (중략) … 신시(申時)에 절을 나왔다. 대교주와 소교주가 대문 앞까지 나와 배웅하며, 차와 약석(薬石)을 주었다. … (중략) … 정자사(浄慈寺)의 교주(教主)인 칙사(勅賜) 달관선사(達観禅師)는 나이가 74세인데, 나를 숙사(宿舎)로 데리고 가더니 차를 대접했다.[26]

---

25 成尋『參天台五臺山記』(卷1) 5月 20日: 巳時、寺主相共、参向天台県官人許。于国清廨院点茶。(中略) 次入衙、大守出迎、共入亭座椅子、令見杭州公移。以通事陳詠通言語。大守点茶・薬。

26 成尋『參天台五臺山記』(卷1) 4月 29日: 斎了、還宿所休息。大教主老僧、為点茶請、行向喫茶。(中略) 申時、出寺。大小教主送大門前、有茶・薬。(中略) 教主勅賜達観禅師、年七十四、将入宿処、喫茶。

이 날 죠진에게 차 대접한 항주 흥교사의 대교주는 범진(梵臻)선사이고, 정자사의 74세 노승은 묘혜달관(妙惠達観)선사이었다. 이들은 절에 찾아온 죠진 일행들에게 차대접을 하였다. 5월 12일에는 다음과 같은 특이한 내용이 있다.

> 진(辰)의 3점(三点)에 신창현(新昌県)의 선계향(仙桂郷)에 도착했다. 또 아미타불당(阿弥陀仏堂)이 있었다. 수창사(寿昌寺) 승정(僧正) 명지대사(明知大師)와 제자 행자 성이(性李)가 건립한 곳이다. 그 절의 동자가 찾아와 차를 권하였는데, 다기가 더러워서 마시지 않았다.[27]

이 날은 차를 권하였지만, 다기가 너무나 더러워서 마시지 않았다고 했다. 당시 일반 가정에서도 손님에게 차를 대접했던 모양이다. 5월 13일에는 다음과 같은 내용이 있다.

> 5리를 지나서 진칠숙(陳七叔)의 집에 다다라 휴식을 하고, 여러 사람들과 함께 차를 마셨다. 돈을 주었지만 집주인은 받지 않았다. … (중략) … 미(未)의 각(刻)에 청가에 도착하여 휴식을 취했다. 뇌연공봉(頼縁供奉)이 돈 158문을 내어 13명에게 술을 마시게 했다. 팻말에 적혀있기를 대평향(大平郷)의 동쪽은 국청사(国清寺)에 이르는 10리이고, 경현(京県)에 이르는 것은 5리이다. 집주인이 도심(道心)이 있어서 차를 마셨다.[28]

---

27 成尋『參天台五臺山記』(巻1) 5月 12日: 辰三点、至同県仙桂郷。亦有阿弥陀仏堂。寿昌寺僧正明知大師弟子行者性李建立。件童行出来進茶、而依器穢、不喫。

28 成尋『參天台五臺山記』(巻1) 5月 13日: 次過五里、至陳七叔家休息、諸人喫茶。雖与銭、家主不取。(中略) 未刻、至清家休息。頼縁供奉出銭百五十八

이들이 천태산을 향하여 가면서 휴식을 취한 진칠숙과 청가는 일종의 주막인지, 아니면 일반 가정집인지 모르지만, 차대접을 받고 돈을 주었지만 받지 않았다고 적고 있다. 이처럼 당시 중국에서는 일반적인 손님 접대용의 음료가 차이었음을 알 수 있다.

접대 시 차만 내는 경우도 있지만, 많은 경우 곁들어 먹는 간식을 내기도 했다. 그러한 경우 차와 양매(楊梅)〈5/14〉, 차와 과일〈6/4〉, 차와 탕〈5/26, 5/29〉, 차와 향탕〈4/26〉, 차와 약석(薬石)〈4/29, 5/28〉, 차와 약〈5/29〉, 차와 떡〈6/29〉의 2개 조합이 있고, 차와 탕과 당병(糖餅)〈5/21〉, 차와 약과 과자〈5/24〉, 차와 과일, 약〈7/25, 7/30〉, 차와 과자와 약주(薬酒)〈6/10〉의 3개 조합이 있으며, 또 차와 과일 그리고 약과 술(7/10)과 같은 4개의 조합까지 있었다. 즉, 차를 마실 때 탕, 향탕, 과자, 과일, 약석, 약주 등도 함께 곁들었음을 알 수 있다.

이러한 문화가 익숙해지자, 죠진 일행은 스스로 차를 끓여 마시기도 하고, 찾아오는 손님들에게 차를 대접하기도 했다. 6월 19일 죠진은 자리에서 일어나지 못할 정도로 몸이 떨리고 아팠다. 지독한 감기이었을지도 모른다. 이때 제자들이 그를 부축하여 일으켜, 끓인 차를 대접했다. 그리고 윤7월 2일에는 「노숙(老宿)의 도사(道士) 1명과 노승 1명이 함께 찾아와 차를 대접했다」하였고,[29] 윤7월 15일에도 「진시(辰時)에 도사의 노공(老公)이 찾아왔기에 차를 대접했다」고 기술하고 있다.[30]

---

文、十三人令喫酒。榜云、大平郷東至国清寺一十里、至京県五里。家主有道心、令喫茶了。

29 成尋『參天台五臺山記』(巻2) 潤 7月 2日: 老宿道士一人・老僧一人同道来、点茶了。

30 成尋『參天台五臺山記』(巻2) 潤 7月 15日: 辰時、道士老公来、点茶了。

이처럼 중국에서 체재하면서 죠진일행은 점점 중국 차문화에 익숙해져 갔다고 볼 수 있다.

둘째, 차는 곧잘 선물용으로 이용되었다. 그 예로 5월 2일에 다음과 같은 내용이 있다.

> 오시(午時)에 영은사(靈隱寺) 승려 덕찬(德賛)이 찾아와 선물로 차 2병 주었다. 천태로 가는 길에 마시라고 했다. 그에게 작은 칼(小刀) 한 자루를 주었다. 또 명경원로(明慶院路)의 욕당승(浴堂僧)이 찾아와서 선물로 차 2병(瓶)을 주었다. 그리하여 그에게 체도(剃刀) 두 자루를 주었다.[31]

이 날 영은사 승려 덕찬, 욕당승이 죠진에게 천태에 가는 길에 마시라고 차를 선물했다. 그는 답례로 머리 깎는 칼을 선물했다. 그리고 7월 26일에는 여일문장(如日文章)이라는 승려가 노승에게 좋은 차 1囊을 선물하는 것도 지켜보기도 했다.[32] 그 뿐만 아니라 5월 28일에는 「진사랑(陳四郎)이라는 통역인에게 다기 작은 것(茶小器) 10구」를 선물로 받기도 했다.[33]

셋째는 차를 판매하는 것도 목격을 했다. 여기에는 노점상이 있고, 다원이라는 차가게가 있었다. 주로 노점상은 곡예사이었다. 여기에

---

31 成尋『參天台五臺山記』(卷1) 5月 2日: 午時、霊隠寺僧徳賛来。志与茶二瓶。天台路間可喫者。与小刀一柄了。明慶院路浴堂僧来、志与茶二瓶。即与剃刀二柄了。

32 成尋『參天台五臺山記』(卷2) 7月 26日: 如日文章、具小師光梵来。小師借観心論了。文章、志与老僧好茶一嚢。

33 成尋『參天台五臺山記』(卷1) 5月 28日: 陳四郎、名永、来志与茶小器十口・種々菓子・酒等.

대해 4월 22일의 일기에 다음과 같이 서술했다.

> 곡예사들이 구경꾼들에게 다탕을 주고 돈 1문을 내게 했다. 남와시(南瓦市)의 동서는 30여정(町), 남북은 30여정이며, 1정마다 크고 작은 길이 백천(百千)이나 있다. 물건을 사고파는 일은 말로 표현 할 수 없을 정도로 번성하다. 구경꾼들은 길거리(路頭)와 사내(舍內)에 가득차 있으며, 은으로 만든 다기(茶器)를 가지고 사람마다 차를 마시며, 돈 1문을 내고 있다.[34]

이 날 죠진은 처음으로 항주부(杭州府)의 남와시(南瓦市) 거리에 나왔다. 그 때 수많은 곡예사들이 거리에서 공연을 펼쳤는데, 이들은 자신의 곡예를 보여준 다음 구경꾼들에게 돈 1문씩 받고서 차를 은제의 다기에 담아 팔고 있었다. 한편 5월 27일에는 임해현(臨海県)의 어느 다원에 들러 105세 노인을 만났다. 그 노인은 관가에서 식사를 담당하고 있다고 인상깊게 적고 있다.[35] 이처럼 그는 차를 파고 사는 행위도 목격했다.

넷째는 나한공차이다. 이는 나한에게 차를 바치는 종교적인 행위이다. 그의 일행이 5월 13일에 국청사에 도착하여 나한원에서 모든 나한상 앞에 다기가 놓여져 있는 것을 보았다. 그리고 5월 19일에는 석교로 가서 모든 나한에게 516잔의 차를 바치고 「금강영진언(金剛鈴真言)」을

---

34 成尋『參天台五臺山記』(巻1) 4月 22日: 毎見物人与茶湯、令出銭一文。市東西卅餘町、南北卅餘町、毎一町有大路・小路百千。売買不可言尽。見物之人、満路頭幷舎内、以銀茶器、毎人飲茶、出銭一文。

35 成尋『參天台五臺山記』(巻1) 5月 27日: 卯時、出泊歩、過五里、入臨海県了。于茶院見百五歳老翁。公家、被宛日食云云。

외웠다. 그 때 차에는 8개의 연화문이 생겨났고, 찻잔에는 꽃무늬가 떠올랐다고 했다. 이를 보고 나한이 차공양을 받고 상서로움을 나타낸 것이라고 감격하여 감격의 눈물을 흘렸다고 기술했다. 이처럼 그도 천태산에서 나한공차를 행하였던 것이다.

이상에서 보듯이 죠진은 중국인들이 차가 접대용 음료와 선물로 이용되고 있으며, 이를 길거리와 점포 안에서 판매하는 사람들이 있고, 또 나한공차와 같이 종교적인 의례에 사용되는 것을 목격과 함께 체험했다. 그리고 죠진은 차만 마신 것이 아니다. 「경덕사(景德寺)의 승관이 찾아와서 쑥차를 권하여 마셨다」는 7월14일의 일기에서 보듯이 쑥차(蓬茶)도 마셨다.[36] 그리고 승려들의 다기는 소박하였을지 모르나, 시중에서는 은제의 다기와 화반을 사용하고 있는 것도 목격했다.

천태산의 순례를 마친 죠진은 국청사의 인부들을 고용해 천태산에서 얻은 교자(轎子) 및 불구(佛具)와 불서(佛書) 등을 잔뜩 지고 국청사를 떠나 당시 송의 수도였던 개봉(開封)으로 향하였던 것이다. 개봉에서 황제인 신종(神宗: 1048~1085)을 알현하고, 갈구하던 차(茶)도 하사받았다. 그리고 기우법(祈雨法)을 수행하여 선혜대사(善慧大師)라는 칭호를 받았다. 엔닌(円仁)과 초넨(奝然)의 여행기와 겐신(源信)의 『왕생요집(往生要集)』을 송나라로 가지고 간 한편, 송으로부터 확보한 경전 등 600여 권을 일본으로 보냈다. 자신도 귀국하려고 하였으나, 신종의 만류로 송에 남았고, 1091년 변경(汴京)의 개보사(開寶寺)에서 입적하여 즉신불(即身仏)로서 모셔졌다고 한다. 그러나 동행한 제자 7명이 중국에서 익힌 음다문화를 일본에 가지고 돌아갔을 것이다.[37]

---

36 成尋 『參天台五臺山記』(卷2) 7月 14日: 景德寺僧官来、令喫蓬茶畢。

## 2. 천태로 간 가마쿠라의 승려

### (1) 에이사이(榮西: 1141~1215)

일본 승려들 중 특히 에이사이는 천태산과의 관계가 밀접했다. 그의 입송은 두 차례나 있었다. 1차 입송(入宋)은 1168년 4월이었고, 2차 입송은 1187년 4월이었다.

1차 천태산 순례는 그의 나이 28세이었다. 그리고 기간도 짧았다. 그가 중국에 체재한 것은 불과 6개월 정도이었다. 그리고 당시 중국행은 엄청난 경제적 부담이었다. 이를 달성하기 위해서는 후원자가 필요했다. 그 중 가장 적극적인 후원세력은 히에잔의 묘운(明雲: 1115~1184)이었다. 묘운은 제56대와 57대의 천태좌주이었다. 에이사이는 중국에서 귀국할 때 천태의 「신장소30여부60권(新章疎三十余部六十巻)」을 가지고 갔으며, 그것을 묘운에게 헌상했다.

이러한 의미에서 그의 1차 중국행은 유학이라기 보다는 불교관련 서적을 입수하는데 전력을 기울였던 것 같다. 그의 후원자였던 묘운은 원래 헤이케(平家)의 호지승(護持僧)이었다. 그리하여 겐지(源氏)들에 의해 헤이케들의 토벌이 이루어지자 에이사이는 후원자도 잃게 된다. 그러자 그는 비젠(備前), 빗츄(備中), 치쿠젠(筑前) 등지를 옮기며 생활을 하며 몸을 숨겼다. 이같이 당시는 헤이케가 멸망하고 호조씨(北条氏)가 일어났으며, 정권이 교체되는 혼란기였다.[38]

---

37 邊冬梅, 瀬尾邦雄(2002)「中日茶文化交流の一考察」東北公益文科大学総合研究論集(4-8) p.142.

38 中山清治(2012)「栄西と喫茶養生記」『東京有明医療大学雑誌』(4), 東京有明医療大学, p.34.

그의 2차 입송은 1187년(文治 3) 그의 나이 47세 때 이루어졌다. 그때 그는 중국에서 인도에 가서 석가모니 사리탑을 예배할 목적이었다. 그 해 4월 25일, 항주(杭州)의 임안에 도착하여 지역관리에게 천축(天竺)으로 가고 싶다고 청원을 하였으나, 서역으로 가는 길은 금(金)과 요(遼)나라에 점령당해 허가를 얻을 수 없었다. 그리하여 일본으로 귀국하기 위해 배를 타고 떠났으나, 태풍을 만나 온주(温州) 서안현(瑞安県)에 표착했다. 이에 느낀 바가 있어 그는 천태산으로 향했다. 그리고 그곳 만년사(万年寺)에서 주지인 허암회창(虚庵懐敞: ?~?)[39]을 만났다. 만년사는 당대에 백장회해(百丈懐海: 749~814)[40]의 법을 계승한 평전보안(平田普岸:

---

39 송나라 임제종 황룡파(黄龍派)의 선백(禅伯). 생년(生年)·생지(生地)·속성(俗姓) 미상. 천동산(天童山)의 설암종근(雪庵従瑾)에게서 법을 받았고, 천태산 만년사(万年寺)의 주지가 되어 일본승려 에이사이를 제자로 받아들였다. 1189년(淳熙16)에는 천동산(天童山) 경덕사(景徳寺) 23대가 되었다. 몰년·몰지도 미상이며, 기록도 전해지지 않는다.

40 당나라의 선승. 백장산(百丈山)에서 살았기 때문에 백장이라고 부르고 법명은 회해(懷海)이다. 위앙종(潙仰宗)과 임제종의 제9대 조사. 그의 스승은 위앙종과 임제종의 8대조사 마조도일이다. 주요 제자로는 임제종 10대조사인 황벽희운(黄檗希運)과 위앙종을 창시한 위산영우(潙山霊祐)가 있다. 그는 복건성(福建省) 복주(福州) 장락현(長樂縣)에서 출생했다. 서산혜조(西山慧照)를 따라 삭발하고 형산(衡山)의 법조율사(法朝律師) 밑에서 구족계(具足戒)를 깨우쳤다. 여강(廬江)의 부차사(桴槎寺)에 들어가 그곳의 경장(經藏) 안에서 대장경(大藏經)을 연구하였다. 그 후 백장은 767년 무렵에는 남강(南康)에서 마조도일(馬祖道一)을 만나 사사받았다. 마조 밑에서 수도해 대오하였다. 후에 백장산에 들어가 많은 문하생 제자를 지도하고 교화하였다. 그는 백장회해는 「청규」를 제정하여, 선사를 율사로부터 독립시켰다. 백장회해의 「청규」를 「백장청규」라고 하는데, 주요 내용은 다음과 같다. 장로(長老)를 방장(方丈)으로 추대하여 법을 설하게 한다. 불당(佛堂)을 세우지 않고 중앙에 법당(法堂)을 세운다. 전 대중이 보청(普請)법에 의거하여 노동생산에 참여한다. 대중생활에서 규범을 어긴 자에 대한 벌칙을 세운다. 특히 「청규」 중에 노동생산 참여 규정은 백장회해가 "하루 일하지 않으면, 하루 먹지 말라"는 말로 강조했다. 노동 자체가 선수행이라고 보았다. 그에 관한 일화 두가지를 소개하면 다음과 같다. 첫째, 『벽암록(碧巖錄)』(제51칙)의 「백장야압자(百丈野鴨子)」이다. "마조 선사가 백장과 함께 길을 가다가 야생오리가 날아가는 모습을 보고는, "이것이 무엇이냐?[是什麽]"하고 물었다. 백장이 "야생오리[野鴨子]입니다."라고 응답했다. 그러자 선사께서 "어디로 날아갔느냐?"하고 물으시자 백장

그림 6 만년사 입구

770~843)에 의해 창건된 선종 사찰이었다.

에이사이는 만년사에서 허암의 문하에서 밀교를 배웠다. 1189년(淳熙16) 허암회창이 명주(明州) 천동사(天童寺)의 주지가 되어 거처를 옮길 때 에이사이도 함께 갔다. 천동사는 북송말과 남송초에 조동종의 굉지정각(宏智正覺: 1091~1157)이 1200대중들이 있는 대총림이었으며, 남송의 선종 5산 중 제3의 위치에 있는 권위있는 사원이었다. 그 후 에이사이가 천동사에서 만년사로 돌아갔는지, 아니면 만년사를 왕래하며 생활을 하였는지 명확하지 않다. 그러나 1190년(紹熙元) 9월 만년사에서 편찬한 『비밀은어집(秘密隱語集)』에 일본의 문도를 보냈다는 내용이

---

이 "(저쪽으로) 날아 가버렸습니다."라고 응답했다. 이에 선사가 마침내 백장의 코를 손으로 쥐고 비틀자, 백장은 아픔에 못이겨 소리를 질렀다. 그러자 마조 선사께서 "뭐야! 여기에 있지 않느냐?"라고 일갈했다. 이 때 백장은 본심에 눈을 뜨고 대오했다 한다. 둘째, 『무문관(無門關)』(제2칙)의 「백장야호(百丈野狐)」이다. 이 이야기는 백장회해 선사께서 설법할 때마다, 한 노인이 있어 늘 대중들과 함께 앉아서 설법을 듣다가, 대중이 물러가면 함께 물러가곤 하더니, 어느날은 물러나지 않고 남아 있었다. 백장 선사께서 이를 이상히 여겨 "여기 내 앞에 버티고 있는 사람은 누구냐?"라고 물었다. 노인이 "네, 저는 인간이 아닙니다. 먼 옛날 가섭불(迦葉佛)이 계실 때 이 절의 주지였습니다. 어느 날 한 승려가 '많이 수행한 사람도 인

있어,[41] 그의 출발지가 만년사일 가능성도 없지 않다.

그는 1190년 천태산에 있는 보리수를 상선을 통해 일본으로 보냈다. 그 보리수는 사이초의 스승 도수(道邃)가 천태산에 심은 것으로 그것에서 얻은 가지를 일본으로 보내어 츠쿠시(筑紫)의 카시이궁(香椎宮)에 심었다. 그 이듬해 1191년 7월 그는 8여년의 유학생활을 마치고 귀국했다. 그 때 그가 출발지가 천동산 혹은 만년사이었는지 분명치 않으나, 배를 타고 일본 히라도(平戶)에 도착한 것이 1191년(建久2)이었다. 그 이후 그는 하카다(博多)의 성복사(聖福寺)·가마쿠라(鎌倉)의 수복사(寿福寺)·교토(京都)의 건인사(建仁寺) 등을 창건하고, 중국에서 배운 밀교와 선종을 펼쳤다. 그리고 건강장수를 위해 차와 뽕의 효용을 강조한『끽다양생기(喫茶養生記)』를 저술했다. 이 책에는 그가 실제로 직접 목격한 제다법과 음다법도 자세히 기술되어있다. 이것으로 인해 현재 일본에서는 그를 다조라 일컬어지고 있다.

한국의 박영환은 에이사이가 유학 기간 동안 천태산 현지 차농(茶農)

---

과(因果)에 떨어집니까?' 하고 묻기에, 제가 '인과에 떨어지지 않느니라.[不落因果]'라고 잘못 응답하였기 때문에 오백생(五百生) 동안 들여우가 되었습니다. 원하옵건대 화상께서 저를 위하여 부디 일전어(一轉語)로 여우의 몸을 벗어나게 해 주십시요."라고 대답하고는, 드디어 노인이 백장 선사께 "많이 수행한 사람도 인과에 떨어집니까?[大修行底人還落因果也無.]"라고 여쭈었다. 그러자 스승이 "인과에 어둡지 않느니라.[不昧因果]"라고 답했다. 그 말끝에 노인은 크게 깨닫고 절하며 "저는 이제 여우의 몸을 벗어나 뒷산에 있으니 스님께 바라건대 부디 '죽은 승려'의 사례처럼 장례를 치러 주십시오."라고 간청했다. 곧 백장 선사께서 유나(維那)로 하여금 대중에게 점심 식사후 장례식이 있다는 것을 알리게 했다. 그러자 대중이 "일중(一衆)이 모두 건강하고 열반당(涅槃堂)에도 병든 분들이 한 분도 없는데 도대체 어찌 된 일일까?"라고 수군거리며 괴이하게 생각했다. 식사 후 선사께서 대중들을 이끌고 뒷산 바위 밑에 이르러 주장자로 죽은 여우를 밖으로 끌어내서, 즉시 화장(火葬)했다.

41 岩間眞知子(2016)「栄西が将来したものについて—日中交流からみた僧・栄西」『人文学論集』(34), 大阪公立大学人文学会, pp.255-256.

그림 7 자쿠추(若冲: 1716~1800)의 바이사오(売茶翁)

들의 차 재배법과 제다기술 및 음차방법을 세심하고 깊이 있게 고찰하였고, 유학을 마치고 귀국 할 때 천태산의 차씨를 대량으로 가지고 가서 세부리산(背振山)에 심었다고 했다.[42]

그러나 그것에 관한 기록은 1차 자료에는 발견되지 않고, 그보다 훨씬 후대인 1838년 바이사오(売茶翁: 1675~1763)[43]에 의해 저술된 『매산종

42 박영환(2011) 「다선일미(茶禪一味)의 정신과 다도(2)」 『불교저널』, 2011.09.21., http://www.buddhismjournal.com.

43 일본 황벽종 승려. 일본 전차의 개조. 속명은 시바야마 겐쇼(柴山元昭), 히젠(肥前) 하스이케(蓮池, 佐賀市) 출신. 11살 때 황벽종 사원 용진사(龍津寺)에 출가하여 化霖에게 사사받았다. 그 후 야마시로(山城) 우지(宇治)의 만복사(万福寺)에서 수행하고 용진사에 돌아왔다. 그러다가 형보연간(享保年間: 1716~1736)에 스승 化霖의 입적을 계기로 절을 버리고 교토로 나와 청제다법(青製茶法)에 의한 양질의 전차를 만들어낸 宇治田原의 나가타니 소엔(永谷宗円)과 만나 그 전차를 파는 생활에 들어갔다. 그 때 이름을 고유카이(高遊外)로 고쳤으나, 사람들은 바이사오(売茶翁)라 불렀다. 그의 차파는 행위는 생계를 위한 것이 아니라, 부패한 승려사회의 각성을 촉구한 것이었다. 또한 그는 다수의 시를 남겼으며, 1755년(宝暦5) 9월에는 고령으로 인해 차파는 행위는 그만둔다. 그의 저서로는 『매산종다

다보략(梅山種茶譜略)』에 처음 나온다. 그것에 의하면 에이사이의 2차 입송 때 「1191년 귀국할 때 차씨를 가져와 치쿠젠(筑前)의 세부리산에 심었다. 이것이 고산사(高山寺) 묘에상인(明惠上人: 1173~1232)에게 전달되었고, 묘에는 자신이 사는 곳에 심고 차를 만들었는데, 그 맛이 훌륭했다. 이것이 훗날 전국에 퍼져 차를 마시는 사람이 많아졌다」고 되어 있다. 이를 근거로 그 이후 많은 지역에서 차의 기원을 에이사이에서 찾는 전승이 생겨났다. 이처럼 그의 차종자 전래설은 전승의 영역에 가깝다.

그러나 이것이 사실이라면 그의 차씨는 만년사가 있는 천태산 혹은 천동사가 있는 명주에서 가져갔을 가능성이 높다. 즉, 그의 차씨의 원산지가 명확하지 않으나  그것이 양절 중 절동의 것임은 누구도 부인하지 못할 것이다.

### (2) 슌조(俊芿: 1166~1227)

슌조는 일본 진언종 천용사파(泉涌寺派)의 종조이다. 『불가기전(不可棄傳)』에 의하면 그는 적어도 3회 천태산을 찾았다. 이를 모두 합하면 1년 정도 체재한 것 같다. 제 1회는 1199년(慶元五) 5월로 상선을 타고 상주(常州)의 강음군(江陰軍)에 도착하자, 항주를 거쳐 천태산으로 가서 천태산 석교에서 오백나한에게 차공양을 했다.

제2회 그가 천태산을 찾았을 때에 대해 『불가기전』은 다음과 같이 기술했다.

---

보략(梅山種茶譜略)』이 있으며, 그의 시는 『매다옹게어(売茶翁偈語)』에 수록되어있다.

또 1202년(嘉泰2) 10월 초5일 사명을 출발하여 천태산에 도착했다. 도유가 개산한 적성사에서 한 겨울을 지나고 1203년(嘉泰3) 봄 불롱의 지자탑원에 가서 잠시 머물렀다. 그리고 같은 해 4월 5일 천태의 은거지 은지도량이라는 불롱대자사에서 하안거를 했다.[44]

이상에서 보듯이 이 때 슌조는 적성사(赤城寺) · 지자탑원(智者塔院) · 불롱대자사(佛隴大慈寺)라는 3개의 사원을 들렀다. 적성사는 도유(道猷: 약 405~476)에 의해 개산되었고, 산 이름을 따서 적성사라 했다. 그곳은 도유 이후 장안관정(章安灌頂: 561~632), 형계담연(荊溪湛然: 711~782)이 주석을 한 천태교학의 전통을 지닌 사원으로서 유명하다. 지자탑원은 천태종의 개조인 지의(智顗: 538~597)의 진신사리를 안치한 곳이며, 일명 진각사(眞覺寺)라고도 한다. 지의가 개창한 천태종은 일본불교에도 중대한 영향을 끼쳤기 때문에 천태산에 오른 일본승려의 대부분은 지자탑원을 참배한다.

또 대자사는 『가정적성지(嘉定赤城志)』(卷28)의 「교원(教院)」 조에 천태교학의 사원으로서 등록되어있다. 502년에 창건되었으며 수나라 때는 수선사(修禪寺)라 하였으나, 국청사가 창건된 이후 절을 고쳐 도량으로 삼았다. 당대에 이르러서는 선림사(禪林寺)로 고쳤다. 이를 백색의 토지에 비유하여 은지도량(銀地道場)이라 했다. 당말의 「회창폐불」로 인해 파괴되었다가 867년(咸通8)에 재건되었다. 1008년 7월 오늘날의 사액이 하사되었다. 이곳에서 슌조는 하안거에 참가했다.

44 『不可棄傳』: 又、嘉泰二年十月初五日、離四明、去到天台山、道猷開山赤城寺、過一冬。同三年春、到佛隴智者塔院旦歇。四月初五日、到天台隱居銀地道場佛隴大慈寺、結夏安居。

그림 8 복원 공사중의 수선사

송대 사원의 하안거는 4월 15일부터 금족이 시작되어 7월 15일의 해제일까지 바깥으로 출입할 수 없다. 이를 「법세주원(法歲周圓)」이라 한다. 슌조는 대자사에서 하안거에 참가하였기에 2회째 천태산 체재기간은 적어도 1202년 겨울부터 1203년 7월15일까지 한정할 수 있다. 『불가기전』에 의하면 슌조가 대자사를 떠나는 계기가 된 것은 안거 기간 중에 천태학의 최고권위자가 화정 초과사(華亭超果寺)의 북봉종인(北峰宗印: 1148~1213)이라는 것을 듣고, 그 학풍을 배우기 위해 초과사에 갈 것을 결의했다고 한다.

대자사를 떠난 시기는 1203년(嘉泰三) 7월 15일 이후로 추측된다. 북봉종인의 「법어(法語)」 가운데 「일본의 순조법사(俊芿法師)가 경원(慶元) 말년에 대송(大宋)에 와서 놀았고, … (중략) … 가태(嘉泰) 4년에 화정(華亭)에 이르러 초과사(超果寺)에 도착하였다(日本俊芿法師、慶元之末、來遊大宋、…(中略)… 嘉泰四年、抵華亭超果)」라는 내용이 있고, 화정의 초과사에 도착한 해를 1204년(嘉泰四)이라고 명기하고 있다. 천태산에서 절서(浙西)의 화정까지 약350킬로의 거리가 된다. 그렇다면 1203년(嘉泰

三) 7월 15일 이후에 천태산을 떠나더라도 시간적 여유가 충분히 있어서 경유지인 항주 사원들을 방문하더라도 전혀 이상할 것이 없었다.

3회 째 천태산 방문에 관해서는 『불가기전』에 다음과 같은 기록을 통해서 추측할 수 있다.

> 이번에는 비록 스승의 명령이라 할지라도 갈 수 없었습니다. 삼월에 이르러 초과를 떠나 태주를 유람하였습니다(於今度者、縱雖師命、其不可赴。逮至三月、出超果遊台州。)

1207년(開禧三) 3월 화정의 초과사에 있던 슌조는 북봉종인의 가르침에 따라 3년간 병들어 누워있는 화정의 장씨(章氏)를 위한 밀교의 부동법(不動法)을 수행했으나, 불행히도 다시 발병하고 말았다. 이 일로 그는 초과사를 떠나 태주(台州)로 간 것으로 되어있다. 태주는 현재 천태(天台), 임해(臨海), 황암(黃巖) 등을 포함한 넓은 지역을 가리키나, 당시 천태산을 중심으로 한 불교의 상황을 고려한다면 여기서 태주란 두 번씩이나 유학한 천태산을 가리키는 것으로 보아도 무리가 없을 것이다.[45]

## 3. 현재의 천태산과 일본 불교

45 王招國(2013)「南宋における俊芿の行歷」『国際仏教学大学院大学研究紀要』(第17号), 国際仏教学大学院大学, pp.204-208.

이상에서 살펴보았듯이 중국 천태산은 일본불교에도 크게 영향을 끼쳤음을 알 수 있다. 일본에도 천태산이 오사카(大阪), 가나가와(神奈川)도 있으며, 중국 천태종의 총본산이라 할 수 있는 국청사라는 사원도 아키다(秋田), 시즈오카(静岡), 교토(京都), 오카야마(岡山), 야마구치(山口), 고치(高知) 등 무릇 6곳이나 이른다. 이것은 중국 천태불교가 일본에 얼마나 큰 영향을 끼쳤던가를 반증하는 것들이다.

이러한 데는 천태산에 유학한 많은 승려들이 있었다. 헤이안시대에는 사이초, 엔사이, 엔친, 죠진이 있고, 가마쿠라시대에는 에이사이, 슌조 등이 있었다. 그 중에서 사이초는 일본 최초로 천태산에서 차씨를 일본에 전래한 사람으로 알려져 있으며, 에이사이는 또 다시 천태산의 차씨와 송나라 사원의 말차다법을 일본에 전래함으로써 일본다도의 개조가 되었다. 이처럼 일본차문화의 원류로서도 천태산은 주목을 받고 있다.

최근 일본불교측은 국청사 경내에 중일천태종조사기념비정(中日天台宗祖師紀念碑亭)을 건립했다. 그곳에는 「천태지자대사찬앙송비(天台智者大師讚仰頌碑)」「최징대사천태득법영적비(最澄大師天台得法靈迹碑)」가 있고, 그 옆에 「행만좌수증별최징대사시비(行滿座首贈別最澄大師詩碑)」가 있다. 이같은 기념비는 세울 만하다. 왜냐하면 앞에서도 언급하였듯이 사이초는 어려움에도 입당구법에 나서 거친 파도를 헤치고 바다를 건너 태주로 가서 형계문하의 도수(道邃)로부터 천태의 강연을 듣고, 다시 천태대사의 자취를 찾아 불롱사에서 행만의 지도 아래 천태교학을 배우고 일본으로 돌아가 히에잔의 연력사를 창건하고 일본 천태종을 열었기 때문이다.

그러나 1986년 일본측이 세운 또 하나의 기념비는 과도했다. 그것은 다름 아닌 「나무묘법연화경(南無妙法蓮華經)」이라고 새겨진 「일련상인석탑(日蓮上人石塔)」이다. 일련상인은 일본불교 일련종(日蓮宗) 개조이다. 이를 세운 그들의 마음은 순수한 마음으로 본다면 받아들이지 못할 것도 없겠으나, 그래도 아무리 생각해도 너무 과한 것 같다. 왜냐하면 그는 중국 천태산과 아무런 관련이 없기 때문이다. 굳이 있다면 그가 젊었을 때 히에잔에서 수행하며 천태학을 배운 일뿐이다. 중국 천태산에 한 번도 가 본적도 없는 그를 단순히 천태학을 배웠다고 하여 기념비를 세운 일본 일련종의 처사는 너무 나간 세속의 욕망의 표현이라 하지 않을 수 없다. 이러한 행위는 천태산을 찾는 우리들에게는 해서는 안될 것을 보여주는 좋은 교훈적 산물이 아닐 수 없다.

# 참고문헌

## 제1장


김재생(1982)「한국의 전통차문화에 대한 민속식물학적인 연구」『경남문화연구』(5권), 경상대 경남문화연구소, pp.110-111.

김혜숙(2024)「ISSR 분석을 통한 한국차와 천태산 차의 친연관계」『제2회 통도사 국체차문화학술대회 자료집』 통도사 차문화대학원, pp.110-117.

무원(2022)「이끄는 말」『파야 선사 이후 천태차맥의 재발견』,『파야 선사 이후 천태차맥의 재발견』〈제3회 천태지관차법전승학술대회자료집〉, p.9.

박현규(2009)「浙東 平水에서 鷄林鸞詩와 신라상인의 교역활동」『신라문화』(33), 동국대 신라문화연구소, p.222.

安啓賢(1970)『韓國文化史大系 宗教哲學史』(6卷), 고려대 민족문화연구소, p.232.

吳靜宜(2006)「天台宗與茶禪定關係」『臺北大學中文學報』(創刊號), pp.269-272.

이영자(1988)『한국천태사상의 전개』 민족사, pp.140-141.

鄭鳴鎌(2024)「중국 천태종과 천태의 차문화」『제2회 통도사 국체차문화학술대회 자료집-중국 천태산과 한중일 고대 차문화-』 영축총림 통도사, p.12

최석환(2022)「파야 선사 이후 한국으로 이어진 천태산의 차맥」『파야 선사 이후 천태차맥의 재발견』〈제3회 천태지관차법전승학술대회자료집〉, pp.18-19.

姚國坤・張莉穎(2017)『名山名水名茶』 黃山國際, pp.29-30.

김기원(2018)「김기원교수의茶이야기] 세계 차(茶) 어원은 중국 토속방언에서 왔다」『경남연합신문』, 2017.12.31., http://www.knyhnews.co.kr/news/articleView.

박영환(2009)「[차이야기]중국차문화기행(28) | 운무차(雲霧茶)② 천태산 차문화의 형성과 전파」『불교저널』, 2009.06.23.,
http://www.buddhismjournal.com/news/articleView.

석천(2008)「대렴의 차종은 천태산에서 왔다」『선차닷컴』 2008.03.13.,
https://blog.naver.com/and002/110028891788.

이영자「천태종의 개립」『신편 한국사』 국사편찬위원회,
http://contents.history.go.kr/front/nh/view.

**제2장**

김명배편역(1988)『한국의 다서』탐구당, p.388.

민족문화추진회(1982)「강릉으로 돌아가는 김한보 생원을 보내며(送金漢寶生員歸江陵)」『신증동국여지승람』(5), 민족문화문고간행회, p.480.

박영환(2023)「[차이야기]중국차문화기행(29) | 운무차(雲霧茶) ①」『불교저널』, 2023. 07.28.

王從仁저, 김하림 · 이상호역(2004)『중국의 차문화』에디터, p.141.

**제3장**

신은미(2014)「독성의 개념정립과 신앙에 관한 연구」『미술사학연구』한국미술사학회, pp.31-53.

송화섭(2013)「한국과 중국의 할미해신 비교연구」『도서문화』(41), p.165.

안동준 글, 정현표 사진(2003),『진주 옛이야기』, 지식산업사, pp.98-99.

近藤瓶城編(1907)『史籍集覧』(26) 改定, 近藤出版部, p.659

藤善真澄訳注(2007)『参天台五台山記』関西大学出版部, pp.96-97.

吉原浩人(19950「天台山の王子信(晋)考—『列仙伝』から『熊野権現御垂跡縁起』への架橋—」『東洋の思想と宗教』(第12号), pp.79-111.

금명보정『大東詠選』불교기록문화유산 아카이브:
https://kabc.dongguk.edu/content/view.

白坡亘璇『作法龜鑑』불교기록문화유산 아카이브:
https://kabc.dongguk.edu/content/view.

**제4장**

고연미(2017)「에이사이(榮西)가 일본 사원차 형성에 미친 영향」『보조사상』(49집), 보조사상연구원, p.369.

김대현「천태산 석교와 통천탑」『관음신앙』pp.335-339.

김동현(2022)『고려시대 나한상 연구』홍익대 석사논문 pp.17-18.

임혜봉(2005)『한국의 불교 茶詩』민족사, p.24/p.25.

정명희(2019)「고려시대 신앙의례와 불교회화 시론(試論)」『美術史學硏究』(第302號), 미술사학회, p.54.

최석환(2022)「파야 선사 이후 한국으로 이어진 천태산의 차맥」『파야 선사 이후 천태 차맥의 재발견』〈제3회 천태지관차법전승학술대회자료집〉, pp.18-19.

市川白弦 · 入矢義高 · 柳田聖山(1972)「興禅護国論(第五門)」『日本思想大系14 中世禅家の思想』岩波書店, p.54.

石田雅彦(2003)『「茶の湯」前史の研究: 宋代片茶文化完成から日本の茶の湯へ』雄山閣, p.329.

山口啄実(2020)「日本中世の羅漢信仰—その受容と伝播—」『文学研究紀要』(65), 早稲田大学大学院文学研究科, pp.404-405.

금강신문(2007)「⑩천태산 방광사」2007.12.07., https://www.ggbn.co.kr.

박영환(2015)「(50) 중국의 각종 차문화 ③」『불교저널』, 2015.02.05., http://www.buddhismjournal.com.

여연(2005)「[여연스님의 재미있는 茶이야기] (9) '중국의 차' 유래와 풍습」『서울신문』, 2005.09.12., https://www.seoul.co.kr/news/newsView.

橋本素子「やさしい茶の歴史(五)」, https://company.books-yagi.co.jp/archives/8099.

**제5장**

権純哲(2018)「【資料翻刻】高橋亨京城帝国大学講義—朝鮮思想史概説(下)」『崎玉大學紀要』(53卷第2號), 崎玉大學, p.119.

김용선(1996)「高麗 前期의 法眼宗과 智宗」『강원불교사연구』, 도서출판 소화, p.100.

아세아해양사학회(2007)『장보고 대사의 활동과 그 시대에 관한 문화사적 연구』, 재단법인 해상왕장보고기념사업회, p.285.

이능화(2020)『조선불교의 종파원류』 온이퍼브.

林士民(1993)「唐·吳越時期浙東與朝鮮半島的通商貿易和文化交流之硏究」『고·중세시대의 한중문화교류사』, 문화체육부, p.57.

조영록외 2인(2004)『장보고 선단과 해양불교』, 재단법인해상왕장보고기념사업회, p.257/pp.234-235/p.236.

조영록(2007)「도해 구법승의 강남 각지의 발자취」『8~10세기 신라무역선단과 강남』 재단법인 해상왕장보고기념사업회, p.131.

조영록『입당구법승의 해양불교설화』 p.62

최동순(2015)「高麗 諦觀이 중국불교에 끼친 영향」『한국불교사연구』(제8호), 한국불교사학회, p.124.

이기운「천태사상의 전승」 금강신문, 2007.07.13.: 국역은『天台山과 韓國의 天台宗』에서 재인용(https://www.ggbn.co.kr).

최기표(2011)「형계존자(荊溪尊者) 담연(湛然)」『금강신문』, 2011.03.18., https://www.ggbn.co.kr.

최기표(2011)「제관법사(諦觀法師)」『금강신문』, 2011.07.15.,https://www.ggbn.co.kr.

**제6장**

岩間眞知子(2016)「栄西が将来したものについて—日中交流からみた僧・栄西」『人文学論集』(34), 大阪公立大学人文学会, pp.255-256.

王招國(2013)「南宋における俊芿の行歴」『国際仏教学大学院大学研究紀要』(第17号), 国際仏教学大学院大学, pp.204-208.

高橋弘臣(2005)「成尋天台山 五台山巡礼と宋朝の対応」『四国遍路と世界の巡礼—人的移動・交流とその社会史的アプローチ—研究成果報告書』 愛媛大学, p.54.

徐静波(2011)「中国におけるお茶文化の展開とその日本への初期伝来」『京都大学生涯教育学・図書館情報学研究』(10), p.158.

辻善之助(1944)『日本仏教史』岩波書店, pp.350-351.

中山清治(2012)「栄西と喫茶養生記」『東京有明医療大学雑誌』(4), 東京有明医療大学, p.34.

戸崎哲彦(2018)「最澄と陸淳(上)—『台州相送詩』と『顯戒論縁起』」『島根大学法文学部紀要. 言語文化学科編』(45호), 島根大学学術情報リポジトリ, p.6.

邊冬梅・瀨尾邦雄(2002)「中日茶文化交流の一考察」東北公益文科大学総合研究論集(4-8), p.142.

吉原浩人(2024)「中國天台山と古代日本の茶文化」『제2회 통도사 국제차문화학술대회 자료집－중국 천태산과 한중일 고대 차문화－』 영축총림 통도사, p.92

박영환(2009)「중국차문화기행(28) | 운무차(雲霧茶)②」『불교저널』, 2009.06.23.

박영환(2011)「다선일미(茶禪一味)의 정신과 다도(2)」『불교저널』, 2011.09.21., http://www.buddhismjournal.com.

# 찾아보기

**(ㅇ)**

# 저자 약력

**❚ 노성환(魯成煥, No, Sung hwan) ❚**

울산대 일본어 일본학과 명예교수. 통도사 차문화대학원 교수. 일본 오사카대학 문학박사.
일본오사카대학 대학원 졸업, 미국 메릴랜드대학 방문교수, 중국 절강공상대학 객원 교수, 일본 국제일본문화연구센터 외국인연구원 역임. 주된 연구분야는 신화, 역사, 민속, 차를 통한 동아시아문화론이다.

**저서**

『일본속의 한국』(울산대 출판부, 1994), 『한일왕권신화』(울산대 출판부, 1995), 『술과 밥』(울산대 출판부, 1996), 『젓가락사이로 본 일본문화』(교보문고, 1997), 『일본신화의 연구』(보고사, 2002), 『동아시아의 사후결혼』(울산대 출판부, 2007), 『고사기』(민속원, 2009), 『일본의 민속생활』(민속원, 2009), 『오동도 토끼설화의 세계성』(민속원, 2010), 『한일신화의 비교연구』(민속원, 2010), 『일본신화와 고대한국』(민속원, 2010), 『일본에 남은 임진왜란』(제이앤씨, 2011), 『일본신화에 나타난 신라인의 전승』(민속원, 2014), 『임란포로, 일본의 신이 되다』(민속원, 2014), 『임란포로, 끌려간 사람들의 이야기』(박문사, 2015), 『조선 피로인이 일본 시코쿠에 전승한 한국문화』(민속원, 2018), 『조선통신사가 본 일본의 세시민속』(민속원, 2019), 『일본 하기萩의 조선도공』(민속원, 2020), 『일본 규슈의 조선도공』(박문사, 2020) 『시간의 민속학』(민속원, 2020), 『한·중·일의 고양이 민속학』(민속원, 2020), 『일본에서 신이 된 고대한국인』(박문사, 2021), 『할복』(민속원, 2022), 『초암다실의 기원』(효림, 2022), 『성파스님의 다락방』(민속원, 2023), 『국경을 넘는 한일요괴』(민속원, 2023), 『시간의 비교민속학』(민속원, 2024), 『한국에서 바라본 일본의 차문화』(민속원, 2024), 『일본 나라의 다인과 다실』(박문사, 2024) 등

**역서**

『한일고대불교관계사』(학문사, 1985), 『일본의 고사기(상)』(예전사, 1987), 『선조의 이야기』(광일문화사, 1981), 『일본의 고사기(중)』(예전사, 1990), 『조선의 귀신』(민음사, 1990), 『고대한국과 일본불교』(울산대 출판부, 1996), 『佛教の祈り』〈일본출판〉(法藏館, 1997), 『일본의 고사기(하)』(예전사, 1999), 『조선의 귀신』(민속원, 2019) 등